Helene Bubrowski
Die Fehlbaren

HELENE BUBROWSKI

DIE FEHLBAREN

Politiker zwischen
Hochmut, Lüge und
Unerbittlichkeit

dtv

MIX
Papier | Fördert
gute Waldnutzung
FSC® C083411

Der Text verwendet meist das generische Maskulinum,
er bezieht sich gleichermaßen auf alle Geschlechter.

2. Auflage 2023

Gesetzt aus der Minion Pro
Satz: Fotosatz Amann, Memmingen
Druck und Bindung: CPI books GmbH, Leck
Printed in Germany · ISBN 978-3-423-28325-0

INHALT

EINLEITUNG

In der Politik fallen Selbstdarstellung und Fremdwahrnehmung oft auseinander. Politiker sind darauf geeicht zu erzählen, wie gut ihnen die Dinge gelungen sind. Medien und Wähler sehen das selten genauso, das öffentliche Urteil liegt meist irgendwo zwischen enttäuschend und ungenügend.

Als die Ampel-Regierung ein Jahr im Amt ist, hat sie keine Mehrheit mehr, jeweils 33 Prozent der Befragten sind »eher unzufrieden« oder sogar »sehr unzufrieden« mit der Arbeit von SPD, Grünen und FDP, nur schmale drei Prozent »sehr zufrieden«. Wenn man Ampel-Politiker nach den schlechten Werten fragt, listen sie nur Erfolge auf. Kurz vor Weihnachten sagt Kanzler Scholz in seiner Regierungserklärung: »Das ist die gute Nachricht, die am Ende dieses so bitteren Jahres zuversichtlich stimmt: Wir in Deutschland haben gemeinsam den richtigen Weg eingeschlagen.«

Fehlentscheidungen und andere Verfehlungen sind in diesem System nicht vorgesehen, obwohl sie Teil davon sind. Und weil es Fehler nicht geben darf, ist der typische Reflex von Männern und Frauen in der Politik, sie zu vertuschen, abzustreiten, auszusitzen. Wenn es gar nicht anders geht, werden Probleme hinter Worthülsen versteckt. Die Krise als Chance begreifen zum Beispiel. Oder ein erbitterter Streit wird zur lebhaften Debatte. Schlechte Wahlergebnisse werden gut, wenn man nur die passende Vergleichsgröße findet.

Nicht die besten Voraussetzungen, um mit Politikern über ihre Fehler zu sprechen. Ich habe es trotzdem versucht. Die Verabredungen für diese Gespräche liefen anders als sonst, viel komplizierter. Das Thema stieß durchaus auf Interesse, aber die Skepsis war groß, gerade bei den Sprechern und Beratern. Beispiele für Antworten auf meine Bitten um ein Gespräch: »Warum denken Sie bei Fehlern denn an mich?«, »Ich möchte die Geschichte jetzt von mir aus nicht noch mal öffentlich thematisieren.« Oder auch etwas ruppiger: »Können Sie mir sagen, warum ich an dem Gespräch ein Interesse haben sollte? Sie sind keine Staatsanwältin, ich bin kein Angeklagter.« Immerhin mit Smiley. Oder: »Ich verstehe Ihre Fragestellung nicht, ich glaube nicht, dass ich Ihnen helfen kann.«

Es geht mir nicht darum, jemanden vorzuführen oder bloßzustellen. Ich will mich nicht über Politiker erheben, sondern verstehen, warum Fehler in diesem Geschäft so was sind wie ein Tabu. Eigentlich ist es doch ganz einfach, könnte man denken: Politiker sind Menschen und Menschen machen Fehler, also sind auch Politiker fehlbar. Warum fällt es ihnen dann so schwer, souverän damit umzugehen? Was braucht es für eine gute Fehlerkultur in der Politik?

Viele haben sich dann doch auf das Gespräch eingelassen. Rund dreißig Politikerinnen und Politiker haben mich hinter die Fassade blicken lassen, haben von ihren Erfahrungen mit schweren Verfehlungen erzählt oder von kleinen Fehltritten, die durch einen dummen Zufall zu einem Skandal geworden sind. Sie haben über die Zwänge des politischen Betriebs gesprochen, über Konkurrenzkämpfe in der eigenen Partei, über die Angst vor dem Shitstorm und das Gefühl, mittendrin zu stehen.

Politiker müssen ins Risiko gehen, wenn sie etwas werden wollen. Politik ist Kampf um Macht. Das kann man schon an den Begriffen ablesen, mit denen Politik beschrieben wird und sich selbst beschreibt: Im Wort »Wahlkampf« hat sich die Metapher verselbstständigt, es gibt den »Schlagabtausch« im Parlament, die »Truppen« eines Kandidaten, es geht um »Sieg« oder »Niederlage«. Da kann man Selbstkritik einsetzen, wenn sie »entwaffnend« wirkt. Doch ansonsten gilt das Eingestehen von Fehlern als Schwäche, die sich Politiker, die in diesem Kampf bestehen wollen, nicht leisten können. So tappen sie immer wieder in die bekannte Falle: Sie stolpern nicht über ihren Fehler, sondern den schlechten Umgang damit. It's always the cover-up, it's never the crime – seit Watergate ist das doch eigentlich Gemeingut.

Unter meinen Gesprächspartnern gibt es die, die mit den Schultern zucken: »Geht halt nicht anders. Ehrlichkeit zahlt sich nicht aus.« Und es gibt jene, die zu ihren Fehlern stehen wollen, aber nicht wissen wie. »Auf meinem Schreibtisch steht eine Postkarte, auf der eine Frau verzweifelt versucht, Korken unter Wasser zu drücken«, erzählt eine Politikerin, die schon länger dabei ist. Sie will sich jeden Tag vor Augen führen, dass das nicht klappt, dass man es anders machen muss. Wie viel Schwäche ist möglich, wie viel Stärke nötig – das ist völlig unberechenbar. In einem der letzten Gespräche fragte ein Politiker aus der ersten Reihe: »Wenn Sie sich so lange mit dem Thema beschäftigt haben, können Sie mir sagen, wie gute Fehlerkultur in der Praxis geht?«

Ich mache keine Politikberatung, und die Superformel habe ich auch nicht gefunden. Aber eins scheint mir doch ziemlich klar: Das Bild des allwissenden, perfekten Politikers hat ausgedient. Es ist ein Zerrbild, im Abgleich mit der Wirklichkeit kann es nicht bestehen. Politiker, die sich unfehlbar geben, produzieren über kurz oder lang Frust und Enttäuschung. Die Fassade wird früher oder später bröckeln. Damit schaden sie nicht nur sich selbst, sondern auch dem politischen System, das sie repräsentieren.

Für den Typ breitbeiniger Rechthaber ist die Luft in der Gesellschaft sowieso dünn geworden. Wer auf Partys wahnsinnig nervt, wen man nicht zum Kaffee treffen möchte, für den entscheiden sich die Leute auch nicht in der Wahlkabine. Oder? Es ist etwas komplizierter, die Erwartungen an Politiker sind widersprüchlich: Es gibt einerseits eine Sehnsucht nach Wahrhaftigkeit in der Politik, nach »echten« Menschen, die die Sorgen der Bürger kennen. Und gleichzeitig wird ein sehr strenger Maßstab angelegt, an dem sich Politiker messen lassen müssen: Sie sollen alles wissen, die Interessen der Wähler machtvoll vertreten. Politiker sind Projektionsfläche für jegliche Wünsche. Sie sollen einer von uns sein und zugleich über allen Niederungen stehen.

Fehlerkultur ist für die Politik noch Neuland. Aber die Erkundungsreise hat begonnen. Nicht so sehr aus eigenem Antrieb, die Krisen haben der Politik keine Wahl gelassen. Schon in der Finanzkrise 2008 und der Flüchtlingskrise 2015 fehlte es am Erfahrungsreservoir, der Boden für die Politik wurde wackelig – so sehr Angela Merkel auch die Alternativlosigkeit ihrer Politik beteuerte. Das Coronavirus traf Deutschland dann völlig unvorbereitet. Die Entscheidungen der ersten Zeit folgten dem Prinzip Trial and Error. Auch Merkel sprach nun von »lernender Politik«, es gab ein ständiges Nachjustieren und – rückblickend – viele Fehler. Der russische Überfall auf die Ukraine am 24. Februar 2022 legte auf brutale Weise die Fehleinschätzung in der deutschen Russlandpolitik offen und zwang die Bundesregierung zu einer Wende in der Außen- und Sicherheitspolitik. Es geht nun darum, möglichst schnell unabhängig zu werden von russischen Energieträgern, doch wer kennt das Rezept? Parallel dazu verschärft sich die Klimakrise, die ein Weiterso unmöglich macht – aber stattdessen was?

Die Politik ist gezwungen, neue Wege zu suchen. Und vereinzelt beschließen Politiker, ihre Sprache darauf einzustellen. Jens Spahn zum Beispiel, der zu Beginn der Pandemie sagt: »Wir werden einander viel verzeihen müssen.« Bundespräsident Steinmeier, der nach Kriegsbeginn seine Langmut gegenüber Russland bedauert. Robert Habeck, der die Dilemmata der Politik benennt, Gas aus dem autoritären Emirat Katar zu kaufen zum Beispiel. Statt recht haben und Stärke ausstrahlen gibt es nun auch nachdenkliche, zweifelnde Töne. Man kann die Äußerungen lesen als Versuche, neues Vertrauen zu begründen, wo besserwisserische

Überheblichkeit abstößt. Wir wollen uns anschauen, ob das funktioniert – ob das Vorboten sind für eine neue Fehlerkultur in der Politik.

Manche meiner Gesprächspartner tauchen prominent in diesem Buch auf, andere wollten gar nicht zitiert werden oder haben nur ganz wenige Sätze autorisiert (wie es bei Zitaten Usus ist). Nicht alle Politiker, die ich beschreibe, waren zum Gespräch bereit, dann habe ich Personen aus dem Umfeld befragt, um die Fälle möglichst genau nachzuzeichnen. Eingewoben in die Analysen sind auch Gespräche mit Pressesprechern und Kommunikationsberatern, Medienanwälten und einem Strafverteidiger, Theologen und einem Start-up-Investor.

Persönliche Verfehlungen und politische Fehleinschätzungen erschüttern regelmäßig den politischen Betrieb. Sie führen zu Rücktritten, Untersuchungsausschüssen, schlechten Wahlergebnissen, Gesetzesverschärfungen und in jedem Fall zu intensiven politischen Debatten. Ich habe versucht zu verstehen, wie es jeweils dazu kommen konnte, und nachzuzeichnen, wie die betreffenden Politiker, ihre politischen Gegner und die Öffentlichkeit damit umgegangen sind. So ist ein Sittengemälde entstanden, ein Bild von unserer Politik in ihrem gesellschaftlichen Rahmen. Dies ist ein Buch über Fehler in der Politik, und das heißt vor allem: über Menschen in der Politik.

Helene Bubrowski
Berlin, März 2023

»ICH BIN IN TRÄNEN AUSGEBROCHEN«

Gibt es Fehlerkultur in der Politik?

Eine Bühne im Wedding, Hinterhof zwei. Es ist der Ort für ein Experiment. Vier Politiker sind eingeladen, um etwas anderes zu erzählen als die übliche Erfolgsgeschichte. Sie werden über das sprechen, was so richtig schlecht gelaufen ist. Eine politische Fuck-up-Night. In der Start-up-Szene ist das bekannt, aber für Politiker hat es so was noch nie gegeben.

Johannes Vogel steht schon oben. Dunkelblauer Anzug, weißes Hemd, hellbrauner Gürtel, hellbraune Schuhe. Der FDP-Mann schaut an sich runter und dann ins Publikum. Die Hipster-Quote ist hoch, kein anderes dunkles Jackett zu sehen. »Das ist schon mal der erste Fuck-up. Ich sehe aus wie das lebendige FDP-Klischee.« Am Morgen sei der israelische Staatspräsident im Bundestag gewesen, er habe keine Zeit gehabt, sich umzuziehen.

Wenn Politiker über ihre Fehler sprechen, ist es ein bisschen so, wie wenn Kandidaten im Bewerbungsgespräch nach ihren Schwächen gefragt werden. Sie sagen irgendwas, das so klingt wie eine Schwäche, aber in Wahrheit eine Stärke ist. Ungeduld ist ein Klassiker oder: Ich bin so streng mit mir. Horst Seehofer hat fünfzig Jahre lang Politik für die CSU gemacht. Auf die Frage nach seinem größten Fehler hat er gesagt: dass er frühzeitig angekündigt habe, nicht erneut als bayerischer Ministerpräsident zu kandidieren. Beliebt ist auch die Ausflucht in Koketterie. Ursula von der Leyen hat es als ihre größte Schwäche bezeichnet, dass sie so miserabel koche. »Ich kriege gerade mal Nudeln, Reis und Kartoffeln hin.«

Johannes Vogel flüchtet nicht. Der Witz über sein Outfit war zum Warmwerden. Dann wird es ernst. Vogel ist 40 Jahre alt und hat es schon weit gebracht. Er ist parlamentarischer Geschäftsführer der Bundestagsfraktion. Aber an diesem Septemberabend spricht er über Tränen und Erschöpfung.

Zu Beginn der Koalitionsverhandlungen habe er eine »katastrophale Fehlentscheidung« getroffen. Als einziger Politiker aus der Ampel hat er für die FDP zwei Arbeitsgruppen geleitet, und zwar große und wichtige, Arbeit und Rente. »Ach klar, wer soll das denn sonst machen, ich bin doch leistungsfähig.« So hat er sich das damals schöngeredet. Vogels Pointe ist nicht, dass sich das alles dann doch als geniale Fügung herausgestellt habe, dass Arbeit und Rente nun aus einem Guss seien. Vogel sagt: »Das war eine irre Selbstüberschätzung, ein Vabanquespiel.« Er sei in dieser Zeit ein »wandelnder Zombie« gewesen. »Es ist gerade so gut gegangen, aus purem Glück.« Der FDP-Mann schaut auf seine Fußspitzen. »Ich bin am Rande einer Sitzung in Tränen ausgebrochen.« Das wirkt irgendwie sympathisch, aber einen weinenden Chefverhandler will trotzdem keiner. Deshalb hat es bis zu diesem Abend auch niemand gewusst, außer einer Kollegin, die damals zufällig danebenstand.

Die Gemeinnützige Hertie-Stiftung hat zu dem Abend mit dem schönen Titel »Fallen lernen« eingeladen. Es ist kein geschützter Raum im engeren Sinne, vereinzelt sitzen auch Journalisten auf den rot bezogenen Stühlen, Video- und Tonaufnahmen sind allerdings verboten. Ansonsten viele junge Leute, ein Glas Weißwein in der Hand oder eine Flasche Bier. Es ist eine nette, entspannte Atmosphäre. Die vier Politiker – neben Vogel sind es Antje Kapek von den Berliner Grünen, Brigitte Zypries, frühere Ministerin der SPD, und der CDU-Abgeordnete Thomas Jarzombek – lassen sich auf das Experiment ein. Sie achten jetzt nicht auf jedes Wort. »Das war scheiße.« »Ich war ein ziemlicher Kotzbrocken.« »Noch ein Fuck-up big time.«

Es ist nicht nur die Sprache, die anders ist als sonst. Als die vier im Halbkreis sitzen, ist es ein bisschen wie in einer Gruppentherapie. Die eine öffnet sich etwas mehr als der andere. Zypries wird einmal patzig, über die Russlandpolitik der SPD will sie nicht sprechen. Aber auch sie offenbart Verletzungen, als sie die Jüngeren in der Runde mahnt, nie zu vergessen, dass der Politiker als Mensch nicht viel zählt. »Die Leute wollten nie Brigitte Zypries, immer nur die Ministerin.«

Angst ist in der Politik ein Tabu. Jeder Politiker trägt sie mit sich herum, aber sie wird versteckt in der Handtasche, dem Aktenkoffer, Jutebeutel oder Rucksack. Wer würde einen Angsthasen wählen? Johannes Vogel berichtet von einer Angst, die das Innerste berührt, nämlich der Angst, nicht dazuzugehören. Er ist in der FDP, seit er 17 ist, vorher hat er mal bei der Grünen Jugend reingeschnuppert. Zusammen mit seinem Spezialgebiet, der Sozialpolitik, hat ihm das den Ruf eingebracht, irgendwie links zu sein, jedenfalls linker als der typische FDP-Mann aus Nordrhein-Westfalen. Er konnte sich davon nicht freimachen. »Ich hatte Angst, das Klischee über mich zu bedienen. Deshalb habe ich einen Fehler gemacht.« Das liegt schon einige Jahre zurück. Es ging um den Mindestlohn, die FDP war damals strikt dagegen, Vogel zunächst auch. Dann las er alle Studien und kam irgendwann zu dem Punkt, dass doch viel für den Mindestlohn spricht. »Wir waren offensichtlich auf der falschen Seite. Aber ich habe mich drei Jahre lang nicht getraut, das zu sagen.«

Die meisten Politikberater würden zusammenzucken. Die übliche Empfehlung ist es, sich möglichst unangreifbar zu geben. Das hat auch einen Preis, den man nicht übersehen darf: Die Sprache wird seelenlos, sie kommt nicht mehr bei den Leuten an. »Wir haben uns programmatisch weiterentwickelt, weil sich durch die demografische Entwicklung die Lage auf dem Arbeitsmarkt verändert hat« – das wäre die typische Antwort eines Politikers gewesen, um eine Kursänderung zu erklären. Nicht: »Wir lagen offensichtlich falsch.« Vogel geht von der Bühne, lauter Applaus. Er dreht sich zu Kapek, die neben ihm sitzt: »War das okay?« Auch so ein Satz, den man von Politikern selten hört.

Kurt Beck hat mal gesagt: »Man hat es als Politiker in Fleisch und Blut, dass man keine Schwächen zeigen darf.« Da schwang keine Überlegenheit mit, eher Verbitterung über die Gesetzmäßigkeiten des politischen Geschäfts, die auch dem SPD-Politiker zugesetzt hatten. Die Härten der Spitzenpolitik führen dazu, dass sich Politiker verpanzern. Dann dringen die Angriffe von außen nicht mehr ins Innerste. Kommunikationsberater, die eine solche Abhärtung empfehlen, haben natürlich einen Punkt: Selbstkritik wird von den Wählern selten belohnt und von den Gegnern oft instrumentalisiert. Wer zum ersten Mal einen Fehler zugibt, erregt damit noch Aufmerksamkeit, vielleicht sogar Respekt. Doch der Effekt nutzt sich schnell ab, bei der zweiten oder dritten Entschuldigung kann das Urteil schon lauten: Der oder die kann das nicht.

—

Dieses Buch ist ein Plädoyer für Fehlerkultur in der Politik. Der Begriff der Kultur ist hier normativ gemeint, nicht rein empirisch wie im Angelsächsischen, wo es auch *gun culture* und Ähnliches gibt. In diesem Sinne ist Fehlerkultur für Politiker eine Herausforderung; das kann nur bestreiten, wer die Zwänge des politischen Betriebs nicht kennt. Die Harvard-Professorin Barbara Kellerman hat die Komplexität auf eine treffende Formel gebracht: »Eine Entschuldigung zu verweigern, kann klug sein oder tödlich. Umgekehrt kann auch die Bereitschaft zur Entschuldigung als Zeichen eines starken Charakters angesehen werden oder als Zeichen von Schwäche.«

Das erste, und wie ich finde, schlagende Argument für eine neue Fehlerkultur ist ganz einfach: Politik wird dadurch besser. Wer nicht bereit ist, einen Fehler einzugestehen, wird nicht bereit sein, ihn zu beseitigen. Häufig sind politische Vorschläge unausgegoren, manchmal sogar die fertigen Gesetze. Das hat längst nicht immer mit Schlampigkeit zu tun. Viele Prozesse sind wahnsinnig kompliziert, die Bedingungen ändern sich ständig, gerade in Krisenzeiten. Das Gebot der Stunde ist dann, Fehler zu erkennen und zu korrigieren. Das ist die Stärke der Demokratie, denn da kann öffentliche Kritik Anstoß zu Veränderung geben. In autoritären Regimen unterlaufen dem Machthaber offiziell keine Fehler, deshalb können sie nur verschleiert und, wenn überhaupt, stillschweigend beseitigt werden.

In freiheitlichen Gesellschaften, in denen Journalisten recherchieren und die politische Konkurrenz aufpasst, haben Vertuschungsversuche oft kurze Beine. Sie können sich als der größere Fehler erweisen. Aristoteles wird der Satz zugeschrieben: »Einen Fehler durch eine Lüge zu verdecken heißt, einen Flecken durch ein Loch zu ersetzen.« Wenn man die Sache vom Ende her denkt, liegt ein guter Umgang mit Fehlern im eigenen Interesse. Und auch kurzfristig kann sich das Eingeständnis eines Fehlers lohnen, denn oft nimmt es einer Empörungswelle die Spitze. Nach Kellermans Analyse erfolgen die meisten Entschuldigungen aus Eigeninteresse – aus dem Kalkül, dass es weniger Nachteile hat, sich zu entschuldigen, als es nicht zu tun. Die Bitte um Verzeihung diene aber, meint sie, letztlich doch einem gesellschaftlichen Zweck: Die Verantwortlichen ließen sich auf einen »säkularen Ritus der Buße« (Nicholas Tavuchis) ein. Das sei mehr als eine Erklärung oder ein Eingeständnis, es gehe darum, mit den Betroffenen in einen Austausch zu treten, um ein Problem hinter sich zu lassen und gemeinsam nach vorne zu schauen.

Der Kommunikationspsychologe Friedemann Schulz von Thun unterscheidet zwischen der Souveränität erster und höherer Ordnung. Den Menschen, der nach der Souveränität erster Ordnung strebt, beschreibt er als »wandelnde Exzellenzinitiative«, ihm gehe es darum, »möglichst perfekt alles im Griff zu haben, sich garantiert keine Blöße zu geben, keine Fehler einzugestehen, Schwächen zu verbergen«. Das Dilemma ist, dass Menschen eben keine wandelnden Exzellenzinitiativen sind, sie können noch so viele Berater haben, am Ende sind sie fehlbar, und das weiß auch jeder. Deshalb ist dieses Konzept nicht glaubwürdig. Die Souveränität höherer Ordnung besteht dagegen darin, so schreibt Schulz von Thun, das Menschsein einzugestehen, und dazu gehört eben auch »die Begrenztheit, die Schwäche, die teilweise Ohnmacht, die Anfälligkeit für Fehler und Irrtümer«. Man könnte auch sagen: Es ist eine Stärke, Schwäche zu zeigen.

Diese Stärke ist auch politisch messbar. Denn Verantwortung für einen Fehltritt kann man nur übernehmen, wenn man auch verantwortlich ist. Als die Kanzlerin im Frühjahr 2021 die zur Eindämmung der Pandemie geplante »Osterruhe« zurücknahm, sagte sie, die Entscheidung sei ihr Fehler gewesen: »(…) denn am Ende trage ich für alles die letzte Verantwortung. Qua Amt ist das so.« Merkel hat sich mit dieser Entschuldigung nicht klein gemacht, sondern unterstrichen, dass sie die Nummer eins ist.

Merkels Nachfolger Olaf Scholz hat es anders gehandhabt. In einer Pressekonferenz im Kanzleramt hatte Palästinenserpräsident Mahmud Abbas von »50 Holocausts« Israels an Palästinensern gesprochen. Scholz distanzierte sich nicht direkt von dieser Wortwahl. Denn unmittelbar nach Abbas' Bemerkung erklärte Regierungssprecher Steffen Hebestreit die Pressekonferenz für beendet, Scholz griff nicht ein. »Das war mein Fehler, und den muss ich auf meine Kappe nehmen«, sagte Hebestreit später. Der Kanzler hat im eigenen Haus allerdings jederzeit die Möglichkeit, das Wort zu ergreifen, er braucht nicht die Erlaubnis seines Sprechers. Man könnte sagen: Hebestreits Kappe ist nicht groß genug, um diese Verantwortung zu übernehmen. Scholz wirkt hier nicht souverän.

Fehlerkultur wird noch immer in eine esoterische Ecke gestellt. Als sei sie eine Art Selbstbespiegelung zum Selbstzweck, höchstens ein Nice-to-have, wenn man sonst keine Probleme hat. Das ist eine überkommene Vorstellung. Nicht nur in der Unternehmenswelt lässt sich ein Mentalitätswandel beobachten. Sogar der Bundesnachrichtendienst hat aus den Skandalen der Vergangenheit die Konsequenz gezogen, dass Vertuschungsversuche alles nur noch schlimmer machen. Fehleinschätzungen wie etwa zur Lage in Afghanistan werden intern aufgearbeitet, und dass das geschieht, wird auch nach außen kommuniziert. Dieser Ansatz ist noch recht neu, in der Sicherheitscommunity gab es einige Skepsis, aber die Zahl der Unterstützer nimmt zu.

Die Ursprünge von Fehlerkultur liegen in einem Bereich, der mit Psychogeschwätz rein gar nichts zu tun hat: in der Luftfahrt. Fehler sind hier besonders gefährlich. Man möchte sich vorstellen, dass Piloten und Towerlotsen zu Menschen gewordene Präzisionsgeräte sind, denen nichts entgeht, die immer sofort und richtig reagieren. Auf den ersten Blick erscheint es daher paradox, dass sich gerade hier die Idee von Fehlermanagement entwickelt hat. Aber eben nur auf den ersten Blick.

1977 sind auf Teneriffa zwei Flugzeuge vom Typ Boeing 747 zusammengestoßen, 583 Tote, es ist bis heute der schwerste Unfall in der Luftfahrt, Terrorangriffe nicht mitgezählt. Die Maschine der Fluglinie KLM startete, obwohl das Flugzeug der Pan Am noch auf dem Rollfeld stand, dichter Nebel versperrte die Sicht. Der Kapitän hatte nicht gewartet, bis der Tower die Startfreigabe erteilt hatte.

Nach weiteren schweren Unfällen machte sich die amerikanische Luftfahrtbehörde auf die Suche nach strukturellen Problemen. Ein erster Befund war, dass in der großen Mehrheit der Fälle, mehr als achtzig Prozent, der Kapitän am Steuer saß. Wie die weitere Analyse ergab, war das kein Zufall: Im Cockpit herrschte eine klare Hierarchie. Kapitäne zögerten nicht einzugreifen, um ihre Kopiloten zu korrigieren. Aber für Kopiloten und andere Crewmitglieder gab es diese Möglichkeit faktisch nicht, Kapitäne als Piloten mit der größten Erfahrung und Inhaber der Kommandogewalt wurden nicht kritisiert. Nach dem Motto: Wenn sie auf ein Problem nicht reagieren, wird es schon einen Grund haben. Eine Mischung aus Angst und Respekt, die sich als fatal erwiesen hat.

Das Ergebnis der Untersuchungen lässt sich auf eine einfache Formel bringen: Gutes Fehlermanagement kann Leben retten. Diese Erkenntnis hatte durchschlagende Konsequenzen. Seither gibt es in der Luftfahrt das Crew Resource Management, das die Besatzungsmitglieder verpflichtet, unabhängig von der Hierarchie auf mögliche Fehler hinzuweisen, Einwände ernst zu nehmen. Es muss immer klar sein, wer am Ende die Entscheidung trifft, aber alle Bedenken, etwa die Perspektive der Kabinencrew, müssen einbezogen werden. Für Zwischenfälle an Bord, egal ob technisch oder medizinisch, gilt eine Checkliste zur strukturierten Entscheidungsfindung (im deutschsprachigen Raum: FORDEC). Alle Unregelmäßigkeiten eines Flugs müssen hinterher aufgearbeitet werden, sämtliche Mitglieder der Crew beteiligen sich daran. Damit sie auch bereit sind zu berichten, was sie selbst falsch gemacht haben, wird von vielen Airlines zugesichert, dass sie keine Konsequenzen befürchten müssen. Es geht darum, die Fehlerquelle aufzudecken und künftig zu eliminieren. Die Wirkung dieses Fehlermanagementsystems ist messbar: Der Anteil der Unfälle aufgrund menschlichen Versagens ist innerhalb von zwanzig Jahren von siebzig auf dreißig Prozent gesunken.

Eine schöne Erfolgsgeschichte, die Vorbild für andere Bereiche sein könnte. Unter Ärzten mehren sich die Stimmen, die die Tabuisierung von Fehlern in der Medizin anprangern. Auch hier gilt: Fehler nicht zu kommunizieren, kostet Menschenleben. Halbgötter in Weiß, diese Vorstellung ist nicht mehr zeitgemäß. Manche Kliniken haben mittlerweile Systeme zur anonymen Meldung von Problemen oder Fehlern eingeführt.

In der Politik ist es schwieriger. In Abgeordnetenbüros, Parteizentralen und Ministerien laufen viele Dinge anders als im Cockpit. In der Politik gibt es keine Checkliste, die man abarbeiten kann und dann passt alles. Es kann sogar sein, dass der Fehler gerade darin besteht, alles richtig machen zu wollen. Politiker können sich nicht nach allen Seiten absichern, wenn sie nach oben wollen. Sie müssen auch mal eine Forderung raushauen, die nicht abgesprochen ist, ein Vorhaben ankündigen, dessen Realisierung sie nicht garantieren können. Und doch sind die Erfahrungen in der Luftfahrt hilfreich: Auch in der Politik entstehen Katastrophen oft durch eine unglückliche Verkettung vieler kleiner Fehler. Wer sofort gegensteuert, kommt gar nicht erst auf eine schiefe Ebene, wo ein Fehler den nächsten bedingt.

Einer relevanten Vorfrage müssen wir uns noch widmen: Was ist eigentlich ein Fehler? Es gibt in der freiheitlichen Demokratie keine Instanz, die das verbindlich entscheidet. Auch Gerichte tun das nicht. Was erlaubt ist, kann trotzdem ein Fehler sein. Und nicht alles, was verboten ist, ist politisch gesehen automatisch ein Fehler.

So haben die Politiker, die sich in der Pandemie mit der Vermittlung von Maskengeschäften die Taschen vollgemacht haben, keine Straftat begangen, die Verfahren wurden abgesehen von Steuerhinterziehungsdelikten eingestellt. Aber am Leid anderer Menschen Geld zu verdienen, widerspricht allen moralisch-ethischen Maßstäben. Die Folge war, dass keiner von ihnen auf seinem Stuhl bleiben konnte. Umgekehrt heißt eine Niederlage vor Gericht nicht zwingend, dass eine Entscheidung politisch falsch war. Verschiedene Politiker wurden wegen ihrer scharfen Kritik an der AfD vom Bundesverfassungsgericht gerügt. Der ehemalige Innenminister Horst Seehofer zum Beispiel nannte die Partei »staatszersetzend« und veröffentlichte das Interview auf der Website des Ministeriums. Das war ein Verstoß gegen die Chancengleichheit und damit eine Verfassungsverletzung. Unterm Strich hat ihm das politisch mehr geholfen als geschadet.

In der Kommunikationswissenschaft wird zum Teil zwischen den Begriffen Fehler und Verfehlung unterschieden, wobei es an einer exakten Abgrenzung fehlt. Aus meiner Sicht ist es nicht relativierend, einen Gesetzesverstoß, gar eine Straftat, als Fehler zu bezeichnen. Das rechtliche Urteil ist natürlich nicht irrelevant für die politische Bewertung, aber auch nicht deckungsgleich. Daher bleiben wir hier bei dem einen Begriff: Fehler – in dem Bewusstsein, dass es schwere Fehler gibt und weniger schwere. Es macht für unsere Betrachtungen in der Regel auch keinen Unterschied, ob eine Politikerin einen Fehler selbst begangen hat oder ob die Mitarbeiter etwas falsch gemacht haben, das sie sich als Chefin zurechnen lassen muss. Politische Entscheidungen sind oft so komplex, dass sich das gar nicht rekonstruieren lässt.

Eine Entscheidung kann sich erst rückblickend als Fehler entpuppen, hinterher ist man halt schlauer. Hätten wir gewusst, dass 2020 eine Pandemie über uns kommt, hätte die Politik die Maskenproduktion nach Europa verlegen und die Gesundheitsämter besser ausstatten können. Hypothetische Rückabwicklung der Vergangenheit ist der vornehme Ausdruck, man kann auch sagen: hätte, hätte, Fahrradkette. Bewertungen ändern sich, wenn sich die Umstände verändern. War der Ausstieg aus der Atomkraft ein Fehler? Nach der Katastrophe von Fukushima wollte die große Mehrheit raus aus der Kernenergie. Je drängender die Klimakrise, umso größer wurden die Zweifel, ob eine andere Reihenfolge – erst Kohleausstieg, anschließend Atomausstieg – nicht besser gewesen wäre. Als sich dann die Energiekrise als Folge des Überfalls Russlands auf die Ukraine immer mehr zuspitzte, änderte sich die Stimmungslage wieder, die große Mehrheit der Deutschen wollte zumindest die letzten drei Meiler noch weiterlaufen lassen.

Patzer und kleine Fehltritte können eine solche Eigendynamik entwickeln, dass sie in der öffentlichen Wahrnehmung zu schweren Fehlern oder sogar Skandalen werden. Es geht nicht fair zu bei der Frage, was ein Fehler ist oder werden kann. Angela Merkel hat auf die Schnelle mal brutto und netto verwechselt, und schon freute sich die SPD über die »maßlos überforderte Kanzlerin«. Politiker schlafen oft zu wenig, sind immer unter Zeitdruck. Da passiert ständig etwas, von dem die Pressesprecher hoffen, dass es niemand mitbekommen hat. Und wenn doch, dass die Sache schnell wieder versandet.

Bei Armin Laschet war die Hoffnung vergeblich. Als im Juli 2021 die Nebenflüsse des Rheins über die Ufer stiegen, Häuser mitrissen, Straßen, Bahnstrecken und Brücken zerstörten, fuhr der Unionskanzlerkandidat und nordrhein-westfälische Ministerpräsident ins Flutgebiet, er sah die Schäden, sprach mit den verzweifelten Menschen und hatte dann diesen Aussetzer: Er blödelte mit dem Landrat, während der Bundespräsident sprach. Es war sein Pech, dass ein dpa-Fotograf ihn genau in dieser Sekunde vor der Linse hatte. Die politische Konkurrenz sorgte dafür, dass das Foto viral ging, Laschet hat sich nicht wieder erholt. Dass dieser Moment eine solche Schlagkraft entwickeln konnte, lag nicht nur daran, dass die Maßstäbe für Kanzlerkandidaten besonders streng sind. Der Lacher passte perfekt in ein bestehendes Narrativ über Laschet: Dem CDU-Mann wird zugeschrieben, die Dinge nicht so ganz ernst zu nehmen. Seine liberalere Haltung in der Pandemie spielt dabei eine Rolle, sicher auch Äußerlichkeiten wie seine Aachener Singsang und die vielen Fotos von ihm im Narrenkostüm. Ob dieses Bild ganz, zum Teil oder gar nicht stimmt, ist nicht mehr relevant, sobald es sich verfestigt hat.

Manchmal sind es einfach Zufälle: Wenn die Öffentlichkeit gerade über Steuerschlupflöcher diskutiert, können kleinste Unregelmäßigkeiten in Spesenabrechnungen plötzlich eine Wucht entfalten. Auch die Medien und die politischen Gegner haben Einfluss darauf, ob ein Vorwurf gleich wieder verglimmt oder einen Flächenbrand entzündet. Dass Christian Lindner einen Privatkredit von der Bank bekommen hatte, für die er als Finanzminister ein Grußwort hielt, hat eigentlich das Zeug für eine mittelgroße

Empörungswelle. Die Nachricht, dass es kein Fall für die Justiz ist, kam schnell – aber ein Shitstorm kann schneller sein. Doch den gab es nicht, auch weil die Opposition weitgehend ruhig blieb. Das kann verschiedene Gründe haben – weil die CDU ähnliche Vorfälle in den eigenen Reihen hat und daher kein Interesse an einer Compliance-Debatte. Vielleicht auch weil sie die Beziehung zur FDP nicht belasten will. Lindner konnte erst mal aufatmen.

Die zweite Vorfrage: Wie wird Fehlerkultur praktiziert? Zu seinen Fehlern stehen, Verantwortung übernehmen – das hört sich gut an, aber was heißt das eigentlich? Auch hier gibt es nicht die eine eindeutige Antwort, sondern nur eine Annäherung durch Aussieben, was mit Fehlerkultur *nicht* gemeint ist.

Das häufigste Missverständnis ist, dass Fehlerkultur im Grunde dasselbe ist wie Krisenkommunikation. Das ist angesichts der vielen Kommunikationsberater auf dem politischen Markt kein Wunder. Man darf ihren Einfluss nicht unterschätzen. Vor allem Politiker, die noch nicht so lang im Geschäft sind, verlassen sich auf deren Erfahrung, folgen ihren Empfehlungen. Was wiederum das Sendungsbewusstsein der Berater stärkt. Einige betrachten die Politiker, für die sie arbeiten, geradezu als ihr Werk. »Jetzt bin ich ja da. Sie werden schon sehen: Vor der Kamera steht bald ein anderer Mensch«, versicherte mir ein Kommunikationsexperte, der neu im Team eines Spitzenpolitikers war.

Fehlerkultur hat einen kommunikativen Aspekt, aber sie ist nicht in erster Linie auf die Außenwirkung angelegt. Es geht eben nicht darum, einen Vorfall schnell in ein möglichst günstiges Licht zu rücken. Fehlerkultur ist ein innerer Prozess: Was ist passiert und warum? Da darf nichts beschönigt werden, alles muss auf den Tisch. Oft ist der Druck groß, öffentlich Stellung zu nehmen. Dann können Politiker nicht abwarten, bis jeder Stein umgedreht ist. Aber der Reflex, sofort Position zu beziehen, um sich die Deutungshoheit zu sichern, kann sich als Bumerang erweisen. In aller Regel ist es sinnvoll, sich unter Verweis auf interne Prüfungen (die auch wirklich stattfinden müssen!) Zeit zu erkaufen. Man kann es auf die Formel bringen: nicht kommunizieren, bevor man weiß, was man sagen will.

Fehlerkultur heißt auch nicht, dass die Folge zwingend ein Rücktritt sein muss. Es gibt in Teilen der Bevölkerung und der Medien die Erwartung, dass immer ein Kopf rollen muss. Schon der Ausdruck ist furchtbar. In meinen Gesprächen für das Buch haben mehrere Politikerinnen und Politiker für Journalisten das Bild von Bluthunden verwendet: Sie gäben erst dann Ruhe, wenn die Beute erlegt sei. Das ist leider nicht in allen Fällen falsch. Aufgeregter Kampagnenjournalismus verkauft sich besser als ausgewogene Berichte, die alle Seiten beleuchten. Aber die Gesetzmäßigkeiten des Boulevards dürfen nicht maßgeblich sein. Wie gut sich ein Fehltritt für die Skandalisierung eignet, sagt noch nichts über die Schwere des Vorwurfs.

Zur Fehlerkultur gehört allerdings zwingend, die Frage nach den Konsequenzen von Fehltritten zu stellen. Auch das ist erst mal intern zu klären. Wenn der Fehler an Überlastung liegt, könnte daraus folgen, sich künftig weniger vorzunehmen oder sich Unterstützung zu besorgen. Oder ist es doch ein Amt zu viel? Beruht eine Fehleinschätzung auf falschen Annahmen, muss man sich fragen, wie man blinde Flecken bekämpfen kann. In der externen Dimension kommt es darauf an, dass sich die Konsequenzen nicht in Worthülsen erschöpfen. Das bestärkt nur die Politikverdrossenheit. Es grassiert ja ohnehin das gefährliche Narrativ, dass für »die da oben« andere Regeln gelten, dass die Kassiererin im Supermarkt ihren Job viel schneller los ist als jeder Spitzenpolitiker.

Franziska Giffey ist im Mai 2021 aufgrund der anhaltenden Diskussionen über ihren Doktortitel als Bundesfamilienministerin zurückgetreten, doch das war eher eine vorgegaukelte Konsequenz, denn Spitzenkandidatin für die Berlinwahl ein halbes Jahr später ist sie trotzdem geblieben. Plagiate in Dissertationen müssen politische Karrieren nicht zwingend beenden. Es ist aber nicht plausibel, dass das nur ein Problem für ein Bundesministerium sein soll, aber nicht für das Rote Rathaus. Giffey erklärte den halbherzigen Teilrücktritt kurzerhand zur Frage besonderer Zuverlässigkeit: »Die Berliner SPD und die Berlinerinnen und Berliner können sich auf mich verlassen. Dazu stehe ich. Mein Wort gilt.« Für das Berliner Wahldebakel hat aus der politischen Führung der Hauptstadt niemand Verantwortung übernommen. Giffey sagte nach der Wahl nur, dass die Schuld »auf vielen Schultern« liege, und sprach fortan gar nicht mehr darüber.

Man sieht schon: Im echten Leben ist es anders als auf der Bühne im Wedding. Da ist die Atmosphäre nicht nett und entspannt. Da ist wenig Applaus nicht das Schlimmste, was passieren kann. Und da sprechen die meisten Politiker auch nicht freiwillig über ihre Fehler, sie sind gezwungen, sich zu Vorwürfen zu verhalten. Fehlerkultur unter Realbedingungen, das funktioniert weniger gut als im Wedding.

»ICH GEHE HIER ERHOBENEN HAUPTES RAUS«

Warum Andreas Scheuer keinen Fehler zugibt

Andreas Scheuer hatte es sich anders vorgestellt. Er wollte über seine Erfolge als Bundesverkehrsminister sprechen, seine Ideen für den Verkehr der Zukunft. Nicht schon wieder über die elende Maut. Es ist Ende Januar 2020, Scheuer sitzt bei Markus Lanz in der Sendung. Aber das Thema ist die Pkw-Maut, die der Europäische Gerichtshof ein gutes halbes Jahr zuvor gekippt hatte.

Scheuer hat echte Entertainerqualitäten, wenn er Horst Seehofer imitiert, kann man Tränen lachen. Aber nun schlägt er ziemlich verkrampft die Beine übereinander und versucht zu erklären, was die meisten im Land nicht verstehen: Wie kann es sein, dass Schadensersatz von einer halben Milliarde Euro droht, für den die Steuerzahler aufkommen müssen? Warum hat er die Verträge unterschrieben, ohne das Urteil abzuwarten? Je länger Scheuer redet, desto fahriger wird er. Er hält Markus Lanz vor, dass er ja auch gescheitert sei, mit *Wetten, dass …?* Ich sitze ebenfalls auf einem der Sessel im Studio. Warum reitet er sich so rein, frage ich mich. Zu ihm sage ich: »Ich dachte, Sie nutzen diese Gelegenheit heute hier, um zu sagen: Das war ein Fehler.« Scheuer schüttelt den Kopf. Nein, er habe nichts falsch gemacht.

Seit dem Urteil aus Luxemburg ist Andreas Scheuer der Verlierer der Nation. Über Wochen kommt keine Satireshow ohne Scheuer-Witze aus. Sein »kleiner Doktor filozofie« von der Universität Prag wird wieder rausgekramt, auch wenn er den Titel gar nicht mehr führt. Ein Grünen-Politiker erzählt, dass der Name Scheuer immer geht, um ein Bierzelt in Stimmung zu bringen. Der *Stern* nennt ihn einen »Totalausfall«. Seine Partei lässt ihn allein damit. Der CSU macht in puncto Kampagnenfähigkeit niemand etwas vor, sie weiß, wie robuste Verteidigung geht. Aber Parteichef Markus Söder ist höchstens lauwarm, wenn es sich um Scheuer handelt. Ja, die Maut sei schon ein »Mühlstein«, sagt er. Den will er sich nicht selbst umhängen. Aber er hat den Daumen auch nicht gesenkt, sonst wäre Scheuer nicht mehr im Amt.

Wenn Politiker so im Sturm stehen wie Scheuer, gibt es einen einfachen Weg in den Windschatten: sagen, dass man einen Fehler gemacht hat. Es kann ehrlich gemeint sein, das Ergebnis eines inneren Aufarbeitungsprozesses. Es kann auch eine Floskel sein, taktisch motiviert. Der Satz »Das war ein Fehler« ist noch längst kein Ausweis von Fehlerkultur, auch kein Beweis für innere Größe. Wenn ein Politiker diesen Satz sagt, heißt das zunächst nur, dass er sich selbst nicht als unfehlbar inszeniert.

Für den Effekt ist das egal. Einen Fehler zuzugeben, nimmt den Druck raus. Ein Befreiungsschlag. Das war auch schon vor zwanzig Jahren so. 2003 sprach Gerhard Schröder im Bundestag, er war noch Kanzler, es ging um die Rente, genauer gesagt darum, dass die Rentenhöhe wieder an die Altersentwicklung gekoppelt wird. Abgeordnete von CDU und CSU riefen wütend dazwischen, fuchtelten mit den Armen, die Abschaffung des sogenannten demografischen Faktors, von Helmut Kohl eingeführt, sei ein großer Fehler von Rot-Grün gewesen. Schröder unterbrach sich kurz in seiner Rede und wandte sich der Unionsfraktion zu: »Das war ein Fehler, keine Frage.« Aus den Reihen der Opposition war danach kein Mucks mehr zu hören.

Ganz so leicht hätte es die Opposition Scheuer sicher nicht gemacht. Aber er versucht es nicht mal, sondern verliert sich in Rechtfertigungen und eröffnet damit noch eine neue Front. Seine

Kritiker regen sich jetzt nicht nur über die Maut auf, sondern vor allem über seinen Umgang damit. Es ist ein Teufelskreis. Je größer die öffentliche Empörung, desto renitenter wird Scheuer. Bei seinem Abschied aus dem Ministerium im Dezember 2021 bilanziert er die vergangenen vier Jahre: »Ich gehe hier erhobenen Hauptes raus.« Er hoffe auf Kontinuität, die letzten Jahre seien gut gewesen. Er schaltet auf Angriff, arbeitet sich am Untersuchungsausschuss ab, wie seine Mitarbeiter dort angegangen worden seien. Dann spricht Scheuer doch von entschuldigen, aber nicht für eigene Fehler. »Ich möchte mich bei vielen Kolleginnen und Kollegen entschuldigen, die vielleicht auch im Bekannten- und Verwandtenkreis viel ertragen mussten.« Und wer ist schuld dran? Die Medien mit ihren »zumeist unrichtigen und dummen Kommentaren«.

Es bleibt dieselbe Frage, die ich schon während der Talkshow hatte: Woher kommt dieser Starrsinn? Merkt er nicht, dass er sich total verrannt hat? Warum sagt er nicht, dass er den Ärger der Menschen verstehen kann? Es ist doch offensichtlich, dass seine Strategie – wenn es denn eine ist – nicht funktioniert. Schwarz auf weiß bekommt er das erst etwas später: Bei der Bundestagswahl 2021 verliert er in seinem Wahlkreis im tiefschwarzen Niederbayern deutlich, vier Jahre zuvor hat er noch 47,5 Prozent der Erststimmen erhalten, nun sind es 30,7 Prozent.

Ich schreibe Andreas Scheuer in einer Mail, dass wir zusammen bei *Lanz* waren und ich für mein Buch wissen will, ob sich sein Blick verändert hat. Könnte ja sein, er ist schließlich nicht mehr im Amt, steht kaum in der Öffentlichkeit. Wochenlang höre ich nichts und denke, dass er keine Lust hat; die Sendung ist ja nicht so gut für ihn gelaufen. Doch dann klingelt das Telefon, unbekannte Nummer, es ist Scheuer selbst. Ich hätte eine Mail geschrieben, ja, er habe Zeit, nächste Woche, zum Kaffee, perfekt.

Warum können Sie keinen Fehler zugeben, Herr Scheuer? Er rührt in seinem Cappuccino. »Man gibt nicht einfach einen Fehler zu, weil es sich gut anhört und um als Politiker besser dazustehen«, sagt er. »Es war der Zwang. Ich habe den Eid geschworen, Schaden vom deutschen Volk abzuwenden.« Hätte er gegen seine eigene Überzeugung und die fachliche Einschätzung seines Ministeriums einen Fehler zugegeben, hätten das die Mautbetreiber medial ausgeschlachtet und zum Schaden des Bundes verwendet, so die Logik. Bestand die Gefahr wirklich? In dem Rechtsstreit kommt es auf die Einzelheiten in den Vertragsklauseln an, darauf, wie man sie auslegt, und auf Details, wie wer wann mit wem welche weitere Absprache getroffen hat. Ein allgemeines »Es tut mir leid« hat keine rechtliche Relevanz. Aber was Wahres ist trotzdem dran. Sie würde ihren Mandanten in so einer Situation immer raten, nichts zu sagen, sagt eine Anwältin, die auf Schiedsverfahren spezialisiert ist. Und wenn es unbedingt sein muss, nur mit dem Zusatz »ohne Anerkennung einer Rechtspflicht« – was die Sache total verwässern würde.

Aus Überzeugung hätte er sich sowieso nicht entschuldigen können, sagt Scheuer, denn er sieht gar nicht, was er falsch gemacht haben soll. Seine Begründung: »Alle Ampeln standen auf grün«, die EU-Kommission habe die Maut schon in der Legislaturperiode davor gebilligt, der Generalanwalt beim EuGH habe keinen Rechtsverstoß gefunden. »Niemand hat mit dieser Entscheidung gerechnet und meine Pflicht war zudem, die Beschlüsse des Parlaments umzusetzen«, sagt Scheuer.

Dass keiner damit gerechnet habe, stimmt nicht. Europarechtler hatten gewarnt: Nur den Ausländern Geld abnehmen, aber sie dabei nicht zu diskriminieren, das geht nicht auf. So wenig wie die Quadratur des Kreises. Auch der CSU-Politiker Peter Ramsauer, bis 2013 selbst Verkehrsminister, hatte das Problem mehrfach angesprochen. Im Verkehrsministerium sitzen genügend Juristen, die vom europarechtlichen Verbot der Ausländerdiskriminierung schon mal was gehört haben. Warum haben sie nichts gesagt? Weil, wie ein Beamter im Untersuchungsausschuss sagte, die fachliche Arbeit von politischen Vorgaben dominiert wurde? Nicht aus Scheuers Sicht. Er erklärt es sich damit, dass die Sache längst angelaufen war. »Ich habe ja nicht bei null angefangen. Alles lag auf meinem Tisch, sogar das Vergabeverfahren lief schon.« Er habe ständig gefragt, was die Mitarbeiter denken, niemand habe Zweifel geäußert. »Wir hatten im Haus ganz flache Hierarchien.« Und zu ängstlich dürfe man als Minister eben auch nicht sein: »Wenn man politisch etwas erreichen will, kann man nicht warten, bis alles durchgeklagt ist.«

Scheuer ist ein Freund des robusten Stils. Er habe 19 Jahre Basketball gespielt, erzählt er. »Ich bin ein harter Sportler.« Was heißt das? Ein Kumpel habe ihm mal gesagt: »Eines ist klar, Spieler und Anhänger des Gegners wählen dich auf jeden Fall schon mal nicht. Gut, dass Basketball kein Massensport ist.« Muss schon rau gewesen sein. »Ich gehe aufs Spielfeld, um zu gewinnen«, bestätigt Scheuer. »Dem ordne ich alles unter.«

Und in der Politik? »Es steht 88 zu 1«, sagt er, 88 Projekte seien ihm als Verkehrsminister geglückt, nur eins nicht. In den Medien werde die Maut völlig überbewertet, das ganze Gute falle unter den Tisch. Aber die Leute außerhalb dieser Blase, die sähen das schon. Scheuer hat ein paar Geschichten parat. Er erzählt, wie er über die Luftfahrtmesse ILA in Berlin gelaufen ist. »Ein junger Gründer ist mir hinterhergespurtet«, er habe ihm »einfach mal danke sagen« wollen für den Rechtsrahmen, den Scheuer für die Drohnen geschaffen habe. Oder wie er mal durchs Brandenburger Tor gelaufen ist, da hatte er gerade den 125-Kubik-Führerschein erschaffen. Einer habe rübergerufen: »Scheuer, danke, ich hole ihn mir morgen ab.«

Als er 2017 zum Verkehrsminister ernannt worden sei, habe ein grüner Verkehrspolitiker missmutig dreingeschaut: Das würde ja nun Saure-Gurken-Zeit für die Opposition, weil im Verkehrsministerium jemand am Ruder sei, der wirklich aus dem Fachbereich komme. So berichtet es Scheuer. Und dann soll er plötzlich der Volldepp sein? »An fehlender Kompetenz kann es nicht liegen, Bekanntheit ist hergestellt, Beliebtheit ist das Einzige, wo man rankönnte.« Aber da werde ihm eben aus allem ein Strick gedreht. Der Mann am Brandenburger Tor könnte sich noch so freuen, die Medien fielen auch über die Motorradführerscheine her. »Vielleicht war ich auch zu forsch«, sagt er. »Ohne meine Frau hätte ich das alles nicht überstanden.«

Es hätte nicht so kommen müssen. Es gab eine Zeit, in der Scheuer die größten Empörungswellen hätte abfedern können, wenn er eingelenkt hätte. Es wären die Tage gewesen, nachdem der Europäische Gerichtshof entschieden hatte. Spott hätte es trotzdem gegeben, aber sicher auch Respekt. Hätte, hätte. Scheuer hat nie eine Regung in diese Richtung gezeigt. Sogar Parteifreunde, die Scheuer nahestehen, finden, dass das nicht so glücklich war. »Ein bisschen Demut hätte ihm gutgetan«, sagt ein CSU-Bezirksvorsitzender, der den Parteifreund schon lange kennt.

Solche Ratschläge kommen nicht an, Scheuer hat auf Durchzug geschaltet. Er trennt nicht mehr, was sachliche Kritik ist und was boshafte Kampagne. Für ihn ist jetzt alles eins, und das schiebt er weg mit beißendem Spott. »Wenn ich nicht vormittags um 11 Uhr schon zwei Rücktrittsforderungen hatte, war es kein normaler Tag.« Eine Reporterin hat ihn kürzlich im Wahlkreis begleitet, Scheuer hat sich über das Porträt geärgert. Es ist ein Artikel voller Klischees über die CSU, muss man nicht mögen. Scheuer kommt unterm Strich dennoch deutlich besser weg als in den meisten anderen Texten, doch für Graustufen hat er keinen Sinn mehr.

Politik wird oft als Kampf beschrieben. Und es stimmt ja: In der Politik geht es um Macht, darum, wer das Sagen hat. Und da alle Politiker ehrgeizig sind – das gehört zur Grundausstattung für diesen Beruf –, können Machtfragen in aller Regel nicht im kollegialen Gespräch entschieden werden. Es geht da nicht gerecht zu, es gilt das Recht des Stärkeren.

Eigene Fehler kann da niemand gebrauchen. Deshalb gehen viele Politiker mit ihren Fehlern ähnlich um wie Scheuer: abstreiten, zum Gegenangriff ansetzen. Es sind eingeübte Muster, abgeguckt bei politischen Urvätern (es sind kaum Mütter dabei), auch wenn deren große Zeit lange zurückliegt. Für CSU-Politiker ist Franz Josef Strauß immer noch ein Vorbild. Markus Söder hatte über seinem Jugendbett ein Poster von Strauß an die Wand geklebt, wie ein Foto beweist, das Söder selbst auf Facebook veröffentlicht hat. »Strauß, dieses Kraftuhrwerk, dieser Titan der Worte, hat mir unheimlich gut gefallen«, hat Söder dem *Focus* mal erzählt. »Wenn ich aufgewacht bin, habe ich also an der Decke direkt Strauß angeschaut.« Scheuer fährt in seinem Passauer Wahlkreis mit dem BMW 325ix herum, Baujahr 1987, der einst Strauß gehörte.

An ein Ereignis aus den Neunzigern können sich viele Christsoziale noch erinnern, weil es so außergewöhnlich war. Eine Pressekonferenz, in der Edmund Stoiber, damals bayrischer Ministerpräsident, auf einmal über eigene Fehler sprach. Es war im Frühjahr 1993, die SPD hatte gegen Stoiber den Vorwurf erhoben, zu seiner Zeit als Generalsekretär und Leiter der Bayerischen Staatskanzlei aus Dienstgeschäften private Vorteile gezogen zu haben. Stoiber erklärte detailliert, wovon er profitiert habe: Urlaubsflüge mit Flugzeugen der Firma Messerschmitt-Bölkow-Blohm, meistens zusammen mit Ministerpräsident Strauß, von den Firmen BMW, Audi und Daimler-Benz kostenlos zur Verfügung gestellte Autos für Familienurlaube in Österreich, Italien und Frankreich. Stoiber sagte zwar, der Urlaub »mit dem Kraftwerk Strauß« sei kein reines Vergnügen gewesen. Aber damit wollte er nichts rechtfertigen. »Das war ein Fehler«, sagte Stoiber zur Überraschung vieler. In der Öffentlichkeit kam die Transparenzoffensive gut an, aber die Basis der CSU war irritiert. Sollten sich alle nun laufend dafür entschuldigen, dass sie das machten, was alle immer gemacht haben?

Typen wie Strauß und Scheuer werden »Vollblutpolitiker« genannt. Gemeint ist: Wer mit Leib und Seele dabei ist, wer für die Partei und die Sache kämpft, kann sich nicht ständig kritisch hinterfragen. »Zu Kreuze kriechen« würden Politiker sagen, die so denken. Einen Shitstorm zu überstehen, ist nach dieser Denke die »Feuertaufe«. »Viel Feind', viel Ehr'« ist noch so ein Spruch. Bloß nicht allen gefallen wollen. »Ein Politiker muss ein Typ sein und nicht Everybody's Darling«, so hat es der frühere CSU-Chef Horst Seehofer mal gesagt.

Solche Selbstbeschreibungen sagen viel aus über das Bild, das Politiker von ihrer Wählerschaft haben: Dass auch die Leute, die ihre Kinder auf Waldorfschulen schicken, sich in der Wahlkabine für die Machertypen entscheiden. Für die, die nicht den Eindruck vermitteln, bei leisestem Gegenwind einzuknicken, die keine Angst haben, sich mit den Diktatoren dieser Welt an einen Tisch zu setzen und, wenn nötig, auch draufzuhauen. So macht Politik sich selbst zum Holzschnitt. Wer breitbeinig auftritt, ist noch lange kein guter Verhandler. Wer auf den Tisch haut, hat vielleicht einfach keine Argumente mehr.

Seehofer steht Scheuer in puncto Fehlerabstreiten in nichts nach. Über kritische Berichte hat Seehofer sich gern öffentlich empört. »Sie reden mit den falschen Leuten« gehörte zu den harmloseren Wendungen, mit denen er Journalisten zurechtzuweisen pflegte. Im Mai 2020 wurde Seehofer im Untersuchungsausschuss gefragt, ob er bei der Maut alles richtig gemacht habe. Seine Antwort: »Absolut. Ich würde es wieder tun.« Er war es, der die Maut 2013 zum Wahlkampfschlager auserkoren hatte, weil die absolute Mehrheit der CSU gefährdet schien. Die Forderung war schon damals ein politischer Evergreen: Bayern ärgern sich, dass sie auf österreichischen Autobahnen zahlen müssen und die Nachbarn die deutschen Autobahnen verstopfen, ohne dass es sie irgendwas kostet. Nach einer CSU-Vorstandssitzung im Dezember 2013 wurde Seehofer gefragt, ob Alexander Dobrindt, der gerade nominierte Verkehrsminister, wegen all der Probleme nicht an dem Projekt scheitern werde. Seehofer: »Ein Alexander Dobrindt scheitert nicht.« Als Dobrindt dann doch gescheitert war und dessen Nachfolger Scheuer auch, wollte Seehofer mit der Sache nicht mehr viel zu tun haben, schob die Schuld ab. Beide Minister hätten das Projekt »in eigener Verantwortung« umgesetzt, sagte Seehofer vor dem Untersuchungsausschuss. Das hat funktioniert. Gelegentlich wird in einem Halbsatz daran erinnert, dass die Maut eigentlich sein Steckenpferd war. Doch letztlich geht das Desaster mit Scheuer nach Hause.

Noch ein anderer CSU-Mann darf in dieser Reihe nicht fehlen: Karl-Theodor zu Guttenberg, der frühere Wirtschafts- und Verteidigungsminister. Er hat eine ähnliche Art des Fehlerumgangs an den Tag gelegt, ist aber nicht damit durchgekommen. Die Enthüllung über seine plagiierte Doktorarbeit, die seine politische Karriere beendet hat, hätte er vielleicht überstanden, wenn er seinen Fehler nicht erst abgestritten und dann bagatellisiert hätte. Seine Rechtfertigung bleibt unvergessen: Die Arbeit sei »über etwa sieben Jahre neben meiner Berufs- und Abgeordnetentätigkeit als junger Familienvater in mühevollster Kleinarbeit entstanden«.

Es ist kein Zufall, dass wir so oft bei derselben Partei landen. Die CSU pflegt wie keine andere das Image, die Partei der Unbeugsamen zu sein. »Mia san mia.« Daran gibt es aber durchaus Kritik. Von Volker Ullrich zum Beispiel, auch er ist CSU-Mann, Rechtspolitiker aus Augsburg. Er warnt seine Parteifreunde davor, es mit diesen Klischees zu übertreiben, Zugezogene könnten damit gar nichts anfangen und jüngere Leute auch nicht viel. Besonders ärgert ihn, dass manche Parteifreunde die große Zeit der CSU darauf zurückführen, dass sie den »neumodischen Quatsch« damals nicht mitgemacht habe, Themen wie Fehlerkultur gar keine Rolle gespielt hätten. »Dass die CSU früher 50 Prozent geholt hat, lag nicht an der Breitbeinigkeit oder lautstarkem rhetorischen Getöse, sondern schlichtweg am guten Regieren. Das übersehen manche gern.«

Die »Rambos« der Politik gibt es aber in allen Parteien. Es sind häufiger Männer als Frauen, eher Ältere als Jüngere. Immer mit Vollgas in die Kurve, bis man irgendwann rausfliegt. Gerhard Schröder verkörpert den Prototyp. Mit den Jahren hat sich dieser Zug bei ihm noch verstärkt. Anders als bei seinem Auftritt 2003 im Bundestag würde er heute nicht mal aus taktischen Gründen Fehler zugeben. Selbst nach dem Überfall Russlands auf die Ukraine war er nicht bereit, sein Verhältnis zu Russland zu überdenken. »Ich mache jetzt nicht einen auf mea culpa. Das ist nicht mein Ding«, sagte er der *New York Times* im April 2022. Immerhin ehrlich, könnte man sagen. Oder auch: Ihm ist nichts mehr peinlich. Dann hat er auch noch den Bundestag verklagt, um seine Privilegien als Altkanzler wiederzubekommen, die ihm der Haushaltsausschuss entzogen hatte. Schröder läuft mittlerweile außer Konkurrenz.

Frauen sind oft selbstkritischer als Männer, manchmal zu selbstkritisch. Eine Schulleiterin erzählte, sie müsse gar nicht auf den Namen schauen und könne trotzdem sagen, ob der Wunsch für den Stundenplan im nächsten Jahr von einem Mann oder einer Frau komme. Frauen neigten dazu, sich schon für die Bitte zu entschuldigen, und erklärten die Zwänge, die eine bestimmte Stundenzuordnung nötig mache. Männer schrieben einfach, wie sie es gern hätten. Das klingt stereotyp, doch dafür es gibt jede Menge empirische Evidenz.

Christine Lambrecht ist der Beweis dafür, dass es auch weibliche Rambos gibt. Sie hatte, um es vorsichtig zu sagen, einen holprigen Start als Verteidigungsministerin, nach einem guten Jahr im Amt hatte sie ihre Autorität vollends verspielt, hat aber in ihrer Rücktrittserklärung mit keiner Silbe anklingen lassen, dass sie auch einen Anteil bei sich sieht. In ihren ersten Monaten reihte sich Blamage an Blamage. Schon vor der Amtsübergabe begann der Ärger, weil sie erfahrenen Mitarbeitern des Hauses mitteilen ließ, bis wann sie ihre Büros zu räumen hätten. Wenige Tage nach der Vereidigung brach sie mit einer langjährigen Tradition, an Weihnachten die Truppe im Einsatz zu besuchen, und fuhr stattdessen in den Urlaub. Als die Ukraine schon den Überfall Russlands ahnte und Deutschland um 100000 Helme und Schutzwesten bat, schickte Lambrecht 5000 und sprach von einem »ganz deutlichen Signal« an Kiew: »Wir stehen an Eurer Seite.« Dann nahm sie ihren Sohn im Bundeswehrhubschrauber mit nach Sylt, postete Fotos von ihrem Urlaub mitten im Krieg. Bereits im Mai 2022 hatte sich in einer Umfrage eine Mehrheit von 55 Prozent der Befragten für ihren Rücktritt ausgesprochen. Auch Sozialdemokraten lästerten schon früh über ihre Instinktlosigkeit. Ihr fehlten offenbar bestimmte Antennen, sie sei beratungsresistent.

Aber Lambrecht zeigte an keiner Stelle, dass sie auch nur ein Anflug von Gewissensnöten plagte. Kaum vorstellbar, dass sie die Kritik nicht wahrnahm, doch sie schien an ihr einfach abzuprallen. »Ich muss mich überhaupt nicht rechtfertigen. Ich muss deutlich machen, wofür ich stehe und welche Entscheidungen ich auch treffe – das ist meine Aufgabe, und das mache ich auch«, sagte sie Ende Mai 2022 in der ARD. Die Vorwürfe, dass sie sich ihrem Amt nicht mit genügend Engagement widme, wischte sie weg: »Manche sind so abwegig, dass ich darüber nicht länger nachdenke.« Sie habe nicht den Eindruck, dass die Vorwürfe mit ihrer Person zu tun hätten. Schuld seien die Mitarbeiter, die die Presse informieren. Im Ministerium gebe es »leider bei einigen wenigen eine gewisse Unkultur, mit Gerüchten, Klatsch und Flurfunk die Medien zu füttern.«

Kommunikationsberater sprechen in solchen Fällen von »Vorwärtsverteidigung«, was zur Funktion Lambrechts natürlich ganz gut passt. Die Methode der Wahl, um den Schaden klein zu halten. Viele Politiker, mit denen ich gesprochen habe, finden diesen Ansatz nicht gut, sagten, sie wünschten es sich anders. Und fügten dann hinzu: Aber oft komme man eben damit durch. Da habe die Schnelllebigkeit des politischen und medialen Betriebs mal was

Gutes. »Können Sie sich erinnern, gegen wen sich der Shitstorm letzten Monat richtete?«

Auch Lambrecht war zunächst gut damit gefahren. Nach einigen Wochen ohne größere Vorkommnisse gehörte sie schon wieder zu den zehn wichtigsten Politikern. Aber die Lage blieb wackelig. Es gelang ihr nicht, den Ruf loszuwerden, dass es ihr an militärischer Kompetenz fehle, dass sie mit ihrer Aufgabe fremdele. Lambrecht hätte positive Schlagzeilen gebraucht, doch es lief schon gut, wenn sie keine negativen Schlagzeilen machte. Die falsche Frau am falschen Ort, zumal in Kriegszeiten – dieser Eindruck verfestigte sich.

Der Tropfen, der das Fass zum Überlaufen brachte, war ein Video, das sie zum Jahreswechsel 2022/2023 postete. Sie sprach darin über den Krieg in der Ukraine. »Und damit verbunden waren für mich ganz viele besondere Eindrücke, die ich gewinnen konnte, viele, viele Begegnungen mit interessanten und mit tollen Menschen. Dafür sage ich ein herzliches Dankeschön.« Sie war akustisch kaum zu verstehen, das Böllern und Knallen des Berliner Feuerwerks war so laut. Was für eine Kulisse, um über das Jahr zu sprechen, in dem es wieder Raketenangriffe in Europa gab.

Zwei Wochen später trat sie zurück, wieder ohne ein Wort der Selbstkritik. Ihre schriftliche Rücktrittserklärung hatte nur eine Botschaft: Die anderen sind schuld, vor allem die Medien. »Die monatelange mediale Fokussierung auf meine Person lässt eine sachliche Berichterstattung und Diskussion über die Soldatinnen und Soldaten, die Bundeswehr und sicherheitspolitische Weichenstellungen im Interesse der Bürgerinnen und Bürger Deutschlands kaum zu.« Hier klingt sie ganz ähnlich wie Scheuer.

Sie ist gegangen, weil ihr der Rückhalt fehlte, von ihrer Partei, vom Ministerium, aber vor allem von Olaf Scholz. Niemand hatte sie verteidigt, das Video relativiert. Eigentlich ist das die Pflicht der Parteifreunde. Das Schweigen war ein ziemlich sicheres Zeichen, dass es nicht mehr weiterging. Der Kanzler ließ noch einige Tage nach Neujahr über einen Sprecher verlauten, Lambrecht sei eine »erstklassige Verteidigungsministerin«. Aber so ein Satz ist in der Politik nicht viel wert. In der Merkel-Zeit gab es den Scherz, dass man sich Sorgen machen müsse, wenn die Kanzlerin ihr vollstes Vertrauen ausspricht, kurz drauf sei man weg. Jedenfalls war Lambrecht für Scholz und seine Regierung zur Belastung geworden. Sogar unter SPD-Anhängern war nun eine Mehrheit für ihren Rücktritt, und in Umfragen war die SPD unter die Zwanzig-Prozent-Marke gerutscht. Nun ging es dem Kanzler darum, Schaden von sich abzuwenden. Und so baute er sein Kabinett um.

Das zeigt, wie ernst es war. Scholz mag solche Unruhe nicht. Er steht auf dem Standpunkt, dass man Zwischentiefs in Umfragen nicht allzu ernst nehmen sollte. Keep calm and carry on. Seine eigene Geschichte bestärkt ihn in diesem Credo: Scholz wollte SPD-Vorsitzender werden, seine Partei ließ ihn hängen. Als er dann erstmals sagte, dass er Bundeskanzler werden wolle, war das ein Witz in den Satireshows, führte auch zur Erheiterung bei Grünen und Union. Dann gab es auch noch schlechte Presse wegen Wirecard, Cum-Ex – und trotzdem hat er es allen gezeigt. Das Erfolgsrezept also: stur bleiben, nicht an sich selbst zweifeln, dann klappt das. Olaf Scholz wird zuweilen eine gewisse Arroganz unterstellt. Aber der Kanzler denkt durchaus taktisch, er glaubt, dass sich die meisten Menschen über das Kleinklein weit weniger aufregen als die Berliner Journalisten.

Im Quadratkilometer der Macht, wie das politische Berlin rund um den Reichstag genannt wird, kann man sich über die Vorteile und Risiken dieser Strategie den Kopf heißreden. Doch diese Debatten sind zugleich Ausweis der Nabelschau, die hier betrieben wird. Die Erhebungen der Meinungsforschungsinstitute jedenfalls sind erschreckend: Laut der Umfrage Eurobarometer der Europäischen Kommission ist das Misstrauen der Deutschen gegenüber den politischen Parteien seit Jahren deutlich größer als das Vertrauen in sie. Im Winter 2021/2022 gaben rund 58 Prozent der Befragten an, dass sie den Parteien »eher nicht vertrauen«, nur 36 Prozent »vertrauen eher«. Schon vor einigen Jahren hat die Forschungsgruppe Wahlen ermittelt, dass für 71 Prozent der Bürgerinnen und Bürger Glaubwürdigkeit die wichtigste Eigenschaft von Politikern ist, gefolgt vom Sachverstand mit fast zwanzig Prozentpunkten Abstand.

Das heißt: Die Mehrheit der Menschen will nicht, dass man ihr was vormacht, sie erwartet von Politikern, dass sie Verantwortung übernehmen, und zwar auch für eigene Fehler. Das Vertrauen in die Politik steht auf dem Spiel. Wie es ausgeht? Das hängt ganz entscheidend davon ab, wie sich unsere politische Fehlerkultur entwickelt.

»NIEMAND SCHREIBT EIN BUCH ALLEIN«

Auch Annalena Baerbock kann sich plötzlich nicht mehr entschuldigen

Der 17. Juni 2021 ist ein heißer Tag. Kalendarisch noch nicht mal Sommer, aber über Berlin hat sich eine schwüle Luftschicht gelegt. So schwer, als könnte man sie schneiden. Annalena Baerbock sitzt auf der Terrasse des Hauses der Kulturen der Welt. Das Kanzleramt in Sichtweite, es sind keine zweihundert Meter. In diesem Moment ist es auch noch in Reichweite. Die Grünen liegen bei zwanzig Prozent in den Umfragen, die Union hat ein paar Prozentpunkte mehr, die SPD klebt seit Wochen bei 14. Ein Forschungsinstitut hatte für die Grünen sogar mal 28 Prozent gemessen. Aber kurz drauf bekam Baerbocks Bild ein paar Kratzer. Erst musste sie zugeben, dass sie Nebeneinkünfte nicht an den Bundestag gemeldet hatte. Dann kam raus, dass Angaben in ihrem Lebenslauf nicht stimmten. Hochstapelei oder Nachlässigkeit? »Das war Mist«, sagte sie.

Auf der Terrasse vorm Haus der Kulturen sieht es so aus, als sei es gerade noch mal gut gegangen. Sie will über ihr Buch sprechen, *Jetzt* heißt es. Die Hauptstadtpresse ist gekommen, die Veranstaltung wird auch gestreamt. Baerbock ist perfekt gestylt, trotz der Hitze. Nicht zurückschauen, nur nach vorne. Beim Fußballspielen und Trampolinspringen habe sie gelernt, mit Tiefschlägen umzugehen. »Wenn man hadert, wird man das Turnier nicht gewinnen.« Also: »Abgehakt. Das nächste Mal wird es besser.« Baerbock lächelt.

Aber innen brodelt es. Die Kanzlerkandidatin sitzt längst im »Schützengraben« – so hat sie es später selbst beschrieben. Sie denkt mit ihrem Team darüber nach, den Promi-Anwalt Christian Schertz zu beauftragen. Journalisten sollen rechtliche Schritte angedroht werden für den Fall, dass sie über ihre Kinder schreiben. Baerbock ist misstrauisch geworden, sie fängt an, auch da Gegner zu sehen, wo gar keine sind. Die Verleumdungen gegen sie haben Spuren hinterlassen: In den sozialen Medien kursieren massenhaft Falschnachrichten, zum Beispiel über ihre angebliche Vergangenheit als Nacktmodell, und über grüne Pläne, Haustiere zu verbieten und die Witwenrente abzuschaffen, die es nie gab. Auch Hans-Georg Maaßen, der ehemalige Verfassungsschutzpräsident, macht mit: Er fragt auf Twitter, ob es »Zufall oder Chiffre« sei, dass Baerbocks Initialen – mit vollem Namen heißt sie Annalena Charlotte Alma Baerbock – ACAB bilden, die Abkürzung für »All cops are bastards«.

Das Buch ist keine zwei Wochen auf dem Markt, da erscheinen erste Meldungen, in denen der Plagiatsjäger Stefan Weber Vorwürfe gegen die Kanzlerkandidatin erhebt. Sie habe Passagen aus anderen Veröffentlichungen übernommen. Jetzt lächelt Baerbock nicht mehr. Sie verliert die Fassung, schmettert die Vorwürfe ab, geht selbst zum Angriff über. »Rufmord« ist das Wort, das haften bleibt, für das sich Grüne heute schämen.

Keine Fehlerkultur nirgends. Weder bei Baerbock noch bei ihrer Partei. Grüne regen sich schon auf, wenn man nur fragt, ob das Buch ein Fehler war. Jürgen Trittin twittert was von »Dreckskampagne«. Unter dem Hashtag #JetztErstRecht machen Grüne Front gegen alle, die über die Vorwürfe berichten. Schon die Wiedergabe der Fakten wird da zum blanken Sexismus. Grüne spekulieren darüber, wer den Plagiatsjäger bezahlt hat, um ihnen etwas anzuhängen. Die Empörungswelle türmt sich so auf, als solle sie die

Affäre unter sich begraben. Aber fast täglich kommen neue Plagiate ans Licht, kurz vor der Wahl sind es 100 auf gerade mal 240 Seiten.

Es ist der erste Wahlkampf der Grünen mit einer Kanzlerkandidatin. Sie wollen alles richtig machen, Baerbock ganz besonders. Doch als es schwierig wird, hat sie ihren Kompass verloren. Sie macht es plötzlich genauso wie die »Politik-Rambos«: Fehler abstreiten und zum Gegenangriff ansetzen. Wie konnte das passieren?

In der Theorie sind die Grünen die perfekten Fehlerkulturschaffenden. Sogar in ihrem Wahlprogramm denken sie die eigene Fehlbarkeit mit: »Nein, wir können nicht versprechen, dass jedes einzelne Projekt genau so Wirklichkeit wird. Wir können nicht versprechen, dass niemand durch Klimaschutz belastet wird. Wir können nicht versprechen, dass nach Corona jedes unserer Projekte noch finanzierbar ist.« Aber: »Wir wollen Mut machen, zu experimentieren und eine positive Fehlerkultur zu entwickeln.«

Es ist nicht weniger als ein neuer Politikstil, den die Grünen prägen wollen. Und die Schmutzkampagnen der anderen sollen sie nicht davon abbringen. »If they go low, we go high – das ist mein Anspruch«, sagte Baerbock bei ihrer Kür zur Kanzlerkandidatin. Die Partei war begeistert. Nicht auf den politischen Gegner draufhauen, Politik sollte kein Kampf sein, jedenfalls nicht der mit den üblichen Waffen. »Der wahre Angriff auf diejenigen, die hart zuschlagen, ist ja nicht, genauso hart zurückzuschlagen, sondern ihre Schläge ins Leere laufen zu lassen, den Kampfplatz zu ändern, das Milieu zu ändern, eine andere Debatte zu führen«, so hat Robert Habeck den Plan beschrieben. Eine »umarmende, eine einladende Politik« sollte es stattdessen werden.

Die Partei hat sich verändert. 1980 hatten sich die Grünen als »Antiparteienpartei« gegründet. Die erste Generation war vor allem dagegen: gegen Atomkraftwerke, eine verklemmte Sexualität, die Bevormundung von Frauen, die Zerstörung der Wälder, die autoritäre Erziehung der Kinder. Die Vorstellungen waren radikal, Kompromisse galten als Verrat. Fehlerkultur war durchaus ein hohes Gut für Grüne, aber vor allem als Erwartung an andere: Grüne forderten lautstark Aufklärung, zeigten sich entsetzt über mangelnde Einsicht. Sie selbst machten Politik in der Gewissheit, als Einzige den richtigen Weg zu kennen.

Diese Haltung hatte sich über die Jahre schon etwas abgeschliffen, Grüne wie Cem Özdemir haben an der Anschlussfähigkeit der Grünen gearbeitet. Baerbock und Habeck konnten da anknüpfen, sie haben ein neues Selbstverständnis formuliert: die Grünen als Bündnispartei; Selbstbewusstsein ja, aber weniger moralische Überheblichkeit. Sie wollen Lager überwinden, alte Gegnerschaften auflösen, die Hand ausstrecken zu Unternehmern, Bauern, Gewerkschaften. Habeck verkörpert diese Idee mehr als Baerbock, aber auch sie hat bewiesen, dass sie das kann. Schon im Sommer 2019 hatte sie beim Tag der Deutschen Industrie gesprochen und ihr Publikum, das Grünen eigentlich skeptisch gegenübersteht, schwer beeindruckt.

Als im Wahlkampf die ersten Angriffe kommen, will Baerbock zeigen, dass ihre Überzeugung realen Bedingungen standhält. Und deshalb entschuldigt sie sich für alles, das mit dem Bild der perfektionistischen, immer gut vorbereiteten Politikerin nicht ganz im Einklang steht. Ständig gibt es einen neuen Grund.

Der Lebenslauf auf ihrer Website enthält ein paar Fehler. Unter der Überschrift »Mitgliedschaften« wird die amerikanische Stiftung German Marshall Fund genannt, obwohl Baerbock lediglich Alumna eines Stipendienprogramms der Organisation war. Und auch im UN-Flüchtlingshilfswerk UNHCR soll sie Mitglied gewesen sein, was natürlich überhaupt nicht möglich ist. Aus dem Beirat der Heinrich-Böll-Stiftung ist Baerbock entgegen den Angaben schon ausgeschieden. In der grünen Parteizentrale herrscht höchste Aufregung. Wie konnte das passieren? Ein Sprecher teilt mit, alles sei korrigiert. Das stimmt aber nicht, denn schon am Tag danach kommt raus, dass es noch eine Unstimmigkeit gab: Baerbock war nicht ganz so lange Büroleiterin einer Europaabgeordneten wie angegeben. Und zwei Tage später schon wieder was: ein Wortdreher im Namen des britischen Instituts, in dem sie Trainee war. Jede einzelne Zeile des Lebenslaufs ein Anlass für neue Artikel.

Eigentlich ist das alles halb so wild. Und zwar selbst dann, wenn man zu ihren Ungunsten unterstellt, dass sie ihren kurzen Werdegang, der sich fast ausschließlich in der grünen Blase abspielte, aufhübschen wollte. Sie wäre damit natürlich nicht die Einzige. Baerbock gehört zur »Generation Selbstoptimierung«. Als sie ihr Studium begann, war die Arbeitslosigkeit auf einem Höchststand. Schon in der Schule gab es damals den Rat, sich irgendwo zu engagieren, damit im Lebenslauf in der Rubrik Interessen nicht nur »lesen und Freunde treffen« stehe. Halt ein bisschen mehr aus sich machen.

Als Baerbock zur Kanzlerkandidatin gekürt wurde, war sie schon die zweite Legislaturperiode im Bundestag, seit über drei Jahren Parteivorsitzende. Sie hatte das nicht mehr nötig, jedenfalls objektiv gesehen. Interessanter als die Frage, wie die Angaben in den Lebenslauf kamen, ist deshalb, warum sie bei der Kür zur Kanzlerkandidatin noch drin waren. Die Grünen sind den Wahlkampf, in dem es um Platz eins gehen sollte, reichlich unprofessionell angegangen. Vor der Nominierung einer Kanzlerkandidatin wird eigentlich jeder Stein umgedreht. Sind die Babysitter angemeldet, Steuererklärung in Ordnung, irgendwelche Geschenke angenommen, und sei es ein Bobbycar? Und natürlich die Website screenen, die Profile in den sozialen Medien, die Fotos im Netz. Denn nach der Nominierung tun das Journalisten und politische Konkurrenten.

Dass das nicht passiert ist, nimmt Baerbock auf ihre Kappe. »Das tut mir leid, und es war alles andere als beabsichtigt«, sagt sie. »Es hätte unbedingt einer gründlichen Kontrolle der Angaben bedurft. Das ist meine Verantwortung, und diese Lektion habe ich jetzt, haben wir jetzt gelernt.« Das Ganze wäre sicher glimpflicher verlaufen, wenn Baerbock den Lebenslauf nicht mehrfach hätte nachbessern müssen. Die Grünen beherrschten nicht das kleine Einmaleins der Krisenkommunikation. Das lautet: Salamitaktik um jeden Preis vermeiden, sich zum Treiber der Aufklärung in eigener Sache machen, alles prüfen und auf einen Schlag abräumen. Dann sagt man einmal, dass es ein Fehler war, nicht drei oder viel Mal. Kurz vor der Sache mit dem Lebenslauf war noch die Geschichte mit den Sonderzahlungen der Partei: Sie hatte dem Bundestag Weihnachtsgeld und Corona-Prämie nicht gemeldet, obwohl es Nebeneinkünfte waren. »Ein blödes Versäumnis«, musste Baerbock hier schon sagen.

Im Praxistest zeigt »If they go low, we go high« seine Tücken. Denn da haben ja die Kommunikationsberater recht, die die Methode Aussitzen empfehlen: Eine Entschuldigung hat das Potenzial, die Sache größer zu machen. Bei Baerbock wirkt das jetzt alles schon ganz schön groß, noch vor der heißen Phase des Wahlkampfs. Die grüne Parteizentrale bangt: Bitte jetzt nicht noch was. Das Entschuldigungspulver ist schon verschossen. Und ein schwerer Fehler war noch gar nicht dabei, der kommt erst noch.

Als der *Focus* über die Plagiate berichtet, zögern Baerbocks Leute kurz. Ist das wirklich eine Kampagne? Was ist, wenn an der Sache was dran ist? Die Leute, die beim Buch geholfen haben, werden gefragt: Habt ihr abgeschrieben? Sie schütteln den Kopf. Einer sagt, er habe eine Plagiatssoftware über das Buch laufen lassen. Später heißt es, das sei nur der Plan gewesen. Was stimmt, ist bis heute nicht klar. Medienanwalt Schertz wird angerufen: Sind die vier Stellen Urheberrechtsverletzungen? Er soll eine schnelle Einschätzung abgeben. Schertz lässt sich versichern, dass es nicht noch weitere Fundstellen gibt. Dann schaut er sich die Sache an und findet sie unproblematisch, es sind allgemein bekannte Fakten und Ansichten. Die Grünen bitten ihn, das aufzuschreiben.

Baerbock und ihre Berater sind sich einig: Jetzt nicht schon wieder in den Staub werfen, sondern mit voller Wucht dagegenhalten. Habeck ist im Urlaub, die Parteisprecherin auch. Der Wahlkampfsprecher schreibt auf Twitter: »Das ist der Versuch von Rufmord. Wir weisen den Vorwurf einer Urheberrechtsverletzung entschieden zurück.« Ein Blogger versuche, »bösartig ihren Ruf zu schädigen«, die Vorwürfe seien »absurd«. Auch die Einschätzung von Anwalt Schertz veröffentlichen die Grünen sofort: »Ich kann nicht im Ansatz eine Urheberrechtsverletzung erkennen«, der Vorwurf entbehre jeglicher Grundlage. »Es ist offenbar erneut der Versuch einer Kampagne zum Nachteil von Frau Baerbock.«

Es ist keine Kampagne, die Plagiate sind ja nachweisbar. Aber natürlich wird die Sache ausgeweidet, mitten im Wahlkampf. Negative Campaigning heißt das auf Politdeutsch, die Grünen sind damit überfordert. Statt jetzt, wo es wirklich nötig ist, einen Fehler zuzugeben, tut die Partei das, was der Kommunikationswissenschaftler Bernhard Pörksen den »Teufelskreis von Selbstabschottung und Gegeninszenierung« nennt. Baerbock wirkt wie erstarrt, der Vorwurf des »Rufmords« lässt das Versprechen einer neuen politischen Kultur hohl klingen. Ein Tiefpunkt im Wahlkampf.

Grüne erinnern sich nicht gern an diese Zeit. Aber Jürgen Trittin ist bereit, darüber zu sprechen. Er sitzt in seinem Bundestagsbüro und zuckt mit den Schultern. Tiefpunkt? Das findet er völlig übertrieben. »Wahlkampf ist nicht die Zeit für Fehlerkultur.« Trittin hat seine ersten politischen Erfahrungen in K-Gruppen in Göttingen gesammelt, die hatten es insgesamt nicht so mit Fehlerkultur. Das liegt nun lange zurück, aber er macht auch heute nicht den Eindruck, als sei er von Demut durchdrungen. Ob er stolz sei auf seinen Tweet mit der »Dreckskampagne«? Nein, aber er bereut ihn auch nicht. Im Wahlkampf geht es nicht ohne harte Bandagen, davon ist er überzeugt. Das gilt erst recht im Kampf um das Kanzleramt, das Joschka Fischer die »Todeszone« der Politik genannt hat.

Baerbock bleibt in diesem Teufelskreis noch eine Weile gefangen. Zwei Tage nach den Berichten über die ersten Fundstellen sitzt sie auf der Bühne mit Journalistinnen der Zeitschrift *Brigitte*: »Ich habe kein Sachbuch oder so geschrieben.« In der *Berliner Morgenpost* erklärt sie kurz drauf: »Niemand schreibt ein Buch allein.« Eine Provokation für Schriftstellerinnen und Dichter. Oliver Krischer, ein Vertrauter Baerbocks und damals noch Mitglied des Bundestags, setzt sich in diesen Tagen tapfer in die Sendung von Markus Lanz. Die anderen Grünen hatten den Kopf eingezogen. Die Redaktion hatte 28 Parteifreunde angefragt, Krischer sagte als Einziger zu. Es tut weh, ihm zuzuhören; es ist offensichtlich, dass er selbst nicht glaubt, was er da sagt. Dass die Fundstellen »Lappalien« seien zum Beispiel. »Da jetzt Textexegese zu betreiben, ob da ein Halbsatz irgendwo, wo mal jemand sich was aufgeschrieben und notiert hat und dann woanders her übernommen wurde.« Wenn man solche Anforderungen stelle, könnten Politiker überhaupt keine Texte mehr machen. Dieses »alberne Textstellengesuche« diene doch nur dem Zweck, vom Inhalt abzulenken. Noch ein Tiefpunkt.

Armin Laschet, Kanzlerkandidat der Union, hält sich zurück. Bloß keine Häme. Nicht nur weil einem das schnell selbst auf die Füße fällt, sondern weil das auch nicht sein Stil wäre. Und dann gibt es plötzlich auch Plagiatsvorwürfe gegen ihn. Auf Twitter verbreitet sich der Vorwurf, er habe sich in seinem Buch *Die Aufsteigerrepublik* freimütig bei Werken anderer bedient. Es scheint ins Bild zu passen: Wer im Flutgebiet lacht, wenn der Bundespräsident spricht, der schreibt auch ab. Laschet ist verunsichert, das Buch stammt aus dem Jahr 2009. Er hatte das Buch nicht allein geschrieben, seine Mitarbeiter damals im Integrationsministerium in Nordrhein-Westfalen hatten manche Passagen zugeliefert.

»Meine Berater haben in der Sache eine Chance gesehen«, sagt er rückblickend. »Nämlich der Welt zeigen, wie man Fehlerkultur richtig macht.« Nach der Devise: »Brutal scharf im Gegensatz zu Baerbock«, so berichtet es einer, der damals dabei war. Laschet bittet prophylaktisch für alle Fehler um Entschuldigung. Sein Team schreibt in aller Eile ein paar Sätze zusammen und schickt sie an die Nachrichtenagenturen. »Mindestens ein Urheber des im Buch verwendeten Materials wird weder im Fließtext noch im Quellenverzeichnis genannt«, heißt es da. Es gebe in dem Buch offenkundig Fehler, die er verantworte. »Dafür möchte ich ausdrücklich um Entschuldigung bitten, denn sorgfältiges Arbeiten beim Verfassen von Werken und die Achtung des Urheberrechts sind für mich auch eine Frage des Respekts vor anderen Autoren.« Schon kurz drauf stellt sich heraus, dass die Reaktion übertrieben war. Nach wissenschaftlichen Standards sind nur wenige Stellen nicht ganz korrekt, nach Sachbuchkriterien ist alles in Ordnung. »Das Dumme war: Da hatte ich den Fehler schon unterwürfig eingestanden«, sagt Laschet. Trotzdem verpufft der Vorwurf.

Baerbock bleibt im Fokus, wie sich am Mitleid der Konkurrenz ablesen lässt – ausgerechnet von Sigmar Gabriel, Horst Seehofer und sogar von Olaf Scholz. Hilfe ist das nicht, eher Demütigung. Baerbock fährt im Sommer ein paar Tage mit ihrer Familie weg. Und versucht, wieder Tritt zu fassen. Sie gibt ein erstes Interview, in dem sie deutlich macht, dass sie den Konfrontationskurs nicht weiterverfolgen will. »Ich nehme die Kritik ernst«, sagt sie, ein Quellenverzeichnis wäre besser gewesen. Auch die Sache mit dem »Rufmord« bereut sie offenbar: Sie sei da in »alte Schützengräben« gerutscht.

Parteifreunde trauen sich jetzt zu fragen: Warum musste das Buch überhaupt sein? Nur weil Habeck auch ein Buch geschrieben hatte? Annalena Baerbock hat viele Talente, aber keine sonderliche Begabung fürs Schreiben. Auch sonst sprach alles dagegen. Ein Berater hatte zum Buch alle Pro- und Contra-Argumente aufgelistet. Auf der einen Seite stand ganz viel, auf der anderen kaum etwas. Als Kompromiss war ein Gesprächsband geplant, Baerbock sollte erzählen, ein Journalist die Gedanken sortieren und aufschreiben.

Doch dann stand ihr der Perfektionismus im Weg: Sie war mit dem Ergebnis nicht zufrieden, erstellte ein völlig neues Konzept. Wie viel sie davon selbst geschrieben hat, bleibt ein grünes Geheimnis.

Das ist jetzt müßig. Jetzt geht es um die letzten Wochen bis zur Wahl. Baerbock will zurück zum grünen Fehlerkulturideal und entschuldigt sich wieder am laufenden Band. »An den Fehlern, die ich selbst gemacht habe, knabbere ich am heftigsten«, sagt sie. Den Kinderreportern von ProSieben erklärt sie, dass auch sie nicht abschreiben dürfe, und verspricht, die Fehler schnell zu verbessern. In den Briefen der Parteizentrale an alle grünen Mitglieder steht jetzt: »Ja, es wurden Fehler gemacht.«

Dann sagt Baerbock auch noch das N-Wort, und zwar ausgerechnet in einem Gespräch mit dem Zentralrat der Juden. Auf insgesamt neun Twitter-Mitteilungen erklärt sie danach, dass sie um den rassistischen Ursprung wisse, die Verletzungen kenne und dass es ihr leidtue. Sie nutzt nun wieder das große Besteck. Auch nicht hilfreich, grünen Parteifreunden wird das langsam zu viel. Am Wahlabend im September gibt sich die Partei alle Mühe, ihre 14,8 Prozent zu feiern. Baerbock steht auf der Bühne in der Columbiahalle in Berlin-Tempelhof. Und auch jetzt sagt sie: »Wir wollten mehr. Das haben wir nicht erreicht, auch aufgrund eigener Fehler.«

Nach der Wahl ist in der Parteizentrale viel von Aufarbeitung die Rede, schließlich ein wichtiger Teil von Fehlerkultur. Eine Kommission hat sich drangemacht. Niemand soll an den Pranger gestellt werden, das ist von vornherein klar. Mit anderen Worten: Baerbock darf nicht beschädigt werden. Stattdessen geht es um Organisatorisches: Im wichtigsten Wahlkampf der Grünen-Geschichte hatte die Pressestelle kaum mehr Leute als 2017, wie konnte das sein? Warum hat die Partei auf eine freiwillige »Netzfeuerwehr« gesetzt, um Fakenews über die Kanzlerkandidatin zu bekämpfen? Auch nicht ideal: Grundsatzprogramm, Wahlprogramm, Renovierung der Parteizentrale, alles gleichzeitig. Und das auch noch mit lauter neuen Mitarbeitern im Homeoffice.

Führende Grüne haben mehrfach angekündigt, die Ergebnisse zu veröffentlichen. »Sie werden viel zu schreiben haben«, so hieß es. Ich hatte nichts Bahnbrechendes erwartet, eine glatte Oberfläche ist für die Grünen sehr wichtig geworden. Sofern es intern überhaupt noch Kontroversen gibt, setzt die Führungsebene alles daran, dass sie nicht nach außen dringen. Spannend wurde das Ganze erst dadurch, dass der Bericht doch nicht veröffentlicht wurde. Im Herbst 2022 war aus der Parteizentrale zu hören, dass die Aufarbeitung abgeschlossen sei und Schlussfolgerungen aufgrund der aktuellen Krisensituation nur parteiintern vorgestellt würden. Offenbar gab es die strikte Anweisung, den Bericht nicht an Journalisten weiterzureichen. Mehr als den Hinweis, dass er so langweilig gewesen sei wie vermutet, konnte ich trotz erheblicher Bemühungen nicht in Erfahrung bringen.

Baerbock ist jetzt Außenministerin und in ihrem Element. Mit Entschuldigungen ist sie wieder geizig geworden. Als sie sich in einem diplomatisch heißen Punkt vergaloppierte (»Wir kämpfen einen Krieg gegen Russland«), stellte ihr Sprecher den Sachverhalt nicht klar und beugte so der Instrumentalisierung durch russische Propaganda vor, sondern machte absurde Verrenkungen, um den Satz zu rechtfertigen. Baerbock nutzte ihre Rede bei der Verleihung des Ordens wider den tierischen Ernst, um die Sache ins Ironische zu drehen: »Keine Versprecher macht man ja nur, wenn man gar nix sagt.«

Aber trotzdem: Baerbock ist es gelungen, den Wahlkampf hinter sich zu lassen. Sie möchte davon nicht wieder eingeholt werden. Mit mir wollte sie über die Zeit auch nicht mehr sprechen. Ihr Umfeld lobbyiert schon wieder für sie mit Blick auf die Bundestagswahl 2025. Sie habe beim letzten Mal »keine faire Chance« gehabt, so wird die Geschichte nun erzählt. Und spätestens damit ist klar: Die Partei hat ihre Fehlerkultur in eigenen Angelegenheiten noch nicht gefunden.

»ALSO MÜSSEN SIE EINEN ANLASS SCHAFFEN, SICH ZU ENTSCHULDIGEN«

Wie Wolfgang Kubicki vor Schienbeine tritt und sich dafür feiern lässt

Wolfgang Kubicki hat Talent für die große Show. Es ist seine letzte Rede im Landtag in Kiel, Mitte Dezember 2017. Der FDP-Mann ist nun Abgeordneter im Bundestag, wurde bereits zum Vizepräsidenten gewählt. Fünfundzwanzig Jahre und ein paar Monate saß er im Landesparlament. Gerade ist ihm vor Rührung die Stimme gebrochen, als er sich für »die tolle Tätigkeit in diesem Haus« bedankt hat. »Selbst mir passiert das«, sagt er, räuspert sich, greift sich an den Krawattenknoten. Als der Applaus irgendwann endet, hat sich Kubicki wieder gefasst. »Ich möchte mich bei denen entschuldigen, denen ich mit meiner zugegebenermaßen manchmal sehr spitzen Zunge wehgetan habe.« Das habe »manchmal«, er korrigiert sich, »meistens nicht in meiner Absicht« gelegen. »Aber manchmal schon.«

Manchmal oder meistens, da sind die Übergänge fließend. Kubickis Provokationen jedenfalls sind legendär. Er nimmt nicht das Florett, er mag den derben Witz auf Kosten anderer. Es gibt im Netz Videos mit dem Best-of seiner Reden, hunderttausendfach wurden sie geklickt, zum Teil mehr als eine Million Mal. Kubicki hat verstanden, wie der Wettkampf um Aufmerksamkeit funktioniert. Und nutzt das. Alle paar Wochen gibt es mindestens eine neue Entgleisung. Wobei das Wort eigentlich nicht passt. Die kleineren und größeren Frechheiten passieren nicht einfach so, Kubicki legt es drauf an.

Bei seinem Abschied aus dem Landtag wendet er sich an Ralf Stegner, den damaligen Fraktionsvorsitzenden der SPD. »Ich möchte mich bei dem Kollegen Dr. Stegner entschuldigen, der zu meinem Lieblingscounterpart geworden ist.« Aus den Reihen der Sozialdemokraten ruft jemand rein: »Der bleibt hier.« Kubicki: »Nun weiß ich nicht, ob das Glück oder Strafe ist.« Eine Freundlichkeit, eine Stichelei und eine Unverschämtheit binnen weniger Sekunden. Die Abgeordneten brechen in schallendes Gelächter aus, Kubicki grinst. Er hat für Stegner alle möglichen Kosenamen gefunden, »Westentaschen-Machiavelli« oder »Erdoğan der SPD«. Nach jeder dieser Attacken hat er sich entschuldigt. »Erdoğan der SPD« sei »sicher überzogen«, er habe nicht die Absicht gehabt, Stegner antidemokratisches Gebaren zu unterstellen. Aber nach der Attacke ist vor der Attacke.

Hat das irgendwas mit Fehlerkultur zu tun, Herr Kubicki? »Nein, das ist ein Stilmittel. Sie lernen irgendwann, dass Sie bejubelt werden, wenn Sie sich entschuldigen. Also müssen Sie einen Anlass schaffen, sich zu entschuldigen.« Er erklärt, wie er das macht. »Sie treten jemandem gegen das Schienbein, das tut weh, dann entschuldigen Sie sich und dann muss der andere auch noch sagen: ›Mensch, toll.‹« Nach dem »Erdoğan der SPD« steht es eins zu null für Kubicki, nach der Entschuldigung zwei zu null.

Kubicki sitzt in seinem Vizepräsidentenbüro im Jakob-Kaiser-Haus und sagt in anderthalb Stunden keine einzige Berliner-Blasen-Floskel. Das ist erfrischend. Seine Sticheleien hingegen sind gewöhnungsbedürftig. »Vielen Dank für Ihre Zeit, auf dieses Gespräch habe ich mich besonders gefreut«, sage ich gleich zu Beginn, und es stimmt auch. Kubickis Reaktion: »Jetzt lassen Sie mal die Schleimerei und sagen mir, was Sie wollen.« Über Fehlerkultur in der Politik reden. Davon hält er nicht viel. »Fehlerkultur funktioniert nur bei mechanischen Abläufen. In meinem Berufsleben stellt sich die Frage nicht.«

Das merkt man. Es fängt schon damit an, dass das, was viele Leute für einen Fehler halten, für ihn Teil seines Erfolgsrezepts ist. In der *Bild*-Zeitung hatte er über Karl Lauterbach gelästert: »Man würde im Norden sagen: Spacken oder Dumpfbacke.« Ein paar Wochen vor der Bundestagswahl war das, die Aufregung war groß, vor allem über das Wort »Spacken«, das als Beleidigung für behinderte Menschen benutzt wird. Auch Lauterbach sah darin eine »unwürdige Entgleisung«. Kubicki tat verblüfft. »Ich nehme mit Interesse und Verwunderung wahr«, dass die Äußerung »aus dem Zusammenhang gerissen und in den sozialen Netzwerken gegen mich verwendet wird«. Er schätze Lauterbach sehr, habe nur zum Ausdruck gebracht, dass der Gesundheitspolitiker in seiner Stammkneipe im Ostseebad Strande »durchaus kritisch gesehen wird«.

Auf Plattdeutsch heißt »Spacken« so was wie Idiot, nicht nett, aber keine Diskriminierung von Spastikern. Aber außerhalb von Strande können nicht viele Leute Plattdeutsch, Kubicki weiß das. Und er weiß, wie die *Bild*-Zeitung funktioniert. Der FDP-Mann ist Jurist, und für Juristen ist die Sprache das wichtigste Werkzeug. Er hat die Aufregung einkalkuliert, das macht ihm Spaß. Aber man muss ihm lassen, dass es ihm auch um die Sache geht – hier um die in seinen Augen völlig übertriebenen Freiheitsbeschränkungen in der Pandemie. An die er sich, wie er freimütig erzählt, nicht immer gehalten habe.

Auch Frank Ulrich Montgomery, der Vorstandsvorsitzende des Weltärztebundes, hat es abbekommen. Kubicki hat ihn »Saddam Hussein der Ärzteschaft« genannt und berichtete kurz drauf, dass er sich bei Montgomery entschuldigt habe. Kubicki sagte auch gleich, dass für den Arzt das Thema damit erledigt sei. Es war dann an Montgomery, Kubickis Wortwahl zu erklären: Der FDP-Mann habe bei dem Vergleich »nicht an den Massenmörder gedacht, sondern nur an dessen Schnurrbart«. Dass Kubicki um Verzeihung gebeten habe, »hat Stil«. So dreist wie Kubicki entschuldigt sich niemand.

Dieses Spiel hat er so weit getrieben, dass er sich im Herbst 2022 sogar eine Anzeige durch den türkischen Staatspräsidenten Erdoğan einfing. Im Wahlkampf in Hildesheim hat Kubicki ihn als »kleine Kanalratte« bezeichnet. Das machte die große Welle, der deutsche Botschafter in Ankara wurde einbestellt. Kubicki saß kurz drauf bestens gelaunt bei Sandra Maischberger. Beleidigung? Nein, so sei das doch nicht gemeint gewesen. »In meinem Sprach- und Kulturkreis« sei die Bezeichnung »kleine Kanalratte« »eher anerkennend«, sagte er und musste selbst lachen. »Wenn Sie sich *Ratatouille* angucken oder Randalf, die Ratte im *Nachtgespenst*: Das sind kleine Tierchen, die ein bisschen verschlagen sind.«

Als Vizepräsident des Bundestags muss er die Sitzungen gerecht und unparteiisch leiten, die Würde des Hauses wahren, so steht es in der Aufgabenbeschreibung. Kubicki kann sich durchaus zusammenreißen, an seiner Sitzungsleitung gibt es kaum Kritik. Die Witze, die er sich als Vizepräsident erlaubt, sind harmlos. Im Kieler Landtag hat er vor vielen Jahren mal für einen Papierfliegerwurf einen Ordnungsruf bekommen, nun verteilt er sie selbst. Der Großteil geht auf das Konto der AfD. Stephan Brandner zum Beispiel hatte sich geweigert, Kubicki mit »Herr Präsident« zu begrüßen. Da kennt Kubicki keinen Spaß, erteilte einen Ordnungsruf, Brandner widersprach und bekam direkt den zweiten.

Aber Kubickis Widerwille gegen langweilige Debatten ist geblieben. Kein Wunder, dass er manchmal unruhig wird, die deutsche Politik ist mit rhetorischen Talenten nicht gerade gesegnet. Verglichen mit dem britischen Unterhaus wirkt der Bundestag eher wie eine Fortbildungsveranstaltung für Buchhalter. Das Spiel mit der Grenzüberschreitung will Kubicki nicht allein den Rechtspopulisten überlassen. Die AfD hat den Tabubruch zu ihrem Geschäftsmodell gemacht. Aber ihr Repertoire ist ein anderes als das von Kubicki: Fraktionschefin Alice Weidel hetzt gegen »Kopftuchmädchen und alimentierte Messermänner«, der FDP-Mann witzelt über political correctness (»Gendern ist mir Banane«). Die Methode ist ähnlich, aber die Ziele sind unterschiedlich. Die AfD bedient Ressentiments und schürt Ängste. Was treibt Kubicki an? »Es macht mir Spaß, mit Provokation zum Nachdenken anzuregen«, sagt er. Ab und zu blitzt auf, dass er die Gefahr seines eigenen Spiels erkennt. In einer Diskussionsrunde mit Stegner im Jahr 2010 ist Kubickis Selbstkritik mal kein Scherz: »Die ständigen Beschimpfungen, die wir wechselseitig ablassen, wecken auch nicht gerade das Vertrauen der Menschen in die Seriosität von Politik.«

Es gibt gar nicht so wenig Parteifreunde, die sich wünschten, Kubicki würde sich diese Erkenntnis öfter mal zu Herzen nehmen und der Partei den einen oder anderen Fauxpas ersparen. Den Glückwunsch für Thomas Kemmerich zum Beispiel, den Thüringer FDP-Vorsitzenden, der sich im Frühjahr 2020 mit den Stimmen der AfD zum Ministerpräsidenten wählen ließ. Kubicki zuckt die Schultern, die Kritiker in der eigenen Partei sind für ihn »Karrierefeiglinge«; sie sind ihm herzlich egal. »Auf den Erfolgen der anderen ausruhen und dann erklären, wie es geht, so was lieb ich ja. Es ist denen lieber, sich bei 4,9 Prozent wohlzufühlen als bei 18 Prozent unwohl.«

Das Amt des Vizepräsidenten ist das letzte in seiner Karriere, da ist er sich sicher. Er ist jetzt über 70. Aber er gehört nicht zu den Leuten, die erst dann frei aufspielen, wenn es nichts mehr zu verlieren gibt. Kubicki hat sich seine Unabhängigkeit bewahrt, er war parallel immer als Strafverteidiger tätig, ein dickes zweites Standbein. Seiner Partei schuldet er nichts, er hat zuverlässig gute Ergebnisse für die Liberalen eingefahren. Dass ihm bestimmte Benimmregeln egal sind, dass manche Leute die Augen verdrehen, war da nur hilfreich. Kubicki ist so ein bisschen wie der Bad Boy aus der Jugenddisko. Noch Jahre später treibt die Jungs, die immer so nett waren, die Frage um, warum sich niemand für sie interessiert hat.

Kubicki findet die Vorstellung absurd, dass Politiker eine Vorbildfunktion hätten. »Menschen im öffentlichen Leben müssen Heilige sein oder sie müssen aus dem öffentlichen Leben verschwinden«, Kubicki schnaubt, »Leute, die so was denken, müssen in ärztliche Behandlung.« Man müsse sich einfach an die Regeln halten, mehr nicht. Und zwar nicht an irgendwelche moralischen Regeln, sondern die zwingenden Rechtsregeln. Fehlerkultur gehört da nicht dazu. Nichts hindert ihn also daran, mit der Erwartungshaltung zu spielen, dass er sich zu entschuldigen habe – und sich dann so zu entschuldigen, dass es die Wirkung der Provokation nur weiter verstärkt.

Wenn sich Politiker öffentlich entschuldigen, geht es immer um die öffentliche Wirkung, zumindest auch darum. Aber die meisten erhoffen sich etwas anderes als Kubicki, nicht weitere Provokation, sondern Deeskalation. Eine Entschuldigung hat in aller Regel den Zweck, Schaden zu begrenzen, das angeschlagene Image wieder aufzubessern. Das Paradoxe daran ist: Eine Entschuldigung erreicht nur dann ihr Ziel, wenn sie so wirkt, als ob dahinter kein Kalkül steckte, sondern sie allein von Reue getragen wäre. Und das klappt am besten, wenn sie möglichst perfekt orchestriert ist.

Kevin Kühnert, der SPD-Generalsekretär, weiß, wie Inszenierung geht. Aber er hat ein Problem damit, wenn Entschuldigungen missbraucht werden, um eine Erwartungshaltung zu bedienen. »Im Privaten kann man sich mal entschuldigen, auch wenn man gar nichts falsch gemacht hat. Damit der Haussegen wieder gerade hängt.« Doch in der Politik gehe das nicht, meint er. »Die Dinge sind zu wichtig, um aus Jux und Tollerei mal einen Fehler einzugestehen.« Also keine Entschuldigung, nur um eine Debatte zu beenden.

So sieht es auch Angela Merkel. In einem Gespräch mit der *Zeit* reagiert sie auf die Bemerkung, dass die Welt auf ein Wort der Selbstkritik in der Russland-Frage warte: »Das mag sein, in vielen Punkten entspricht die Haltung der Kritiker aber nicht meiner

Meinung. Sich dem einfach zu beugen, nur weil es erwartet wird, hielte ich für wohlfeil. (…) Es wäre doch geradezu ein Armutszeugnis, wenn ich jetzt, nur um meine Ruhe zu haben und ohne wirklich zu denken, einfach sagen würde: Ach, stimmt, jetzt fällt's mir auch auf, das war falsch.« Das Eingeständnis eines Fehlers kann ein wirksames Mittel sein, um Kritik abzuwehren. Aber eine Entschuldigung, die rein taktisch eingesetzt wird, nicht ernst gemeint ist oder nicht mit einem inneren Aufarbeitungsprozess einhergeht, hat mit Fehlerkultur in der Tat nichts zu tun.

Im Englischen gibt es die Wortschöpfung »Nonpology«: eine Entschuldigung, die ausgesprochen wird, aber in Wahrheit gar keine ist. Der jede Reue, jede Schuldeinsicht fehlt. Aber wann ist das der Fall? Es hängt vom darstellerischen Talent eines Politikers ab, ob eine Entschuldigung so wirkt, als komme sie von Herzen oder nicht. Der einen Politikerin gelingt die perfekte Inszenierung von Schuldgefühlen, der andere findet vor lauter Scham nicht die richtigen Worte.

Friedrich Merz muss sich im Herbst 2022 den Nonpology-Vorwurf anhören. Eigentlich gibt er sich als CDU-Vorsitzender gern staatstragend, aber hin und wieder wechselt er ins unseriös Krawallige. Über Annegret Kramp-Karrenbauer ist ihm ein frauenfeindlicher Witz rausgerutscht, arabischstämmige Schüler werden schon mal zu »kleinen Paschas«. Und bei *Bild TV* klagt er über den angeblichen »Sozialtourismus« ukrainischer Flüchtlinge, die zwischen Deutschland und der Ukraine hin- und herpendelten und sich das System »zunutze machen«. Merz nennt keine Zahlen oder Fakten, der Krieg tobt noch in der Ukraine. Das ist, man kann es nicht anders sagen, Stimmungsmache gegen Flüchtlinge. Grüne, SPD und FDP sind empört, auch in der CDU distanzieren sich manche von der Wortwahl. Konstantin von Notz von den Grünen hat antizipiert, was passieren sollte: »Nehme Wetten an, mit welcher Akrobatik Friedrich Merz heute den bewusst gesetzten Begriff des Sozialtourismus relativieren wird.«

Kurz drauf ist es tatsächlich so weit. Merz twittert: »Ich bedaure die Verwendung des Wortes ›Sozialtourismus‹.« Es habe ihm fern gelegen, die Flüchtlinge aus der Ukraine zu kritisieren. »Wenn meine Wortwahl als verletzend empfunden wird, dann bitte ich dafür in aller Form um Entschuldigung.« Die Debatte ist nicht auf einen Schlag beendet, aber ebbt ab. Justizminister Marco Buschmann von der FDP, der Merz gerade noch scharf kritisiert hat, schreibt nun: »Mittlerweile hat sich Friedrich Merz entschuldigt. Das ist auch gut so und auch das sollte man respektieren.« Zweck erfüllt.

Es gibt ein paar rhetorische Wendungen, die als Kennzeichen von Nonpology gelten. Die Kollektivierung eines Fehlers zum Beispiel, »wir alle« haben etwas falsch gemacht. Oder die Ablenkung von dem Thema, der sogenannte Whataboutism: Ja, es war nicht gut, aber man muss sich auch mal anschauen, was woanders los ist. Auch in Merz' Tweet könnte man zwei Mal den Rotstift ansetzen. Seine Bitte um Entschuldigung steht unter einer Bedingung (»Wenn meine Wortwahl als verletzend empfunden wird«). Und sie bezieht sich nicht direkt auf die Verwendung des Wortes »Sozialtourismus«, sondern auf die Deutung durch andere. Die Leute, so ist der Satz auszulegen, hätten ihn nur falsch verstanden.

Der Verdacht bleibt, dass das Taktik war, in zwei Schritten: erst dem rechten Rand ein bisschen Futter geben und dann mit der Entschuldigung die Mitte wieder einfangen. Es stimmt auch, dass der Ausdruck »Wenn meine Wortwahl als verletzend empfunden wird« maximal distanziert klingt. »Ich bitte für meine verletzende Wortwahl um Entschuldigung« wäre viel stärker gewesen. Aber man sollte es mit der Exegese auch nicht übertreiben. Die perfekte Formulierung, die alle Nonpology-Fallen umschifft, sagt nicht unbedingt etwas über die innere Haltung aus. Es kann auch sein, dass die Medienberaterin eines Politikers eine Meistein ihres Fachs ist.

Ähnlich ist es mit dem Ausdruck »ich entschuldige mich«, der unter Verdacht steht, weil man sich selbst gar nicht exkulpieren kann, sondern nur darum bitten kann. Man kann darüber sinnieren, wie viel Tiefenpsychologie in dieser Ausdrucksweise steckt, ob das ein Hinweis darauf ist, dass jemand die Entschuldigung nicht von der Entscheidung einer anderen Person abhängig machen möchte. Aber diese Reflexionen dürfen nicht unrealistisch werden. Die Wendung »Ich möchte mich entschuldigen« hat sich eingebürgert, man darf also nicht jedem, der sie verwendet, ohne Weiteres unterstellen, es nicht ernst zu meinen. Wichtiger als die exakte Formulierung ist die Frage, ob die Person, an die sich die Entschuldigung richtet, die Möglichkeit hat, darauf einzugehen, die Bitte um Verzeihung vielleicht sogar abzulehnen. Oder ob die Entschuldigung mit der Ansage einhergeht, dass die Sache damit aber auch ausgestanden ist. Im Sinne von: »Was wollen die denn noch, ich habe mich doch entschuldigt.« Oder in Karl-Theodor zu Guttenbergs Wendung: »Jetzt ist auch mal irgendwann gut.« Wer so denkt, hat sich nicht entschuldigt.

Über die Feinheiten von Nonpology denken Kommunikationswissenschaftler und Politikberaterinnen nach. Die breite Öffentlichkeit ist nicht so streng. Mit Entschuldigungen von Politikern nicht gerade verwöhnt, freuen sich die Leute schon, wenn überhaupt jemand über seine Fehler spricht. Deshalb zahlen sich Entschuldigungen in aller Regel aus. Was dazu führt, dass immer mehr Politiker dazu greifen.

Karl Lauterbach trat plötzlich ganz reumütig auf, als die Vorschusslorbeeren, mit denen er das Amt des Gesundheitsministers angetreten hatte, sich mehr und mehr in einen Dornenkranz verwandelten. Im Frühjahr 2022 war er mit den Landesministern übereingekommen, dass die Isolation Corona-Infizierter nur noch freiwillig sein sollte, nach Protesten ruderte er zurück. Er nahm die Schuld für das Chaos auf sich, sprach von einem »Fehler, für den ich auch persönlich verantwortlich bin«, von einem Signal, das »falsch und schädlich« gewesen sei. Das kam gut an, sogar

Eugen Brysch von der Stiftung Patientenschutz lobte ihn für das Einsehen, auch die zwischenzeitlich wütenden Grünen waren besänftigt. Die Hetzer hetzten weiter, aber Politiker müssen nicht auf hundert Prozent Zustimmung zielen. Lauterbach gelang es, seine irritierte Anhängerschaft zu beruhigen.

Bodo Ramelow, der Ministerpräsident Thüringens, ist mit seiner Bitte um Entschuldigung ebenfalls gut gefahren. Das soziale Netzwerk Clubhouse war für ein paar Wochen mal der Ort, an dem man angeblich unbedingt sein wollte. Ramelow war jedenfalls dort und erzählte, wie die Ministerpräsidentenkonferenzen so abliefen, die in Corona-Zeiten regelmäßig stattfanden und ganze Nächte dauerten. Er sprach über »das Merkelchen«, wie er die Kanzlerin nannte, und gab zu, während der Sitzung auf dem Handy Candy Crush gespielt zu haben.

Die Empörung war groß, ein Ministerpräsident, der in so einer wichtigen Beratung zockt und sich über die Kanzlerin lustig macht: frauenfeindlich, peinlich, verantwortungslos. Ramelow bat auf allen Kanälen um Entschuldigung – aber bezog sich dabei ausschließlich auf den Ausdruck »Merkelchen«. »Den Namen der Bundeskanzlerin zu verniedlichen war ein Akt männlicher Ignoranz. Dafür meine ehrliche Bitte um Entschuldigung«, schrieb er auf Twitter. Der *Zeit* sagte er, er habe »männliches Machtgehabe« an den Tag gelegt, es sei dumm gewesen, von einer Frau verniedlichend zu sprechen. Damit hat er die öffentliche Debatte auf diesen einen Punkt verengt. Nun sprach niemand mehr über seine Indiskretion oder die Frage, wie ernst er die Beratungen von Bund und Ländern eigentlich nimmt – nur Ramelow kam später auf Candy Crush zurück: kein Fehler, natürlich. Um den Shitstorm abzufangen, kann es ausreichen, an einer Stelle Reue aufblitzen zu lassen.

Diese Liste erfolgreicher Entschuldigungen ließe sich weiter fortsetzen. Aber deshalb taugt das Eingeständnis von Fehlern noch lange nicht als Allzweckwaffe. Die Krux ist: Man darf das nicht zu oft machen, die Wirkung nutzt sich schnell ab. Das ist auch im

Privaten so. Wem es jedes Mal »wahnsinnig leidtut«, dass er die Verabredung verschwitzt hat, hört irgendwann nicht mehr ein besänftigendes »schon gut«. Bei Politikern stellt sich nicht nur die Frage, wie ernst das Mea Culpa beim x-ten Mal noch ist. Gefährlich wird es, wenn das Vertrauen in ihr Urteilsvermögen schmilzt. Wie lang ist die Halbwertszeit der neuen Entscheidung, wenn die vorige und die davor rückgängig gemacht werden mussten, weil sie nicht durchdacht waren? Das ist unprofessionell. Deshalb hat Angela Merkel in sechzehn Jahren Kanzlerschaft, 5860 Tagen im Kanzleramt, einziges Mal öffentlich um Entschuldigung gebeten, und zwar für die Osterruhe, rückblickend eine ziemliche Petitesse.

Im denkbar härtesten Gegensatz dazu steht die Piratenpartei, die den politischen Betrieb mal kurz aufgewirbelt hatte. Die Partei machte ihre Wissenslücken und damit die eigene Fehlbarkeit zu ihrem Markenzeichen. »Endlich normale Menschen«, haben die Piraten auf ihre Plakate gedruckt und sich von der »Berufspolitik« abgegrenzt. Kurz vor der Abgeordnetenhauswahl 2011 in Berlin wusste der Spitzenkandidat über den Schuldenstand der Hauptstadt nur, dass es »viele, viele Millionen« sind. Zu Afghanistan hatte die Partei keine Position, bei Fragen zur Europa- oder Wirtschaftspolitik zuckte der Parteivorsitzende die Achseln. Man habe sich noch nicht eingelesen, hieß es, und setze außerdem auf »Schwarmintelligenz«. Das sollte ehrlich wirken, in Abgrenzung zu den anderen Parteien, die ja auch nicht alles wüssten, aber so täten.

Für einen kurzen Erfolg hat das gereicht: Die Piraten zogen ins Berliner Abgeordnetenhaus ein. Fünf Jahre später flogen sie wieder raus. Was als selbstbewusste Fehlerkultur daherkommen sollte, wurde als mangelnde Ernsthaftigkeit enttarnt. Dieser Politikstil gilt seitdem als gescheitert. Die Erwartung an Politiker ist, dass sie Probleme lösen und nicht im Trial-and-Error-Verfahren selbst erst mal lernen, wie Politik geht. Daran ändern auch noch so viele Entschuldigungen nichts.

»WIR WERDEN EINANDER VIEL VERZEIHEN MÜSSEN«

Jens Spahn macht einen Versuch

Niemand trägt Maske, die Pflicht gibt es noch nicht. Aber die Abgeordneten halten schon den Mindestabstand ein, lassen immer zwei Plätze frei. Die erste Covid-Welle ist in Deutschland angekommen. Für den 22. April 2020 meldet das Robert Koch-Institut 2237 neue Infektionen, eine sehr kleine Zahl verglichen mit den Wellen, die noch kommen sollten. Es ist der vierte Monat der Pandemie, seit sechs Wochen ist das Land im Lockdown. Die Krisen der Vergangenheit, ob Lehman Brothers, Griechenland oder Flucht, waren für die meisten Menschen theoretisch geblieben, Corona verändert das Leben. Kitas und Schulen sind geschlossen, die meisten Geschäfte auch, rot-weißes Flatterband versperrt den Eingang zum Spielplatz, das Homeoffice ist noch neu, aber die Küchenmöbel machen dem Rücken schon zu schaffen. Alle Termine sind abgesagt, die Großeltern lesen Geschichten über Facetime vor, in den Supermarktregalen ist das Klopapier aus.

Jens Spahn hat an diesem Mittwoch Mitte April wieder einen vollen Tag. Ein Krisentreffen nach dem anderen, vormittags muss er in den Gesundheitsausschuss, um 13 Uhr steht die Regierungsbefragung im Plenum an. Andreas Scheuer ist dran, aber wer will schon über Verkehrspolitik reden, wenn man sowieso nirgends hinfahren kann? Spahn soll auch kommen, so wünschen es sich die Fraktionen. Es gibt viele Fragen an ihn. Von Gesine Lötzsch zum Beispiel, Haushaltspolitikerin der Linken. Sie ärgert sich, dass Unternehmen mit Staatshilfen Dividenden für ihre Aktionäre bezahlen. Ob diese Zahlungen nicht ein Fehler seien?

Der Gesundheitsminister sagt erst mal einen typischen Politikersatz: Das könne man in der Pauschalität nicht beurteilen, man müsse sich die individuelle Situation anschauen. Spahn könnte es dabei bewenden lassen, Lötzsch hatte ja nur nach den Staatshilfen gefragt. Er blinzelt und spricht weiter. In einem anderen Punkt sehe er es wie die Linken-Abgeordnete: »Dass wir miteinander wahrscheinlich viel werden verzeihen müssen in ein paar Monaten.« Der Satz ist verholpert, viele Medien zitieren ihn deshalb in indirekter Rede: dass wir einander in ein paar Monaten viel werden verzeihen müssen.

Spahn hat sich die exakte Formulierung nicht zurechtgelegt. Aber seit Tagen ging ihm die Frage im Kopf um: Es gibt so viel, das man nicht weiß und doch sofort entscheiden muss. Wie verkraftet es die Gesellschaft, wenn sich hinterher herausstellt, dass manches falsch war? Er telefonierte lange mit Hendrik Wüst. Der war damals noch Verkehrsminister in Nordrhein-Westfalen, die beiden Männer kennen sich noch aus ihren politischen Anfängen in der Jungen Union. Im Gespräch haben sie die Frage hin und her gewendet. Im Gesundheitsausschuss fällt es Spahn wieder ein. Er spricht den Gedanken erstmals aus. Die Abgeordneten schauen vom Handy auf, legen die Akte beiseite. »Das löste was aus«, sagt Spahn rückblickend. Und deshalb nutzt er kurz drauf Gesine Lötzschs Frage, um den Satz vor dem Plenum des Bundestags zu sagen.

Zwei seiner engsten Mitarbeiter verfolgen die Regierungsbefragung live auf dem Bildschirm. »Was macht er da?«, fragt einer. Sie haben Angst, dass ihrem Chef aus dem Satz ein Strick gedreht werden könnte, im Sinne von: Der will doch nur einen Blankoscheck für seine ganzen Fehler. Mitarbeiter sind oft ängstlicher als ihre Chefs, wollen möglichst alle Gefahren abwenden. Im Kopf gehen die beiden schon mögliche Verteidigungsszenarien durch, um die Sache wieder hinzubiegen. Das wird nicht nötig sein. »Wir werden einander viel verzeihen müssen« sollte einer der prägenden Sätze der Pandemie werden. Er schaffte es noch am selben Abend in die *Tagesschau* und in etliche Zeitungsaufmacher. Und er ist der Titel von Jens Spahns Buch über die Erfahrungen in der Krise geworden.

Der Satz durchschlägt den Kreislauf von Angriff, Verteidigung und Gegenangriff, der im Nichts endet. Oder in der Politikverdrossenheit. Es ist der Appell an alle, einen Schritt zurückzutreten. Ja, Politiker werden Fehler machen. Für die Menschen, die davon betroffen sind, ist das eine Zumutung. Ich weiß, wie es sich anfühlt, wenn man seine Kinder monatelang zu Hause betreut hat und später erfährt, dass die Kitaschließungen nicht nötig gewesen wären. Eine Gesellschaft kann an Wut und Missgunst zerbrechen, zumal wenn eine Allianz aus AfD-Politikern, Verschwörungstheoretikern und Extremisten diese Gefühle noch anfacht. Spahns Satz besagt, dass es ohne Verzeihen nicht gehen wird. Es braucht also beide: die Politiker, die zu ihren Fehlern stehen, und die Gesellschaft, die bereit ist, Verständnis dafür aufzubringen. »Wir werden einander viel verzeihen müssen«, das kann man lesen als einen Schritt hin zu einer neuen Fehlerkultur.

Es gibt in dieser Anfangszeit der Pandemie die Hoffnung im Land, dass in dem Schrecken auch etwas Gutes liegen könnte. Dass man wieder klarer sehen könnte, was eigentlich zählt im Leben; dass das Land zusammenrückt. Der Applaus auf den Balkonen für die Schwestern und Pfleger hat noch keinen schalen Beigeschmack. Natürlich sind die Leute auch verärgert. Zum Beispiel, als Spahn erst erzählt, dass Masken nicht hilfreich seien und die Mundschutzpflicht dann plötzlich doch da ist. Sie regen sich auf, dass die Gesundheitsämter die Infektionszahlen noch per Fax verschicken, und oft klappt nicht mal das. Aber im Großen und Ganzen vertrauen die Deutschen in dieser ersten Zeit der Regierung und halten sich weitgehend an die Regeln. In Umfragen geben 60 Prozent an, die Corona-Maßnahmen seien »gerade richtig«, CDU und CSU liegen über Wochen bei 40 Prozent. Und andere Länder schauen neidisch auf das deutsche Krisenmanagement.

Jens Spahn ist mittlerweile stellvertretender Fraktionsvorsitzender, zuständig für Wirtschaft, Klima, Energie. Das waren vorher gar nicht seine Themen, aber für Unionspolitiker war die Auswahl an Posten nach der Bundestagswahl nun mal beschränkt. Öffentlich redet er über Atomkraft und Gaspreise, aber die letzten Jahre treiben ihn noch um, das merkt man. Spahn hält den Kontakt zu Mitarbeitern des Gesundheitsministeriums, er verfolgt, was sein Nachfolger macht. Müssen wir Karl Lauterbach auch viel verzeihen? Darüber will Spahn nicht sprechen. Also über früher.

»Es ging mir nicht darum, dass die Leute mir etwas verzeihen sollten«, sagt er. »Es ging mir darum, dass wir alle miteinander nicht so unerbittlich sind, dass wir Maß halten in unserem Urteil.« In diesen ersten Monaten hätten sich alle mal geirrt, die Politiker, die Virologen und übrigens auch die Journalisten, sagt Spahn. Ein herausfordernder Blick. Ich fühle mich ertappt. Nach den allerersten Infektionen in Deutschland hatte ich in einer Redaktionskonferenz die These aufgestellt, dass Corona ja wohl nicht so gefährlich sei, wie auf dem Berliner Boulevard Unter den Linden zwischen all den Reisebussen, Rollern, Autos und Pferdekutschen Fahrrad zu fahren. Schon kurz drauf war ich sehr froh, das nie in einer Talkshow gesagt zu haben.

Ja, wir haben alle viel gelernt. Die Virologen im Land erklärten so gut sie konnten, wie sich das Virus verbreitet, wie man sich schützen kann. Aber auch die Experten wussten vieles am Anfang noch nicht. Es fehlte die Erfahrung – die ja ihrerseits das verdichtete Ergebnis von Fehlerkultur ist. Politik war Trial and Error, nach bestem Wissen und Gewissen, mehr ging nicht. Better safe than sorry – so kann man die Richtschnur in Deutschland beschreiben. Angela Merkel sagte: »Dies ist eine dynamische Situation, und wir werden in ihr lernfähig bleiben, um jederzeit umdenken und mit anderen Instrumenten reagieren zu können.« Eine lernende Politik zu wagen, die bereit ist zu Korrekturen. Das macht Demokratie aus.

Aber es gibt eine bittere Kehrseite: Korrekturen brauchen Zeit. Die Politik muss erst mal den Fehler als Fehler erkennen. Bis zum endgültigen Urteil über die Kita-Schließungen gingen zweieinhalb Jahre ins Land. Eine Studie lief vom Sommer 2020 bis Juni 2022 und untersuchte die Auswirkungen der Pandemie und der Schutzmaßnahmen auf Kinder und Familien. Ergebnis: Das Schließen von Kitas war medizinisch nicht angemessen, Kinder waren nicht die großen Treiber der Pandemie, wie erst vermutet worden war. Sozial benachteiligte Familien haben besonders gelitten. Anfang des Jahres 2023 hatten sich 73 Prozent der Kinder und Jugendlichen von den Pandemiejahren psychisch noch nicht erholt, wie die Bundesregierung mitteilte. Die immensen Belastungen, die bleibenden Schäden, alles umsonst.

Karl Lauterbach, der damals noch nicht Minister war, aber vom Talkshowsessel aus das »Team Vorsicht« anführte, verspricht im Herbst 2022, dass es keine Schließungen mehr geben werde. Er wird gefragt, ob er seinen Irrtum bedauere. »Ich halte nichts von Schuldzuweisungen«, sagt er. »Man muss immer den guten Künsten und der Wissenschaft folgen und das, was neu ist, nutzen, um nach vorn zu gehen.« Ja, Lauterbach hatte die Entscheidungen nicht getroffen, aber er war schon eine entscheidende Stimme in der Debatte und hatte wiederholt vor der Ausbreitung des Virus an Schulen und Kitas gewarnt. Vor allem wegen seiner Spekulation über die »Killervariante« muss er sich den Vorwurf gefallen lassen, Ängste geschürt zu haben.

Im Frühjahr 2023 steigt der Druck auf Lauterbach und er fängt selbst an mit den Schuldzuweisungen. Die Länder hätten bei den Maßnahmen »massiv überreizt«. Indirekt gibt er sogar der Wissenschaft die Schuld an den Fehlentscheidungen: Der Kenntnisstand der Forscher sei »einfach nicht gut genug« gewesen, ihren Empfehlungen sei man aber gefolgt. Es ist zweifellos ein Problem, dass es in der Pandemie die Tendenz gab, Politik durch wissenschaftliche Expertise zu ersetzen. Aber Lauterbach hatte sich selbst als Teil der Wissenschaftscommunity inszeniert, die er nun bloßstellt. Wenn die Fehlerquelle tatsächlich dort gelegen hat, wäre es auch für Lauterbach dringend an der Zeit, sein eigenes Wirken selbstkritisch zu betrachten.

Eine kritische Aufarbeitung darf sich nicht mit dem Ergänzen fehlender Erkenntnisse begnügen, sondern muss auch die Wertungen hinterfragen. In anderen Ländern waren die Betreuungseinrichtungen viel früher wieder auf, in der Schweiz zum Beispiel. Welchen Stellenwert haben Kinder bei Fragen der Abwägung in Deutschland? Zu wessen Lasten wird im Zweifel entschieden? Der Schutz von Leib und Leben der vulnerablen Gruppen ist besonders wichtig, das ist klar. Die Bundesregierung hatte auch die Wirtschafts- und Beschäftigungslage im Blick. Und die Kinder? Fehlte ihnen die Lobby? Oder hat die Politik diese Stimmen überhört? Anders als sein Nachfolger weicht Spahn diesen Fragen nicht aus. »Wir haben die Sorgen von Familien und Kindern zu sehr vernachlässigt«, sagt er. Auch sie müsse man um Verzeihung bitten für die Belastungen. Mit dem Wissen von heute hätte er das anders gemacht. »Mit dem Wissen von heute – so könnte ich eigentlich jeden Satz über die Pandemie beginnen.«

Damals hält das Land inne, die Politik auch. Das heißt nicht, dass die Politiker und die Beamten in den Ministerien nicht ranklotzen würden. Das tun sie. Aber zwischen den Parteien wird es auf einmal leise. Die üblichen gegenseitigen Anschuldigungen verstummen, jedenfalls wenn man von der AfD absieht. Die Rechtspopulisten testen zu Beginn der Pandemie noch aus, mit welchem Narrativ sie die größte Mobilisierung erreichen, erheben erst den Vorwurf, die Regierung lasse die Menschen sterben, erkennen aber schnell das

Potenzial der Querdenkerszene. Bald spricht Alexander Gauland von der »Corona-Diktatur« und nennt das Infektionsschutzgesetz ein »Ermächtigungsgesetz«.

Grüne, FDP und Linke verstehen sich dagegen als konstruktive Opposition, unterstützen im Prinzip den Kurs der Regierung, tragen viele Entscheidungen mit. Die Grünen tun das länger als die FDP. Christian Lindner verkündet gut fünf Wochen nach Beginn des Lockdowns, dass nun »die große Einmütigkeit in der Frage des Krisenmanagements« ende. Spahn hofft trotzdem, dass die Parteien noch etwas länger an einem Strang ziehen und sich nicht gleich wieder mit Vorwürfen überschütten. Im April 2020 sagt er im Bundestag, er wünsche sich ein »Grundsatzverständnis«, dass es in dieser Zeit voller Unwägbarkeiten »normal« sei, »dass man vielleicht an der einen oder anderen Stelle falschgelegen hat oder an der der einen oder anderen Stelle Dinge dann noch mal korrigieren und nachsteuern muss«.

Zweieinhalb Jahre später, im September 2022, steht er wieder am Rednerpult, die Union hat eine aktuelle Stunde zu den russischen Öl- und Gasimporten angesetzt. Es wird langsam kalt in Deutschland, die Menschen blicken sorgenvoll auf den Winter. Auch diese Krise berührt das Leben unmittelbar, nicht durch Freiheitsbeschränkungen, sondern durch exorbitante Strom- und Gasrechnungen. Jetzt spricht Spahn nicht über das Grundverständnis für die Fehler der neuen Regierung. Der CDU-Mann stellt Fragen zur Energiesicherheit, die schnell in Vorwürfe umschlagen. »Nichts ist klar bei der Gasumlage«, anfängliche handwerkliche Fehler, Mehrwertsteuer ja oder nein, dann auch noch finanzverfassungsrechtliche Zweifel. »Das ist Chaos pur in einer Zeit, wo es Sicherheit und Planbarkeit bräuchte.«

Auch in der Pandemie brauchten die Menschen Sicherheit und Planbarkeit, aber die gab es damals wie jetzt nicht. 2020 und 2021 herrschte Chaos pur, ständig neue Regeln, jedes Bundesland machte es anders, verfassungsrechtliche Zweifel an manchen Maßnahmen inklusive. Deshalb ärgert sich Timon Gremmels, Abgeordneter der SPD, über Spahn. Er spricht in der Debatte nach Spahn und wirft ihm doppelte Standards vor. »Wissen Sie, Herr Spahn, wer demnächst ein Buch veröffentlicht mit dem Titel ›Wir werden einander viel verzeihen müssen‹?« Das, was Spahn für sich in Anspruch nehme, gewähre er nun denen nicht, die jetzt eine Krise bewältigen müssten: »Schämen Sie sich.«

Am Abend desselben Tags stellt Spahn sein Buch vor. Eine gute Gelegenheit, ihn zu Gremmels' Vorwürfen zu befragen. Müssten Sie nicht wirklich etwas verständnisvoller sein, Herr Spahn? »Keiner hat mehr Verständnis als ich, wenn ein Satz in einer Talkshow nach einem Sechzehn-Stunden-Tag nicht so ideal ist.« Das ist auf Wirtschaftsminister Habeck und seine misslungenen Erläuterungen zur Abwendung einer Insolvenzwelle (siehe S. 91 f.) gemünzt. Auch wenn ein Gesetz nachjustiert werden müsse, sei das nichts, was die Opposition kritisieren sollte. »Aber dass wir einander verzeihen müssen, kann doch nicht heißen: bedingungslose Gefolgschaft«, so Spahn. »Wir hätten in dieser Situation auch Fehler gemacht«, sagt er, und jetzt sei es eben die Aufgabe, die Fehler der anderen zu benennen. Wie Spahn das sagt, klingt es so, als wäre er doch eigentlich lieber der, der die Fehler macht.

Es gibt hier ein Spannungsverhältnis. Demokratie lebt vom Meinungspluralismus, nicht von Einmütigkeit. Nicht jeder Schlagabtausch zwischen Regierung und Opposition führt zu einem Erkenntnisgewinn, aber die ständige Kritik der Opposition hat eine wichtige Funktion: Die Regierung ist dadurch gezwungen, ihr Handeln immer wieder zu prüfen und zu rechtfertigen. In Krisen ist es wichtig, dass Entscheidungen schnell getroffen werden. Schulen auf oder zu? Die nächste Studie über die Viruslast in Kinderrachen abzuwarten, ist wenig sinnvoll, wenn das Ziel sein soll, eine Infektionswelle zu brechen. Aber der Verweis auf die Krise als »Stunde der Exekutive« darf politische Debatte nicht ersetzen.

Angela Merkel diskutiert im kleinen Kreis gern und viel, das bestätigen alle, die schon mal dabei waren. Aber für öffentliche Debatten, jedenfalls in Krisen, hatte sie nicht viel übrig. Sie ist Urheberin der Wortschöpfung »Öffnungsdiskussionsorgien«. Davor warnte sie, obwohl es doch nur darum ging, das Für und Wider von Grundrechtseingriffen zu erörtern. Schon in der Flüchtlingskrise hatte sie Einwände gegen ihre Politik mit den Worten abgeschmettert: »Ich muss ganz ehrlich sagen, wenn wir jetzt anfangen, uns noch entschuldigen zu müssen dafür, dass wir in Notsituationen ein freundliches Gesicht zeigen, dann ist das nicht mein Land.« 2011 hatte sie die Hilfen für Griechenland als »alternativlos« bezeichnet. Wie scharf die Gegenreaktion ist, lässt sich schon daran ablesen, dass die AfD die Alternative im Namen trägt. Es tut einer Gesellschaft nicht gut, wenn die Politik als monolithischer Block daherkommt. Für die Akzeptanz von Entscheidungen ist es hilfreich, wenn sie diskutiert werden.

Je länger die Pandemie andauert, umso mehr Debatten gibt es. Das »Grundverständnis«, das Spahn sich gewünscht hatte und das im gesellschaftlichen Diskurs zeitweise zu spüren war, ist aufgebraucht. Ein Stück Normalität freiheitlicher Gesellschaften ist zurückgekehrt, so kann man es auch sehen. Den einen sind die Maßnahmen zu streng, den anderen (die allerdings leiser sind) zu lax. Kritik an den Schutzmaßnahmen kommt bald nicht mehr nur aus der Querdenkerszene, sondern auch von überforderten Eltern, frustrierten Jugendlichen, existenzgefährdeten Einzelhändlern, der Gastronomie. Sie sind alle »mütend«, so das Wort der Stunde, eine Mischung aus müde und wütend, von der Notärztin Carola Holzner geprägt.

»Ich glaube nicht, dass wir im zweiten Jahr der Pandemie weniger richtig gemacht haben als im ersten«, sagt Spahn. Im Dezember 2020 war der Gesundheitsminister noch der beliebteste Politiker Deutschlands, schon vier Monate später ist er auf Platz neun runtergerauscht, liegt dann deutlich hinter Karl Lauterbach, der alles kommentierte, aber nichts entschied. Die Wahrnehmung hat sich geändert, im Fokus steht das, was nicht läuft, und dafür fehlt den Menschen nun die Geduld. Die Kanzlerin und die Ministerpräsidenten sitzen nächtelang im Kanzleramt und können sich trotzdem nicht einigen. Der Impfstoff wird in Deutschland entwickelt, aber es fehlen die Dosen; Senioren, die in ein paar Wochen 80 Jahre alt werden, werden von den Impfzentren wieder nach Hause geschickt. Der Start der kostenlosen Schnelltests muss verschoben werden, nur um ein paar Tage zwar, aber das kommt vielen nun unerträglich lang vor. Auch die Justiz hat ihre Anforderungen hochgeschraubt: Nachdem die Gerichte anfangs alle Maßnahmen gebilligt hatten, bringen sie nun einige Schutzmaßnahmen zu Fall, das Beherbergungsverbot zum Beispiel, die 2G-Regel im Einzelhandel. Das ist Ausweis eines Rechtsstaats, aber viele Menschen sehen darin den Beweis politischen Versagens.

Zu denen gehört auch Peter Dabrock. Im *Spiegel* schreibt der evangelische Theologe und ehemalige Vorsitzende des Ethikrats vom »offensichtlichen Politikversagen«, von Schäden und Versäumnissen, die zu groß seien, um sie einem Untersuchungsausschuss zu überlassen. Der Text aus dem Mai 2021 liest sich wie eine Antwort auf Spahns Vorschlag des gegenseitigen Verzeihens, die man mit einem Wort zusammenfassen kann: nein. Einige Fehler in der Pandemie, so Dabrock, seien »unverzeihlich«. Ein für einen Theologen überraschendes Verdikt.

Dabrock drückt aus, was viele denken. Schon in den Monaten vor seinem wütenden Text ist die Spannung in der Gesellschaft hoch. Im März 2021 entscheidet sich Angela Merkel zu einem bemerkenswerten Schritt. Sie bittet die Bürgerinnen und Bürger für die Idee der sogenannten Osterruhe um Entschuldigung. Und zwar mit großer Geste. Um es »klipp und klar« zu sagen: »Dieser Fehler ist einzig und allein mein Fehler.« Sie erklärt auch, wie mit Fehlern umzugehen sei: »Ein Fehler muss als Fehler benannt werden, und vor allem muss er korrigiert werden – und wenn möglich hat das noch rechtzeitig zu geschehen.« Wahrscheinlich wäre die Osterruhe längst in Vergessenheit geraten, hätte die Kanzlerin damals nichts dazu gesagt.

Im Vergleich zu den Schrecken der Pandemie, zu den anderen Fehlentscheidungen ist die Osterruhe eine Lappalie. Ja, es ist Verunsicherung entstanden, aber die Idee war insgesamt keine 36 Stunden in der Welt. In einer der vielen Nachtsitzungen hat Helge Braun, damals Kanzleramtschef, den Vorschlag gemacht, der die dritte Welle brechen sollte: Das Leben sollte nicht nur an den Ostertagen stillstehen, sondern auch an Gründonnerstag und Karsamstag, also insgesamt fünf Tage lang. Es gab eine kleine Korrektur in der Sitzung: Um Panikkäufe zu verhindern, sollten Lebensmittelgeschäfte am Samstag doch öffnen. So haben es die Ministerpräsidenten beschlossen. Am nächsten Morgen stellten Arbeitgeber, Betriebsräte, Journalisten, Händler Tausende Fragen, die niemand beantworten konnte: Gibt es Sonntagszuschläge auch am Gründonnerstag? Gilt das Fahrverbot für Lastwagen? Deutsche Bürokratie eben. Und was bringt das Ganze, wenn sich alle beim Einkaufen am Karmittwoch infizieren?

Merkel hat erkannt, dass sie die Idee schnell abräumen muss. Aus heutiger Sicht wirkt ihr Kotau übertrieben. Es gibt Unionsleute, die meinen, ihr Auftritt sei Koketterie gewesen. Aber dafür ist die Stimmung damals im Land viel zu hitzig, siehe Dabrocks Vorwürfe. Es ist ein Punkt erreicht, an dem die Menschen nicht mehr verzeihen wollen. Merkel hat Angst, dass der große Sturm aufkommt, und will mit ihrer Entschuldigung den Wind abfangen.

Das ist ihr gelungen. Die Ministerpräsidenten beteuern, dass auch sie ihren Anteil an der Fehlentscheidung haben. Es gibt einen kuriosen Wettbewerb um die unterwürfigste Entschuldigung. Die Medien loben die Kanzlerin, sogar die Opposition zollt ihr Respekt. Merkels Auftritt ist ein Coup. Sie hat damit alle überrascht, die dachten, an ihrer Teflonhülle prallt doch sowieso alles ab. Mit etwas zeitlichem Abstand macht sich aber Enttäuschung breit.

Merkel hat in einem Einzelpunkt einen Fehler benannt und damit ein Problem effizient gelöst. Aber an der Diskussion, was wir einander aus dieser Zeit zu verzeihen haben, hat sie sich nicht mehr beteiligt. Die Erkenntnis, dass Kita- und Schulschließungen unnötig waren, trübt auch ihre Bilanz.

In der Krise sind Politiker auf einen Vertrauensvorschuss angewiesen. Aber sie müssen sich einer kritischen Aufarbeitung stellen, um eine Grundlage für neues Vertrauen zu schaffen. Dieser Prozess ist längst nicht abgeschlossen. Man kann sogar sagen: Er hat noch gar nicht richtig begonnen. Nach einer Civey-Umfrage vom Januar 2023 fänden es 58 Prozent der Befragten gut, wenn der Bundestag eine Kommission zur Aufarbeitung der Fehlentscheidungen in der Pandemie einsetzen würde. Derweil mehren sich individuelle Wortmeldungen: »Zu viele Regeln«, kritisiert Armin Laschet in der *Zeit*, Manuela Schwesig nennt die Schließung der Spielplätze einen »Fehler«, für Karin Prien waren die Schulen »zu schnell und zu lange« geschlossen. Auch über die Impfpflicht wird nun gesprochen: Wolfgang Kubicki schreibt in der *Süddeutschen Zeitung*, dass das Scheitern eine »gesellschaftliche Katastrophe« verhindert habe.

Es wäre wohlfeil, »im Ton der Besserwisserei« (Kubicki) nachträglich über die damalige Politik zu urteilen, doch es dürfen auch nicht sämtliche Entscheidungen unter den »apologetischen Schutzschirm« fehlender Erkenntnisse (ebenfalls Kubicki) geschoben werden. Die Aufarbeitung hat zwei Zielrichtungen: Es geht darum, die richtigen Lehren zu ziehen, um solche Krisen künftig besser zu bewältigen. Dazu gehört auch die Diskussion über das Verhältnis von Wissenschaft und Politik. Die Erschütterungen der vergangenen Jahre erfordern zudem einen gesellschaftlichen Heilungsprozess. Hier sind wir wieder bei Spahn: Fehler müssen benannt werden, sonst können sie nicht verziehen werden.

»DA HABE ICH MICH, WIE ANDERE AUCH, GEIRRT«

Steinmeier spricht über Fehler und keiner macht mit

Am Berliner Hauptbahnhof ist ein Ausschnitt des Schreckens zu sehen, den Russland mit dem Überfall auf die Ukraine angerichtet hat. Menschen unter Schock, in Tränen aufgelöst, völlig übermüdet. Frauen, Kinder, alte Männer, mehr als zehntausend kommen hier jeden Tag an. Sie sind vor Putins Bomben geflohen, die meisten waren tagelang unterwegs. Ein paar Koffer haben sie dabei, ihre Hunde und Katzen, mehr bleibt nicht vom alten Leben. Hilfsorganisationen und Ehrenamtliche reichen Suppe und Brote, verteilen Windeln und kümmern sich um Unterkünfte.

Frank-Walter Steinmeier kommt Mitte März zum ersten Mal, spricht Flüchtlingen und Helfern Mut zu. Drei Wochen später will er noch mal kommen. Für den 5. April 2022 ist mit dem *Morgenmagazin* am Hauptbahnhof ein Interview verabredet. Steinmeier will sich für die Aufnahmebereitschaft im ganzen Land bedanken. Die Sätze sagen, die ein Bundespräsident in so einer Lage sagt. Die Moderatorin will aber nicht nur mit dem Bundespräsidenten sprechen, sondern auch mit dem ehemaligen Außenminister. Steinmeier ist der Architekt der deutschen Russlandpolitik, erst als Kanzleramtschef unter Gerhard Schröder, der sich bis heute nicht von Putin losgesagt hat. Dann war Steinmeier in zwei Legislaturperioden Außenminister unter Merkel. Mit Russlands Überfall hat ihn seine Politik aus jener Zeit eingeholt.

In dem provisorischen Fernsehstudio zwischen dem Wetterbericht und der Zahnpastawerbung sagt Steinmeier erstaunliche Sätze. Er spricht über die »bittere Bilanz«, die er ziehen müsse. Seine Einschätzung sei gewesen, dass Putin nicht den kompletten wirtschaftlichen, politischen und moralischen Ruin seines Landes für seinen imperialen Wahn in Kauf nehmen würde. »Da habe ich mich, wie andere auch, geirrt.« Weiter: »Wir sind gescheitert mit der Errichtung eines gemeinsamen europäischen Hauses, in das Russland einbezogen wird.« Die Warnungen der osteuropäischen Partner »hätten wir ernster nehmen müssen«. Das Festhalten an der Pipeline Nord Stream 2 sei »sicherlich ein Fehler« gewesen.

Im Land der Rechthaber gesteht das Staatsoberhaupt einen Fehler ein. Das hat es noch nicht gegeben. Wahrscheinlich hätte Steinmeiers Presseteam einen passenderen Rahmen gefunden, wäre das Ganze von langer Hand geplant gewesen. Der Bundespräsident hat sich aber kurzfristig entschlossen. Er ist gerade erst wiedergewählt worden, elf Tage, bevor Russland die Ukraine überfallen hat. In der Rede nach der Wahl schickt er ein eindeutiges Signal nach Moskau: »Ich appelliere an Präsident Putin: Lösen Sie die Schlinge um den Hals der Ukraine.« Keine zwei Tage später fliegt er nach Lettland und bekräftigt Deutschlands Bereitschaft zum Beistand. Doch das macht den langen Schatten seiner Politik nicht vergessen.

Es mehren sich die Artikel, die seine frühere Haltung gegenüber Russland thematisieren. Ein Foto geht viral, das Steinmeier und den russischen Außenminister Sergej Lawrow 2016 auf der Münchner Sicherheitskonferenz zeigt, die beiden berühren sich freundschaftlich am Arm. Zwei Jahre nach der Annexion der Krim ist das. Ein Zitat Steinmeiers aus demselben Jahr macht die Runde: »Was wir jetzt nicht tun sollten, ist, durch lautes Säbelrasseln und Kriegsgeheul die Lage weiter anzuheizen.« Es war nicht auf Russland gemünzt, sondern auf die Nato. Annegret Kramp-Karrenbauer hatte noch am Tag des Überfalls getwittert: »Ich bin so wütend auf uns, weil wir historisch versagt haben.« Sie war zweieinhalb Jahre Verteidigungsministerin, ist zwei Monate vor Kriegsbeginn aus dem politischen Betrieb ausgeschieden. Was ist mit Steinmeier?

Die *Süddeutsche Zeitung* wirft ihm »Schweigen in eigener Sache« vor: Es hätte in den vergangenen Wochen viele Gelegenheiten gegeben, um zu erklären, warum er damals so gehandelt hat, und für die Fehleinschätzung um Entschuldigung zu bitten, schreibt Robert Roßmann. Andrij Melnyk, Kiews Botschafter in Berlin, attackiert den Bundespräsidenten mit zunehmender Schärfe. Ende März geben die Philharmoniker ein Konzert in Schloss Bellevue, russische Musiker sind auch dabei. Erst spricht Melnyk von einem »Affront«, dann von einem »Signal Richtung Moskau, vielleicht sogar, um Putin zu zeigen: Ich halte hier die Stellung«.

Steinmeier entscheidet, sich zu erklären. Er verabredet mit dem *Spiegel* ein Interview, am Freitag, den 8. April, soll es erscheinen. Aber der Druck ist nun so groß, er will nicht mehr bis dahin warten. Für Montag, den 4. April, lädt er eine kleine Gruppe von Journalisten zum Hintergrundgespräch ins Schloss Bellevue. Tina Hildebrandt von der *Zeit*, die dabei war, beschreibt einen Bundespräsidenten, der »ziemlich niedergeschmettert aussieht, vielleicht wegen seiner gerade überstandenen Corona-Infektion, vielleicht nicht nur. Seine Stimme ist belegt, der Blick über weite Strecken starr nach innen gekehrt.« Noch bemerkenswerter ist, was er sagt. Fast jeder Satz hat das Zeug zu einem Aufmacher. Das merkt auch die Pressesprecherin. Aus Hintergrundgesprächen darf nicht zitiert werden, jetzt macht sie eine Ausnahme. Einige Sätze aus dem Gespräch werden freigegeben, sie werden zu Schlagzeilen. Am nächsten Tag wiederholt Steinmeier sie im *Morgenmagazin*.

Man kann natürlich was zum Rumkritteln finden. Das »wir«, von dem Steinmeier spricht, ist so ein Punkt. Er hat die Entscheidungen in der Russlandpolitik zwar nicht ganz allein getroffen, aber der Verweis auf die geteilte Verantwortung klingt immer nach dem Versuch, einen Teil davon abzuschieben, die Kollektivierung gilt als Marker für Nonpology. »Wir« müssten »jetzt genau aufarbeiten, wo wir Fehler gemacht haben«, sagt Steinmeier dem *Spiegel*, die Journalisten haken nach: Wen meinen Sie mit »wir«? »Generationen von Politikern. Ich beziehe mich ausdrücklich mit ein«, antwortet Steinmeier. Er könnte über seinen Anteil sprechen, darüber, dass er noch Jahre nach der völkerrechtswidrigen Annexion der Krim die »gewachsene Entfremdung« zwischen Russland und dem Westen beklagte, was Putin getrost als Zeichen mangelnder Entschlossenheit werten konnte. Wie er heute auf seine eigene Rolle blickt, ist von Steinmeier nicht zu erfahren.

Aber man kann das »wir« auch als Appell an die anderen Verantwortlichen verstehen, ebenfalls Position zu beziehen. Offenbar will Steinmeier sich an die Spitze einer Bewegung setzen, hofft, dass sein Auftakt eine Welle selbstkritischer Äußerungen von Kolleginnen und Kollegen nach sich ziehen wird. Aber das passiert nicht. Eine Welle gibt es nicht. Als höchstpersönliche Wellenbrecherin meldet sich Angela Merkel zu Wort.

Gleich bei ihrem ersten öffentlichen Auftritt als Altkanzlerin macht sie klar, dass sie ihrem früheren Außenminister Steinmeier nicht beispringen wird. Im Juni 2022 sitzt sie im Berliner Ensemble, der Journalist Alexander Osang fragt, ob sie sich für irgendetwas entschuldigen müsse. Es geht um Russland, Merkel sagt, da gebe es nichts. Sie erwähnt die Osterruhe, das sei ein Fehler gewesen. Vier Monate später zementiert sie diese Position, in Lissabon ist es diesmal. Merkel tritt hier ausgerechnet als Vorsitzende einer Jury auf, die einen Preis für Menschlichkeit verleiht.

»Man handelt ja immer in der Zeit, in der man ist«, sagt sie. »Aus der damaligen Perspektive war es sehr rational und nachvollziehbar, leitungsgebundenes Gas auch aus Russland zu beziehen«, das sei billiger gewesen als das Flüssigerdgas aus anderen Gegenden der Welt. Selbst im Kalten Krieg sei Russland ein zuverlässiger Energielieferant gewesen. »Ich hab nie daran geglaubt, dass es so was gibt wie ›Wandel durch Handel‹, aber durchaus Verbindung durch Handel. Und insofern bereue ich Entscheidungen überhaupt nicht, sondern glaube, dass es aus der damaligen Perspektive richtig war.« Später sagt sie in einem Gespräch mit der *Zeit*, ihre Entscheidungen seien der Versuch gewesen, einen Krieg zu verhindern. »Dass das nicht gelungen ist, heißt noch nicht, dass die Versuche deshalb falsch waren.« Sie rechtfertigt und erklärt, zählt auf, was sie alles unternommen habe. Zwischendrin ein kleiner Satz, in dem Selbstkritik anklingt: »Aber auch wir hätten schneller auf die Aggressivität Russlands reagieren müssen.« Sie meint die Verteidigungsfähigkeit Deutschlands.

Aber unterm Strich bleibt es dabei: Die Kanzlerin, von der es hieß, sie denke immer alles vom Ende her, kommt zu dem Ergebnis, dass es bis zum Ausbruch des Krieges am 24. Februar 2022 nichts zu bereuen gibt. Merkel kennt Russland wie kein anderer deutscher Politiker, sie spricht die Sprache, schon als Studentin war sie in die Sowjetunion gereist. In ihrem Verhalten gegenüber Putin gibt es eine merkwürdige Ambivalenz: Merkel hat sich nicht vereinnahmen lassen, Zwiegespräche gemieden, seine pompösen Feiern sowieso. Aber sie traf ihn regelmäßig, ihr Ansatz war, dass er irgendwie eingebunden werden müsse. So kam es zu den Entscheidungen, die sich jetzt als fatal erweisen: Deutschland hat sich abhängig gemacht von der billigen russischen Energie und damit auch vom Machthaber im Kreml. Der Bau von Nord Stream 2 hat an die osteuropäischen Nachbarn das Signal gesendet, dass Berlin ihre Bedenken nicht ernst nimmt, und an Putin, dass seine Völkerrechtsbrüche keine echten Konsequenzen haben.

Merkel ist nicht mehr im Amt, sie hätte freier aufspielen können als der Bundespräsident. Es wäre gut gewesen für die Glaubwürdigkeit der deutschen Politik, für das Vertrauen der europäischen

Partner, für ihr eigenes Vermächtnis. Auch Parteifreunde sind enttäuscht. Wolfgang Schäuble, dessen Verhältnis zur Altkanzlerin als angespannt gilt, greift sie offen an. Es sei doch »bemerkenswert, dass sie auch jetzt in Bezug auf Russland nicht sagen kann, dass wir Fehler gemacht haben«. Merkel antwortet auf solche Vorwürfe nicht. Bei ihrem Auftritt im Berliner Ensemble sagt Merkel, sie nehme nur noch Wohlfühltermine wahr. Die selbstkritische Rückschau gehört nicht dazu.

Steinmeier steht mit seiner Fehlersuche, an der sich Generationen von Politikern beteiligen sollten, ziemlich alleine da. Von seinen früheren Parteifreunden ist kaum Selbstkritik zu hören, stattdessen Kritik an seinem Fehlereingeständnis. »Ich habe nicht verstanden, warum er so schnell den Stab über zwei Jahrzehnte Außenpolitik gebrochen hat«, sagt ein Sozialdemokrat, der nicht namentlich zitiert werden möchte. Kurz nach Kriegsausbruch sei doch vieles noch im Unklaren gewesen. In das Unbehagen mischen sich auch taktische Erwägungen: Die Sorge, dass Steinmeier mit seinem Fehlereingeständnis der Erzählung, dass Sozialdemokraten für die Russlandpolitik verantwortlich sind, nur neues Futter gibt. Die SPD als Sündenbock, während sich die Union die Hände in Unschuld wasche. Wieder und wieder erklären Sozialdemokraten deshalb, dass die damals verantwortliche Kanzlerin der CDU angehört, dass außer den Grünen keine Partei Bedenken gegen Nord Stream 2 hatte, dafür aber großes Interesse an billigem Gas.

Zur Wahrheit gehört allerdings auch, dass sich nicht nur Gerhard Schröder von Putin hat blenden und benutzen lassen. Auch mit anderen SPD-Männern hatte Putin leichtes Spiel. Seine Methode war so durchschaubar wie wirksam: Er schmeichelte ihnen, lud sie zu feuchtfröhlichen Festen ein und in seine Sommerresidenz. Sigmar Gabriel, in dessen Amtszeit als Wirtschaftsminister das Projekt Nord Stream 2 begann, wurde etwa 2017 persönlich von Putin empfangen, zum Abendessen im Sankt Petersburger Konstantinpalast. Hat er sich einlullen lassen? Sich der Illusion einer Freundschaft mit diesem wichtigen Mann hingegeben? Gabriel will darüber nicht sprechen. Öffentlich ist er auch eher schmallippig. Ja, es sei ein Fehler gewesen zu glauben, dass Russland in der Energiefrage so zuverlässig sein werde wie die Sowjetunion. Aber den Wandel Russlands zu einer revisionistischen Macht habe er »nicht wahrgenommen«.

Der Druck auf Manuela Schwesig, Mecklenburg-Vorpommerns Ministerpräsidentin von der SPD, ist besonders groß. Sie hatte sich für die Pipeline Nord Stream 2 ins Zeug gelegt, die in Lubmin in der Nähe von Greifswald anlandet. Als die Amerikaner mit Sanktionen drohten, errichtete Mecklenburg-Vorpommern eigens eine Stiftung, die zwar »Klimastiftung« hieß, aber in Wahrheit den Zweck hatte, die Fertigstellung der Pipeline abzusichern. Nach Kriegsausbruch sagt Schwesig, Nord Stream 2 sei ein »Fehler« gewesen, schränkt aber ein: »mit heutigem Wissen«.

Niemand übernimmt ernsthaft Verantwortung, und so bleibt alles an Steinmeier hängen. Der Geständige ist der Dumme, so sieht es jetzt aus. »Steinmeier, der Fehler zugegeben hat« – Formulierungen dieser Art sind seither in der Presse zu lesen, und es ist längst nicht immer positiv gemeint. Es kommt der Punkt, an dem der Bundespräsident aufhört, seine Fehler zu thematisieren. Er verändert seine Rhetorik, spricht jetzt deutlicher von dem Ansatz, der doch richtig gewesen sei, von seinen Bemühungen um die Minsk-Abkommen, die den Konflikt in der Ostukraine beenden sollten, von seinem Vorschlag für die Umsetzung, die als Steinmeier-Formel sogar seinen Namen trägt. Er hebt hervor, dass die Nato-Staaten 2014 eine Erhöhung der Verteidigungsausgaben beschlossen und Abschreckungsmaßnahmen verabredet hätten. Steinmeier will auf die Geschichtsschreibung noch Einfluss nehmen, bevor es zu spät ist.

Am deutlichsten wird diese Wendung in der Rede zur Lage der Nation Ende Oktober 2022. Es ist eigentlich eine große Rede. Steinmeier sagt die Worte, die Scholz nicht findet, bereitet die

Menschen angesichts von Inflation und hoher Energiepreise auf schwere Zeiten vor, macht Mut, dass Deutschland sie durchstehen und gestärkt daraus hervorgehen werde. Aber die Rede hat auch einen großen blinden Fleck. Steinmeier teilt die Geschichte in zwei in sich geschlossene Blöcke: die Zeit vor dem 24. Februar und die danach, der Kriegsbeginn markiert den »Epochenbruch«. Die Jahre davor seien »gute Jahre« gewesen, »wir haben gearbeitet für Frieden und für Wohlstand«. Und dann habe Putin nicht nur Regeln gebrochen und das Spiel beendet. »Nein, er hat das ganze Schachbrett umgeworfen!« Kein Wort mehr zur deutschen Russlandpolitik, zu Nord Stream 2, zu den Warnungen der Osteuropäer. Trotz der edlen Schönheit von Schloss Bellevue, der wohlgesetzten Worte wirkt der Auftritt schal. Da hatte das Interview im *Morgenmagazin* mehr Format.

Die Monate nach Kriegsbeginn sind die Zeit der Osteuropa-Experten. Wissenschaftler, Moskau-Korrespondenten, Diplomaten, Vertreter von Menschenrechtsorganisationen, auch Politiker wie Ralf Fücks und Marieluise Beck zeichnen nach, wie Russland sich unter Putin zur revanchistischen Macht entwickelt hat. Es gab genügend Anzeichen, aber viele Politiker sahen nur, was sie sehen wollten. Da ist zum Beispiel Putins Rede 2001 im Bundestag, er versprach einen Beitrag »zum Aufbau des europäischen Hauses« zu leisten. Die Abgeordneten waren begeistert, die wenigsten hinterfragten die Absichten des ehemaligen KGB-Manns. Sie ignorierten den Widerspruch zwischen dem Bekenntnis zu europäischen Werten und den Menschenrechtsverletzungen im Tschetschenienkrieg, den Putin zwei Jahre zuvor begonnen hatte.

Kurz darauf begann das Morden von Oppositionellen im Auftrag des Kreml. 2006 wurde Alexander Litwinenko, ein Kritiker Putins, mit Polonium vergiftet, im selben Jahr fand man die Journalistin Anna Politkowskaja erschossen im Aufzug ihres Wohnhauses. 2008 fielen russische Truppen in Georgien ein. 2014 annektierte Russland die Krim und stärkte verdeckt prorussische Volksmilizen im Donbass. Seit 2015 unterstützt Russland den syrischen Machthaber Assad, der Kriegsverbrechen am eigenen Volk verübt. Im selben Jahr wurde Boris Nemzow auf offener Straße in Moskau erschossen. Giftanschläge auf Sergej und Julia Skripal, der Tiergartenmord, die Vergiftung von Alexei Nawalny.

Parallel dazu führte Moskau einen hybriden Krieg: Russische Hacker griffen den Bundestag an, Staatsmedien verbreiteten Desinformationskampagnen wie etwa die Berichte über die angebliche Vergewaltigung des deutsch-russischen Mädchens Lisa durch Flüchtlinge, die es tatsächlich nie gegeben hat. Im Sommer 2021 schließlich erklärte Putin öffentlich, dass Russen und Ukrainer ein Volk seien, »ein geeintes Ganzes«. Das war die ideologische Vorbereitung für den Überfall im Februar des folgenden Jahres. Bei den Osteuropäern schrillten die Alarmglocken, sie mahnten und warnten. Wie sehr musste man sich Augen und Ohren zuhalten, um davon nichts mitzubekommen?

»Vorsicht, Vorsicht«, ruft Thomas de Maizière. »Sie erzählen die Geschichte in der Form von gegenwärtiger Vergangenheit.« Das klingt kompliziert, aber das Phänomen ist bekannt: Mit dem Wissen von heute erscheint eine Entwicklung stringent, quasi zwangsläufig. De Maizière, Minister in allen vier Kabinetten Merkels, findet es nicht gerecht, aus Entscheidungen von früher eine Verantwortung für spätere Entwicklungen abzuleiten. Genauso wenig hält er davon, Geschichte hypothetisch rückabzuwickeln, also die Frage zu stellen: Was wäre passiert, wenn wir vor zehn Jahren anders gehandelt hätten? »Maßgeblich für die Bewertung ist nicht der Blick von heute, sondern die Lage zum Zeitpunkt der Entscheidung«, sagt er. Natürlich habe es damals Gründe gegeben, Putin zu misstrauen, aber es habe auch die Hoffnung bestanden, ihn einhegen zu können. »Im Moment der Entscheidung gibt es kein schwarz/weiß, sondern die Frage: Können wir das Risiko eingehen? Welche Alternativen haben wir? Welche Zwänge gibt es?«

De Maizière hat einen Punkt. In der Rückschau ist man immer schlauer. Aber entbindet das von der Verantwortung? Das würde auch de Maizière nicht sagen. Er meint die persönliche Schuld, seine Argumentation orientiert sich daher an der juristischen Dogmatik: Im Strafprozess zählt allein, was ein Angeklagter zum Zeitpunkt der Tat wusste. Alles, was er später erfahren hat, bleibt außer Betracht.

Auch Steinmeiers Wortwahl, er habe sich »geirrt«, folgt dieser Logik: Juristisch bedeutet Irrtum, dass man im entscheidenden Moment nicht alle relevanten Umstände kennt. Aber war das wirklich so? Wie sicher muss das Wissen sein? Und was ist, wenn man sich selbst was vormacht? Auf die Russlandpolitik bezogen formuliert Wolfgang Schäuble im *Handelsblatt* die Selbstanklage: »Wir wollten es nicht sehen.« Ähnlich, aber mehr als Anklage, Norbert Röttgen im *Spiegel*: »Es wurde vielmehr entschieden, dass man es nicht sehen wollte.«

Für die Fehlerkultur kommt es darauf nicht an. Die Maßstäbe sind hier nicht die gleichen wie für eine gerichtliche Verurteilung. Fehlerkultur wäre wenig wert, wenn sie sich auf Fehler beschränkte, die im strafrechtlichen Sinne vorsätzlich sind. Sie muss auch Entscheidungen in den Blick nehmen, die sich erst im Nachhinein als falsch herausstellen. Aus der Auseinandersetzung mit der Frage, auf welchem Auge man blind war und warum, kann etwas Produktives entstehen: ein geschärfter Blick und eine weitsichtigere Politik in der Zukunft.

Sozialdemokraten haben da noch einen Weg vor sich. Viele reagieren geradezu patzig auf die Frage, ob die Partei ihre Russlandpolitik der letzten Jahre aufarbeiten müsse. Im *Spiegel*-Gespräch aus dem April 2022 beschwert sich Olaf Scholz über »verfälschende und verleumderische Darstellungen der Europa- und Russlandpolitik der SPD« seit Adenauers Zeiten, »das ärgert mich«. Auch Bärbel Bas, die Parlamentspräsidentin, die sich gegenüber dem Kanzler durchaus eine eigene Meinung erlaubt, sieht hier keine besondere Rolle der SPD. Der *Frankfurter Allgemeinen Sonntagszeitung* sagt sie: »Die SPD muss sich nicht entschuldigen. Jedenfalls nicht mehr oder weniger als andere Parteien auch.«

Der Kriegsausbruch erschüttert die Sozialdemokraten allerdings in besonderer Weise. Für die Genossen steht mehr auf dem Spiel als konkrete Entscheidungen der jüngeren Vergangenheit. Die Partei ringt mit sich und ihrem Blick auf die eigene Geschichte. Gerhard Schröder, der einst große Kanzler, ist ohnehin vollends diskreditiert. Aber schmerzhafter gerade für ältere Sozialdemokraten ist, dass die Ostpolitik Willy Brandts nicht mehr strahlt. Die Partei war immer so stolz darauf. Und plötzlich wirkt »Wandel durch Annäherung«, das sozialliberale Motto, das Brandts Minister Egon Bahr erdacht hatte, nicht nur naiv, sondern gilt weithin als fatale Weichenstellung in der deutschen Russlandpolitik. Soll das alles ein großer historischer Irrtum gewesen sein?

Katarina Barley, die damalige Justizministerin, hatte dem Sender *Russia Today*, der wegen systematischer Desinformation in Europa mittlerweile verboten ist, noch 2019 gesagt: »Wir pflegen ein enges Verhältnis zu Russland.« Es gebe auch Differenzen, aber »Russland ist immer unser Partner gewesen und wird es auch bleiben«. Bis zum Kriegsbeginn konnte sich die Partei auf einen Satz einigen: dass es Frieden in Europa nur mit und nicht gegen Russland geben werde. So stand es auch im Wahlprogramm 2021. Für die SPD ist das ein Stück Identität. Im noch gültigen Grundsatzprogramm der SPD aus dem Jahr 2007 wird die strategische Partnerschaft mit Russland als »unverzichtbar« für Deutschland und die EU bezeichnet.

Sechs Wochen vor Beginn des Angriffskriegs, als Putin schon kräftig an der Eskalationsschraube drehte, mahnte der SPD-Generalsekretär Kevin Kühnert, man dürfe internationale Konflikte nicht »herbeireden«. Um dieselbe Zeit beteuerte Rolf Mützenich, der SPD-Fraktionsvorsitzende: »Wir brauchen perspektivisch eine europäische Friedensordnung unter Einschluss Russlands, auch wenn das derzeit noch illusorisch erscheint.« Ein knappes Jahr später, der Krieg hat nichts an seiner Brutalität verloren, verneint er die Frage der *taz*, ob dieser Satz ein Fehler gewesen sei, aber es sei eine »sehr langfristige Perspektive«. Mützenich beruft sich zur Begründung auf Egon Bahr: Die USA seien für Deutschland unverzichtbar, Russland unverrückbar. Der ukrainische Außenminister Dmytro Kuleba hat die psychologische Dimension der sozialdemokratischen Identitätskrise verstanden. Bei einem Besuch im Mai 2022 klingt er wie ein Therapeut, als er der SPD sagt: »Sie sind stark genug einzugestehen, dass die vorherige Politik gescheitert ist und Sie eine neue Politik brauchen.«

Fünf Monate später, im Oktober 2022, macht Lars Klingbeil einen Schritt in diese Richtung. Auf einer Parteiveranstaltung erklärt der SPD-Vorsitzende die alten Glaubenssätze für überholt. Frieden mit und nicht gegen Russland, das gelte nicht mehr, es gehe darum, »Sicherheit vor Russland« zu organisieren. Klingbeil, der einst in Gerhard Schröders Wahlkreisbüro arbeitete, hat mit dem früheren Kanzler gebrochen. Er hat beschlossen, auch seine Partei nicht zu schonen: Die SPD habe nach dem Ende des Kalten Krieges geglaubt, dass die Beziehungen zu Russland einfach immer besser werden würden, sagt er. »Dadurch sind blinde Flecken in unserem Umgang mit Russland entstanden. Und das hat zu Fehlern im Umgang mit Russland geführt.« Klingbeil fordert seine Sozialdemokraten auf, daraus zu lernen, und initiiert einen Prozess zur Aufarbeitung. Ziel ist es, die sozialdemokratische Außen- und Sicherheitspolitik neu zu definieren.

Ob sich auch der Kanzler daran beteiligen wird? Scholz braucht keine Nachhilfe, so sieht er das jedenfalls. Anders als Parteifreunde beruft er sich nicht darauf, dass er den richtigen Putin nicht kannte. Im Gegenteil: »Ich war mir immer sicher«, sagt Scholz rund acht Monate nach Kriegsbeginn, dass Putin Energielieferungen als Waffe nutzen würde. Im Interview mit der *Welt* präzisiert er, er habe kurz nach seiner Wahl zum Bundeskanzler in den zuständigen Abteilungen des Kanzleramts nachgefragt, was man mache, wenn kein Gas mehr aus Russland komme. Dafür habe es leider keinerlei Pläne gegeben, so Scholz. Mit anderen Worten: Merkel hat nicht vorausgeschaut, er dagegen hat sofort den Schwenk eingeleitet.

Berliner Journalisten haben dem Kanzler den Beinamen »Ich-habe-es-immer-schon-gewusst« gegeben. In diesem Fall ist seine prophetische Selbstbeschreibung aber noch nicht mal plausibel. Nicht nur, weil Scholz im Wahlkampf noch bestritten hatte, dass Deutschland »sehr abhängig« sei von russischem Gas. Zwischen 2018 und 2021 war Scholz Vizekanzler, koordinierte also für die SPD alle Dossiers. Er hätte jede Möglichkeit gehabt, seine Frage schon damals zu stellen, er hätte auch aktiv eine Neuausrichtung fordern können.

Nach Kriegsbeginn zieht er Konsequenzen. Drei Tage dauert es, dann hat sich der Kanzler zur »Zeitenwende« durchgerungen. Bei der Sondersitzung des Bundestags am 27. Februar 2022 sagt er: »Die Welt danach ist nicht mehr dieselbe wie die Welt davor.« Scholz verkündet ein Sondervermögen für die Bundeswehr, die Erfüllung des Zwei-Prozent-Ziels der Nato. Deutschland liefert nun Waffen für die Ukraine. Das läuft zäh an, und es bleibt zäh, immer neue quälende Debatten über das Für und Wider von schwerem Gerät, das die Ukraine so dringend braucht. Doch man darf es nicht kleinreden: Deutschland hat eine radikale Wende in der Außen- und Sicherheitspolitik vollzogen. Man könnte sagen: praktizierte Fehlerkultur, auch wenn jedenfalls Scholz die Fehler nicht ausdrücklich benennt.

Aber was ist mit dem geschärften Blick? Scholz hat im Herbst 2022 kein Problem damit, dass sich der chinesische Staatskonzern Cosco in ein Terminal im Hamburger Hafen einkauft, obwohl sechs Fachministerien und die Nachrichtendienste davor warnen. Auf seiner Reise nach China twittert er: »Verlässlichkeit und Vertrauen – diese beiden Werte spielen in der deutschen und chinesischen Kultur eine wichtige Rolle.« Die Einigung innerhalb der Bundesregierung über die Sicherheitsstrategie war auch deshalb so schwierig, weil Scholz mit manchen scharfen Formulierungen zu China, die Außenministerin Baerbock sich wünschte, nicht einverstanden war. Nun ist China nicht Russland, die wirtschaftliche Verflechtung ungleich größer. Auf die Frage, was sich aus den Fehlern in der Russlandpolitik für die Chinapolitik ableiten lässt, gibt es viele komplizierte Antworten. Und eine einfache: auf die Nachrichtendienste hören.

In derselben Woche im Oktober, in der der Streit über den Hafen eskaliert, haben die Chefs von Verfassungsschutz und Bundesnachrichtendienst in einer öffentlichen Anhörung eindringlich gemahnt, die deutsche kritische Infrastruktur vor chinesischen Einflüssen zu schützen. Es war geradezu ein Flehen von BND-Präsident Bruno Kahl. Seit Jahren warnt der Auslandsdienst. Aber schon in der Russlandfrage hat kaum einer auf ihn gehört. Es sei »üblich geworden, reale Bedrohungen immer wieder zu ignorieren und zu verdrängen – und entsprechende Warnungen der Sicherheitsbehörden als Panikmache und Wichtigtuerei abzutun«, so Kahl. Und Scholz tut die Warnungen vor China wieder ab.

»NIEMAND WUSSTE, WIE DIESER GASMARKT VERFLOCHTEN IST«

Habeck in der Krise oder die Frage, ob ein Politiker gleichzeitig unverstellt und professionell sein kann

Die ganze Nacht bis Sonntag früh um sechs hatte der Koalitionsausschuss durchverhandelt, mal wieder. Am Montagabend stellte Robert Habeck seine Pläne für die Atomkraft vor, nach der Pressekonferenz noch ein Interview in den *Tagesthemen*. Ein harter Start in diese neue Woche im September 2022. Wobei die Wochen schon lange keinen Anfang und kein Ende mehr haben. Am Dienstag ist der Fraktionsempfang der Grünen, eine schöne Location im Prenzlauer Berg. Die Stimmung ist gut, der Kanzler ist da, Friedrich Merz auch, beide bleiben deutlich länger, als es die Höflichkeit verlangt.

Habeck muss früh weg. Er geht noch zu *Maischberger*, die Energiepolitik erklären. Die Lage ist ernst, aber wir sind vorbereitet, das soll die Botschaft sein. Doch das bringt er nicht rüber. Der Meister der Worte sagt an diesem Abend Sätze, die man nicht versteht. Sandra Maischberger hat ihn gefragt, ob er bei Betrieben mit einer Insolvenzwelle am Ende dieses Winters rechne. Habeck: »Nein, das tue ich nicht. Ich kann mir vorstellen, dass bestimmte Branchen einfach erst mal aufhören zu produzieren.« Er spricht von Bioläden, Blumenläden und Bäckereien. Wenn die Menschen weniger Geld ausgäben, »dann sind die nicht insolvent automatisch, aber sie hören vielleicht auf zu verkaufen.«

Was er sagt, ist nicht falsch. Während des Corona-Lockdowns haben viele Betriebe nicht oder deutlich weniger produziert und sind trotzdem nicht in die Insolvenz gegangen. Vor allem weil der Staat mit Bürgschaften und Zuschüssen geholfen hat. Doch Habeck nennt dieses Beispiel nicht, er wiederholt nur genervt, dass es keinen Zusammenhang zwischen Produktionsstopp und Insolvenz gebe. So kriegt er die Kurve nicht. Maischberger schaut ihn ungläubig an, im Netz ergießt sich die Häme. Der Abend markiert eine Wende. Der Rückenwind war sowieso schon schwächer geworden. Nun bläst ihm eisige Luft ins Gesicht.

Habeck sind Fehler unterlaufen. Deutschland aus der Abhängigkeit von russischen Energiequellen führen, die Versorgung sichern und gleichzeitig die Preise unter Kontrolle halten, das ist eine gigantische Aufgabe. Niemand hatte vorgemacht, wie das geht. Natürlich passieren da Fehler. Gute Politik zeichnet sich dadurch aus, dass sie nachjustiert, die Mängel behebt. Habeck hat sich den Ruf erarbeitet, so etwas zu sein wie ein Pionier in politischer Fehlerkultur. »Wir werden immer wieder nachdenken, ob es einen anderen Weg zu beschreiten gibt, wenn die Wege sich als Sackgasse erweisen«, sagt er auf dem Grünen-Parteitag. »Das ist keine Schwäche, das ist eine Stärke.«

Erklären muss man das den Leuten allerdings schon. Da ist der Grünen-Politiker eigentlich in seinem Element. Im Frühjahr 2022 gehen Habecks Videos viral. Sie sind wie *Die Sendung mit der Maus* in hip, der Wirtschaftsminister kann auch Influencer. Er erläutert zum Beispiel, woher Öl, Gas und Kohle kommen und wie Deutschland andere Quellen erschließen kann. Kompliziertes in einfachen Worten. Im Juli fährt er nach Katar, um mit den Scheichs über Gasimporte nach Deutschland zu verhandeln. Mit einem Regime, das Menschenrechte mit Füßen tritt? Die Grünen hatten doch gerade noch den Boykott der Weltmeisterschaft gefordert. Vor der Kamera spricht Habeck den Widerspruch an: Ja, diese Reise sei »irgendwie total merkwürdig«.

Weil es Olaf Scholz an Talent fehlt, wird Habeck der wichtigste Kommunikator der Bundesregierung. Er kann so sprechen, dass die Leute gern zuhören. Der Grüne hat sich mit Sprache intensiv befasst, schon im Studium, in seiner Doktorarbeit über literarische Ästhetizität, dann als Autor. Der *Spiegel* attestierte Habeck gar, eine »neue Form der politischen Kommunikation« gefunden zu haben. Schon vor Jahren sagte er nach missglückten Wahlkampfvideos: »Wie dumm muss man sein, einen Fehler zweimal zu begehen?« Ein Satz, den man sonst nicht von Politikern hört. Habeck mag das Stromlinienförmige nicht, er probiert dann einfach was aus. In der Dokumentation, die der Journalist Markus Feldenkirchen über den Grünen-Politiker rund um die Bundestagswahl gedreht hat, ist eine Szene festgehalten, in der Habecks Mitarbeiter fragen, ob er sich auf ein Interview schon vorbereitet habe. »Nee«, antwortet er, »ich bin am besten, wenn ich spontan bin.« Keine Stanzen, keine Manuskripte, der Grüne erfindet interessante Wortpaarungen, verliert sich zuweilen darin. Das war sein Erfolgsrezept. Über Monate war er der beliebteste Politiker des Landes.

Auch im Herbst 2022 produziert Habeck noch Videos, die nicht schlechter sind als die im Frühjahr. Aber plötzlich ist der Hype vorbei, die Klickzahlen brechen ein. Und laut Umfragen ist mehr als die Hälfte der Deutschen mit seiner Arbeit nicht mehr zufrieden. Seinen Stil kennt man, der hat sich ein Stück weit abgenutzt. Viele Menschen haben jetzt Angst vor den kalten Monaten, davor, dass das Gas nicht für alle reicht oder dass sie es nicht mehr bezahlen können. Der Sinn steht den Leuten nicht nach Fehlerkultur in der Energiepolitik, sie wollen schlicht, dass keine Fehler mehr passieren. Und vor allem wollen sie keine lockeren Sprüche hören, sondern ersthaften Einsatz sehen.

Habeck ärgert sich, dass sein Einsatz nicht gesehen wird. Sobald was schiefgeht, ist er wieder nur der Schönredner. Er steuert nach. Nun trägt er häufiger Krawatte und spricht weniger über sich selbst. Es geht stattdessen um seine Aufgaben, das Strommarkt-Design, das Wind-an-Land-Gesetz und die vielen anderen dicken Scheiben politischen Schwarzbrots, die auf seinem Schreibtisch liegen. Er will jetzt Fachmann sein und Macher. In seiner Zeit als schleswig-holsteinischer Umweltminister hatte er schon bewiesen, dass er das kann, aber außerhalb dieses kleinen Landes haben das nicht viele mitbekommen. Als Schriftsteller wisse er, wie man Kommunikation und Stil für seine Ziele geschickt nutzt, sagt Habeck vor Unternehmern in Münster. »Doch man muss durch Inhalte, durch Substanz gewinnen.«

Sein Problem: In diesem Herbst gewinnt er weder durch Inhalt noch durch Kommunikation. Das gilt nicht nur für seinen Auftritt bei *Maischberger*. Auch bei der Gasumlage ist das so, und da geht es um deutlich mehr. Von Anfang an läuft die Sache unrund. Im Sommer 2022, als erstmals von der Umlage die Rede ist, sind die Energiekosten bereits deutlich gestiegen, in der Bevölkerung macht sich Unruhe breit. Die Rufe nach Entlastung mehren sich, aber Habeck kündigt zunächst mal eine zusätzliche Belastung an, sagt jedoch nicht genau, worauf sich die Leute einstellen müssen. Bundeskanzler Scholz spricht von einem Aufpreis von zwei Cent pro Kilowattstunde, Habeck sagt, es könnten auch fünf werden, im Jahr seien das dann »einige hundert Euro pro Haushalt«. Das ist zu wenig konkret, jedenfalls für Gaskunden, die schon im Sommer jeden Euro umdrehen müssen oder meinen, das künftig tun zu müssen. Am Ende sind es 2,4 Cent, aber es bleibt erst unklar, ob darauf noch die Mehrwertsteuer kommt und, wenn ja, in welcher Höhe.

Die nächste Runde Frust gibt es, als herauskommt, dass von der Umlage nicht nur notleidende Unternehmen profitieren, sondern alle. Es war schon schwer genug zu erklären, warum die Bürger für die finanziellen Schwierigkeiten von Gasimporteuren aufkommen sollten, die auf russisches Gas gesetzt hatten und nun ihr Gas aus anderen Quellen und zu deutlich höheren Preisen beziehen müssen. Aber für Unternehmen, die Gewinne einfahren? Das ist nicht zu vermitteln. Es gibt unterschiedliche Darstellungen darüber, ob die Erfinder der Gasumlage im Kanzleramt und im Bundeswirtschaftsministerium dieses Problem frühzeitig gesehen haben oder nicht. Selbst wenn, so haben sie jedenfalls die Wucht unterschätzt.

Der letzte Akt in der Causa ist die Ankündigung, dass der wichtigste Gasimporteur Uniper verstaatlicht werden soll. Damit ist die rechtliche Grundlage auf einmal wackelig, denn ein Unternehmen im Staatseigentum kann nicht einfach so Hilfen von den Bürgern verlangen, rechtlich wären das dann Abgaben. Erst lautet der Plan, die Umlage bis zum Abschluss der Verstaatlichung einzuziehen. Doch keine zweieinhalb Monate, nachdem die Gasumlage als Lösung präsentiert wurde, ist sie Ende September schon wieder »in die Annalen der Geschichte« eingegangen, wie Habeck es nennt. Mit dem Gaspreisdeckel gebe es ein besseres Instrument. Dazu, dass die Regierung ein ziemlich chaotisches Bild abgegeben hat, sagt er nichts.

Die Gasumlage war schlecht gemacht, daran lässt sich nicht groß rumdeuteln. Jedenfalls sieht man das, wenn man am Schreibtisch sitzt und sich alle Ereignisse rückblickend auf dem Zeitstrahl anschaut. Habeck konnte das nicht, er musste im laufenden Prozess entscheiden, ohne vollständige Informationen und unter großem Zeitdruck. Wenn man mit den Beamten spricht, die nah dran waren, kann einem schwindelig werden: Wann welche Prognose kam, wann welches Unternehmen welchen Bedarf angemeldet hat und wie sich dann noch die Ratingagenturen eingemischt haben, es war wahnsinnig kompliziert.

Noch mal zurück in den Spätsommer, als der Frust schon groß ist, aber die Gasumlage noch nicht vom Tisch. Habeck gibt nicht auf, er will erklären, warum die Idee richtig war. Er fährt zum Westfälischen Unternehmertag, wieder mal ohne Manuskript, er ist ganz gut drauf. Wie es kommen konnte, dass von der Umlage auch Unternehmen profitieren, die sie gar nicht brauchen? Habeck: »Weil wir aber nicht wussten, das muss man ehrlicherweise sagen – und niemand wusste das –, wie dieser Gasmarkt verflochten ist, wie er im Undurchsichtigen, welche Firmen irgendwelche Anteile an Töchtern und so weiter haben, ist durch diese im Prinzip richtige Entscheidung ein Problem entstanden.«

Auf der Veranstaltung fällt der Satz gar nicht groß auf. Die Unternehmer sind ganz angetan vom Auftritt des Wirtschaftsministers. Aber wenn man ihn hinterher in der Zeitung liest, klingt er nicht gut. In Deutschland hat niemand gewusst, wie der Gasmarkt funktioniert, und dennoch hat die Regierung diese Umlage gestrickt, für die die Menschen zahlen sollten? Da fühlt man sich nicht abgeholt, sondern verladen. Der Satz passt ungefähr so gut zum gesellschaftlichen Grundgefühl jener Zeit wie Currywurst zum Grünen-Parteitag.

Die SPD reibt sich die Hände. Dirk Wiese, stellvertretender Fraktionsvorsitzender, hatte das »Prinzip Habeck« schon vorher so beschrieben: »Auftritte filmreif, handwerkliche Umsetzung bedenklich, und am Ende zahlt der Bürger drauf.« Lars Klingbeil, SPD-Parteivorsitzender, mahnt: »Am Ende zählen in der Politik nicht nur schöne Worte, es muss vor allem die Substanz stimmen.« Substanz, das ist es doch, was Habeck wollte. Eigentlich. Und dann gibt er zu, dass es an Substanz fehlt. Auf der Fachebene der Bundesregierung wird übrigens bestritten, dass Wissen über den Gasmarkt fehlte. Aber unabhängig davon: Die Reaktion der SPD war so durchsichtig wie niederträchtig. Die Gasumlage war nicht Habecks Idee, sondern ein gemeinsames Projekt der Ampel. Olaf Scholz hatte das Konzept im Sommer der Öffentlichkeit präsentiert. Auch die FDP war dafür. Doch das Scheitern der Umlage soll nun allein mit Habeck nach Hause gehen.

Er wehrt sich nicht. Und kurz drauf rutscht ihm schon wieder ein Satz raus, der vor allem Fragen aufwirft. Habeck sitzt in einer Podiumsrunde beim Bundesverband der Deutschen Industrie, es geht um Klimaschutz und um die Krisenfestigkeit der Industrie. Habeck erklärt, welche Hürden überwunden werden müssen, um die Kohlekraftwerke anzufahren. Warum man diese Hürden in der Krise nicht schneller abgeschafft habe, fragt die Moderatorin. »Wir haben das alles so schnell gemacht, wie es irgend geht«, sagt Habeck und zählt auf, wie viele Gesetze und Verordnungen sein Haus gemacht habe, welche Kaskaden an Prüfungen da notwendig seien. »Die Leute können sich nicht klonen, sie müssen auch schlafen und essen.« Es seien immer dieselben Referate mit denselben Mitarbeitern. »Es ist jetzt kein Scheiß, den ich erzähle: Die Leute werden krank. Die haben Burnout, die kriegen Tinnitus. Die können nicht mehr.«

Habeck meint es gut, er will um Verständnis werben, dass es nicht schneller geht, sich als guter Chef vor seine Leute stellen. Im Ministerium gibt es Beamte, die dankbar dafür sind. Endlich sieht mal einer, was sie leisten. Die Außenwirkung ist anders. Der Eindruck entsteht, dass die Beamten im Bundeswirtschaftsministerium nach neun Monaten Krise nicht mehr können. Und dieses Haus soll uns durch die Krise bringen, die vielleicht noch Jahre dauern wird? Da drängt sich doch die Frage auf, ob die Verantwortung in den richtigen Händen liegt.

Warum macht Habeck das? Er hätte zur Gasumlage sagen können, dass die Konzeption aus rechtlichen Gründen komplex sei (was stimmt), und zur Lage im Wirtschaftsministerium, dass man unter Hochdruck arbeite, aber dass es in der Demokratie eben dauert (was auch stimmt). Habeck hätte sich nicht so angreifbar gemacht. Aber es wären typische Politikersätze gewesen, farblos und phantasielos. Das ist der Preis. Habeck will ihn nicht bezahlen.

In der Erwartung an Politiker liegt ein innerer Widerspruch: Sie sollen unverstellt sein und gleichzeitig professionell. Das passt schon logisch nicht zusammen. Der Profi kennt das Geschäft und stellt sich darauf ein. Und wer besonders professionell ist, schafft es vielleicht sogar, dabei authentisch zu wirken. Aber was ist überhaupt Authentizität? Als Franziska Giffey im Wahlkampf durch die Berliner Schrebergärten zog, galt das als authentisch. Aber was ist, wenn sie die Gespräche am Gartenzaun in Wahrheit furchtbar fand? Und wer weiß, ob Gerhard Schröder Currywurst wirklich so liebt, wie es auf den Bildern scheint? Wie authentisch kann zur Schau gestellte Authentizität sein? Authentisch ist ja nur deswegen positiv konnotiert, weil die Menschen hineinprojizieren, was ihnen gefällt. Ein ganz bisschen anecken ist okay, aber wenn ein Politiker in Wahrheit ein Fiesling ist, kommt er unauthentisch besser an.

Habeck hat das, was Politikberater einen Unique Selling Point nennen. Es ist bei ihm eine gewisse Lässigkeit. Wie authentisch das ist? Die Frage geht an Dorothee Bär. Sie gehört der CSU an, politisch anderes Lager, aber sie pflegt selbst einen unkonventionellen Stil. Ihre High Heels zum Beispiel, die in der Berliner Modewüste auffallen. Bär seufzt. Sie ist kein Habeck-Fan, das ist schon mal klar. Seine Schwurbelei nervt sie und vor allem, dass er damit durchkommt. »Was bei Männern als authentisch gilt, gilt bei Frauen schnell als gefühlsduselig«, sagt Bär. Und was ist ihre Strategie? »Ich habe keine Strategie, das ist vielleicht meine Strategie«, sagt sie und lacht. »Ich habe mir immer wieder vorgenommen, öfter mal nichts zu sagen, mich nicht einzumischen. Das klappt einfach nicht. Aber es ist auch keine gute Idee, sich zu Tode coachen zu lassen.«

Das hätte auch Habeck so sagen können. Er ist Projektionsfläche für Sehnsüchte nach einer Lichtgestalt, nach ein bisschen Glanz in der nüchternen deutschen Politik. Der Grüne lässt das zu, aber er ist keine Kunstfigur. Er braucht keine Berater, die ihm sagen, wann er lachen und wie er sich hinstellen soll. Er weiß, wie das geht. Fotografen können berichten, dass er beim Shooting richtig aufblüht. Manchmal experimentiert er ein bisschen. Was gut ankommt, integriert er in seinen Stil. Anderes lässt er künftig. Etwa so was wie die Fotos, auf denen er sich von Konik-Pferden beschnuppern lässt. Die hatten ihm viel Spott eingebracht.

Bei Habeck ist die B-Note nur Mittel zum Zweck. Er ist ehrgeizig und zielstrebig und längst nicht immer locker. Vor ein paar Jahren traf sich der grüne Bundesvorstand in Dresden. Eine kleine Gruppe von Journalisten und Habeck suchten das Lokal für das Abendessen. Er lief in die falsche Richtung, alle hinterher. Ich habe einen kleinen Scherz gemacht, er hatte deutlich weniger Humor, als ich gedacht hätte. Natürlich haben Politiker das Recht, mal angespannt zu sein. In letzter Zeit ist er das häufiger, wird in Interviews zuweilen richtig patzig. In Karrierefragen war er sowieso nie lässig. 2018 wollte er Minister in Schleswig-Holstein bleiben und Parteivorsitzender werden, das geht bei den Grünen eigentlich nicht, Habeck hat es sich erkämpft. 2021 wäre er gern Kanzlerkandidat geworden, konnte sich gegen Baerbock nicht durchsetzen, den Tag der Nominierung nannte er den »schmerzhaftesten Tag« seiner politischen Laufbahn. Aber schon vorher hatte er sich für den Fall eines enttäuschenden Abschneidens bei der Wahl den Posten des Vizekanzlers in der Regierung gesichert.

Eine Krux bleibt: Was die Menschen an Habeck schätzen, ist dasselbe wie das, was sie an ihm kritisieren. »Er spricht frei! Wie toll.« Dann verliert er den Faden: »Warum spricht er ohne Manuskript? Selbstüberschätzung!« Habeck gibt eine Wissenslücke zu, das ist erfrischend ehrlich und kurz drauf unfassbar aufgesetzt. Die Begeisterung schlägt ganz schnell um in Enttäuschung. Das liegt auch an völlig überzogenen Erwartungen. Wer Habeck zum Erklärer der Nation gemacht hat, ihm attestiert hat, besser zu sprechen als alle anderen, sieht seine eigene These erschüttert, wenn der Grüne plötzlich bei *Maischberger* stammelt.

Habeck hat schon als Parteivorsitzender erlebt, wie schnell ein Hype platzen kann. Auslöser waren damals kleine Unsicherheiten. In einem Interview mit der ARD sprach er über die Pendlerpauschale, wusste aber nicht so richtig, wie sie funktioniert. Später hat er es selbst als »Fehler in dieser Politik-Medienwelt« bezeichnet, dass er seinen Wissensmangel zugegeben hat. Dann gab es noch den Fall mit den Aufgaben der BaFin, Habeck sagte etwas über die Kontrolle von Handwerkerrechnungen, was man wohlwollend als missverständlich bezeichnen kann. Plötzlich war das Feuer frei, Hohn und Spott von allen Seiten. Die politische Konkurrenz empörte sich über das »Ausmaß an Ahnungslosigkeit«, in den Medien erschien mit einem Mal ein Porträt nach dem anderen, in denen der Grünen-Politiker als fachlich nicht trittsicher dargestellt wurde. Jemand, der die großen Linien zeichnen kann, aber die Details nicht kennt, mehr Schein als Sein. Habeck hat danach für eine ganze Weile aufgehört, von Fehlern zu sprechen, und hielt scharf dagegen, wenn man ihn darauf ansprach.

Als Wirtschaftsminister mitten in der Energiekrise hat Habeck das Problem, dass neue Fehler passieren, bevor die alten vergessen sind. An Habeck gehen die Rückschläge nicht spurlos vorbei. Als der Atomkonflikt eskaliert, hängt ihm die Gasumlage noch nach. Er ist angeschlagen, kann jetzt weniger frei aufspielen. Die Frage, ob drei Atomkraftwerke noch ein paar Wochen weiterlaufen oder nicht, ist nicht zentral, die öffentliche Aufregung völlig überdimensioniert: Die ausgequetschten Brennstäbe leisten keinen entscheidenden Beitrag für die Versorgungssicherheit oder Kostendämpfung, aber sie bedrohen auch nicht ernsthaft die Sicherheit. Doch Habeck schafft es nicht, das Problem abzuräumen.

Sogar unter Grünen-Anhängern ist eine Mehrheit dafür, die verbliebenen deutschen Meiler weiterlaufen zu lassen, jedenfalls bis die Brennstäbe ausgebrannt sind. Habeck hätte sich das vorstellen können. Doch er bekommt Widerstand aus den eigenen Reihen, vor allem die Bundestagsfraktion ist strikt dagegen. Vielleicht hätte Habeck sich durchgesetzt, wenn er noch obenauf gewesen wäre. Aber jetzt gibt er nach. Der Kompromiss nennt sich Einsatzreserve: Zwei Atommeiler sollen bereitgehalten werden und bei Bedarf Strom produzieren. Die Fraktion kann damit leben, aber an dem Konzept ist im Grunde genommen nichts gut. Die Umsetzung ist teuer, technisch kompliziert und vor allem: Die Bevölkerung versteht die Idee nicht. Die Entscheidung wirkt genau so, wie Habeck sie nicht wollte, nämlich ideologisch motiviert.

Die FDP macht deshalb nicht mit, der Streit legt die Ampel-Regierung tagelang lahm. Der Kanzler zieht schließlich seine Richtlinienkompetenz und weist seine Minister in einem Schreiben an, dass alle drei Kraftwerke bis April weiterlaufen. Ein ziemlich einzigartiger Vorgang. Habeck sagt hinterher, das sei »kein Glanzstück« gewesen. »Das Vertrauen in die Handlungsfähigkeit und die Geschlossenheit« sei »nicht über die Maßen gesteigert worden«. Hätte man auch deutlicher sagen können.

Habeck hat in seiner politischen Karriere die Grünen schon oft herausgefordert. Er hat deutlich gemacht, dass die Befindlichkeiten der grünen Blase für ihn nicht handlungsleitend sind, er will sich nicht an Ketten legen lassen. Für die Regierungsarbeit hat er in einem *taz*-Gespräch den Vorsatz formuliert, nicht »der Minister für die Grünen« zu sein. Nach meiner Beobachtung sind die Grünen daran gewachsen. Und dann nimmt Habeck ausgerechnet in der Krise Rücksicht auf grüne Idiosynkrasien – obwohl es doch in einer Zeit, in der alle Menschen mit Zumutungen zu kämpfen haben, zur Glaubwürdigkeit gehört, auch der eigenen Partei etwas zuzumuten. Auch das ist ihm schon mal passiert: Im Mai 2021 forderte er Waffenlieferungen an die Ukraine, die Grünen waren entsetzt, er ruderte zurück. Der Überfall Russlands auf die Ukraine gab ihm recht. Zu grün oder nicht grün genug – aus diesem Dilemma sucht Habeck noch seinen Weg.

»EIN KLARES FICK-DICH AN ALLE«

Wie Politiker sich gegenseitig das Leben schwer machen

Janine Wissler fällt Martin Schirdewan um den Hals. Für einen Moment wirkt die Frau, in deren Gesicht oft Härte liegt, ganz entspannt. Sie hat es geschafft, der Parteitag im Juni 2022 in Erfurt hat sie wieder zur Parteivorsitzenden gewählt. An ihrer Seite wollte sie am liebsten den Europapolitiker Schirdewan haben, und auch das hat geklappt. In der Messehalle in Erfurt dröhnt die Parteimusik aus den Boxen, bunte Scheinwerfer kreisen im Takt. Viele Delegierte haben sich von ihren Plätzen erhoben. Seit zehn Minuten werden Wissler und Schirdewan umarmt und geherzt, eine Schlange hat sich gebildet, wie bei einem Hochzeitspaar.

Das Präsidium will langsam zur Wahl des Schatzmeisters übergehen. Doch zwei Frauen haben sich gemeldet, sie wollen persönliche Erklärungen abgeben. Dafür unterbrechen die Linken immer ihre Tagesordnung. Lena Reinhardt steht schon an Mikro 2. »Ich bin sauer«, ruft sie, »wir setzen Personen an die Spitze unserer angeblich feministischen Partei, die Täterschutz betreiben.« Das geht klar gegen Janine Wissler. Reinhardt hat sich auf dem Handy Notizen gemacht, schaut immer wieder drauf. Sie ist fertig, die zweite Delegierte will direkt loslegen. Aber Michael Erhardt vom Präsidium unterbricht. »Ich bitte noch mal darum, dass wir den Kodex, den wir gestern verabredet haben, auch einhalten, und der heißt, respektvoll miteinander umgehen.«

Lea Sankowske hat schon Tränen in den Augen, als sie anfängt zu sprechen. Sie erzählt, wie sie als Vorsitzende der Linksjugend in Niedersachsen auf einer Parteifahrt ein Zimmer mit einem »Genossen« – sie schreibt die Anführungszeichen in die Luft – geteilt hat. Wie sie nachts plötzlich aufgewacht sei, seine Hand unter ihrem Shirt, in ihrem BH. Der Kreisvorstand habe gesagt, dass sie spinne. »Die Erste, die mir zugehört hat, wurde heute nicht gewählt.« Diese Erste ist Heidi Reichinnek, die Wissler herausgefordert hat. Sie habe gehofft, von diesem Parteitag gehe das Signal aus, dass den Betroffenen zugehört und geholfen werde. »Und das hier war aus meiner Perspektive und nicht nur aus meiner Perspektive ein klares ›Fick-dich‹ an alle, die wirklich schlimme Dinge erlebt haben.« Das »Fick-dich« bezieht sich auf die Wahl Wisslers.

Frauen in der Linkspartei haben Furchtbares erlebt. In der Woche nach Ostern 2021 hatte der *Spiegel* über sexistische Übergriffe im hessischen Landesverband berichtet, darin verwickelt war auch Wisslers damaliger Lebensgefährte. Wissler bestreitet aber, von den Missbrauchsvorwürfen gewusst oder gar ihren Ex-Freund gedeckt zu haben.

Die Wahlsiegerin steht noch vorne, sie legt den großen Blumenstrauß auf ihren Tisch, wischt sich die feuchte Hand an der Hose ab, ihr Gesicht ist versteinert. 57,4 Prozent, das war kein schlechtes Ergebnis für sie. Aber nun sieht sie, wie schwer es für sie werden wird, wie hart die Bandagen sind, mit denen ihre Gegner kämpfen. Die beiden Frauen haben von ihren Erfahrungen berichtet, aber es war vor allem ein Aufschrei gegen die Wahl Wisslers. Man kann auch sagen: die Rache für Reichinnek, die unterlegene Kandidatin. Die beiden Frauen, die wie Reichinnek aus Niedersachsen kommen, wollten, dass sie an die Spitze der Partei rückt. Nun nutzen sie den Moment, in dem alle Kameras laufen, um Wissler zu beschädigen.

Es ist ein Shitstorm auf offener Bühne. Eine der politischen Schlachten, denen man nicht gerne zuschaut. Wer sie unterhaltsam findet, hat wahrscheinlich auch eine Schwäche für Stierkämpfe. Mit dem Wettstreit um die beste Lösung hat das nichts mehr zu tun. In solchen Kämpfen ist jedes Mittel recht, um den Gegner in die Enge zu treiben, mundtot zu machen. Für Fehlerkultur ist das Gift.

Janine Wissler hat ihre Fehler benannt. In ihrer Rede zu Beginn des Parteitags sagt sie: »Bei allen Frauen, denen wir nichts oder wenig anbieten konnten, wenn ihnen Unrecht widerfahren ist, möchte ich mich aufrichtig entschuldigen.« Sie habe in bester Absicht gehandelt, versicherte sie, aber: »Ich will nicht sagen, dass ich alles richtig gemacht habe.« Insgesamt spricht sie vierzig Minuten, widmet dem Sexismus-Skandal aber nur zwei Minuten davon. Ihren Gegnern reicht das nicht. Es ist tatsächlich nicht gerade viel angesichts der Tatsache, dass sie damals Fraktionsvorsitzende im hessischen Landtag war, also an zentraler Stelle Verantwortung getragen hat. Aber wahrscheinlich hätten auch dreißig Minuten Selbstgeißelung nichts geändert. Wissler kann jetzt gar nichts richtig machen, so scheint es.

Die Vorwürfe in der Linken schreien nach ernsthafter Aufarbeitung. Die Partei muss externe Berater zu Hilfe ziehen, mit den Ermittlungsbehörden kooperieren, effektive Präventionsmaßnahmen ergreifen. Natürlich muss auch die Frage nach der Verantwortung aller Führungskräfte auf den Tisch. Aber Anfeindungen auf offener Bühne sind kein Beitrag zur Aufklärung, sondern verstärken nur die Wagenburgmentalität. Kämpfe gibt es in allen Parteien, aber in der Linkspartei sind sie besonders destruktiv. In den Sitzungen der Bundestagsfraktion brüllen sich Abgeordnete oft an, dann fließen regelmäßig die Tränen.

Politiker reden ständig von Vertrauen. Es geht dann immer um das Vertrauen der Wähler, nicht um Vertrauen unter Politikern. Das gibt es nämlich äußerst selten. Angela Merkel erzählte der Fotografin Herlinde Koelbl, die sie über Jahre porträtierte, schon 1997: »Früher war ich etwas zu vertrauensselig und habe jedem von meinen Plänen erzählt. Aber Erfahrung macht klug.« Das ist eine nette Umschreibung für Enttäuschungen, missbrauchtes Vertrauen, gewachsenes Misstrauen. Politische Gegner sind in der anderen Partei, Feinde gibt es nur in der eigenen.

Das Gefühl, wenn er an seine sogenannten Parteifreunde denkt, hat ein Politiker, der namentlich nicht genannt werden will, so beschrieben: »Sie sitzen überall im Gebüsch, lauern, beim kleinsten Fehltritt springen sie heraus, um ihn für sich zu nutzen.« Unternehmensberater und Organisationsentwicklerinnen, die sich mit moderner Führung in Unternehmen befassen, haben ein Mantra zur Fehlerkultur: Es brauche einen »safe space«, also einen Raum, in dem ein Mitarbeiter sich sicher fühlt, über seinen Fehler sprechen kann, ohne um seinen Job fürchten zu müssen. Ein Raum, aus dem nicht sofort alles nach draußen dringt. In der Politik ist das meiste öffentlich. Und wer Fehler zugibt, muss davon ausgehen, dass der Sitznachbar noch eifriger am Stuhlbein sägt. Kein »safe space« nirgends.

Die Kämpfe innerhalb der eigenen Partei sind oft härter und verletzender als die gegen den politischen Gegner. Cem Özdemir hat das erlebt, als er im Herbst 2019 Fraktionsvorsitzender werden wollte. Plötzlich klingelten bei vielen Berliner Journalisten die Telefone, es meldeten sich Grüne, die noch Rechnungen mit Özdemir offen hatten und seinen Wahlsieg verhindern wollten. Es wurden lauter schmutzige Geschichten von früher ausgegraben. Wie schlecht er angeblich seine damalige Ko-Vorsitzende Simone Peter behandelt habe zum Beispiel, wie er die Partei mit seinem Satz, dass man den Islamischen Staat nicht »mit der Yogamatte unterm Arm« besiege, bloßgestellt habe. Die Grünen, die die Journalisten anriefen, wollten, dass ihr Zitat in die Zeitung kommt, aber nicht ihr eigener Name. Das sind die unbeliebten »Unter 2«-Äußerungen. Journalisten schreiben dann: »in der Fraktion sagt einer« oder »unter den Kritikern Özdemirs heißt es«. Geschlossenes Visier, man kann nur ahnen, wer angreift.

Es gibt Politiker, die nicht mal vor strafbaren Handlungen zurückschrecken. Als Johannes Kahrs von der SPD in den Neunzigerjahren eine Gegnerin im Hamburger Juso-Vorstand aus dem Weg räumen wollte, wählte er nicht den Weg der öffentlichen Diskreditierung, sondern versuchte, die Frau durch Telefonterror einzuschüchtern: Die damals 22 Jahre alte Silke Dose erhielt nachts anonyme Anrufe, der Anrufer legte auf oder schwieg. Einmal sagte er auch: »Ich krieg dich, du Schlampe.« Eine Fangschaltung führte schließlich zu Kahrs Anschluss.

Der FDP-Politikerin Marie-Agnes Strack-Zimmermann ist in einem Gespräch mit der *F. A. S.* zu dem Thema die Fabel vom Skorpion und vom Frosch eingefallen. Ein Skorpion möchte einen Fluss überqueren, aber er kann halt nicht schwimmen. Er bittet den Frosch, ihn auf die andere Seite zu bringen. Der Frosch lehnt ab, er hat Angst, dass der Skorpion ihn sticht. Doch der Skorpion versichert, er habe daran gar kein Interesse, er würde dann ja selbst sterben. Der Frosch ist einverstanden. Mitten auf dem Fluss sticht der Skorpion den Frosch. Der fragt sterbend nach dem Grund. Der Skorpion antwortet, er sei halt ein Skorpion.

Übertragen auf die Politik heißt das: Politiker nehmen Schaden für sich oder ihre Partei in Kauf, wenn sie dafür einen Konkurrenten ausschalten oder zumindest in Schwierigkeiten bringen können. Klar, dass man dann niemandem vertraut. Nach Sankowskes Auftritt auf dem Parteitag in Erfurt steht die Linke als heillos zerstrittene Partei da, auch Sympathisanten sind abgeschreckt, alle Aufrufe zu konstruktiver Zusammenarbeit werden zur Farce. Hauptsache Wissler ist beschädigt. Wendet man die Fabel weiter auf die Politik an, landet man bei der These, dass die Attacke zum Wesen von Politikern gehört wie das Stechen zum Wesen des Skorpions. Das stimmt in dieser Pauschalität sicher nicht, und schon gar nicht, wenn man unter Wesen eine angeborene Eigenschaft versteht. Richtig ist aber, dass Politiker, die es bis ganz nach oben schaffen wollen, auf den eigenen Vorteil bedacht sein müssen, jederzeit bereit, dafür zu kämpfen. Das hinterlässt Spuren, die Persönlichkeit verändert sich: déformation professionelle nennt man das. Jeder Beruf hat seinen Abdruck, der der Politik kann besonders hässlich sein.

»Erst das Land, dann die Partei, dann die Person« ist ein berühmter Satz von Erwin Teufel. Tatsächlich ist es oft umgekehrt. Natürlich wird in Parteien über Inhalte gestritten, doch viel härter sind meistens die Auseinandersetzungen darüber, wer welchen Posten bekommt. In den Verhandlungen zum Ampel-Koalitionsvertrag war der Zeitplan nur ein einziges Mal in Gefahr. Und da ging es nicht um Vermögenssteuer, Tempolimit oder Hartz-IV-Sanktionen. Die Grünen konnten sich nicht einigen, ob Cem Özdemir oder Anton Hofreiter Minister werden sollte. Plötzlich waren auch die alten Flügelkämpfe zurück. Als der Länderrat der Grünen, der den Koalitionsvertrag billigen sollte, begann, gab es immer noch keine Lösung. Eine Blamage für die Partei. Der Weg zur Einigung war dann auch nicht so, dass die Grünen stolz drauf sein könnten. Michael Kellner, der ehemalige Bundesgeschäftsführer der Grünen und Mitglied im linken Flügel, war als Gegenleistung zu einer Stelle als Parlamentarischer Staatssekretär im Wirtschaftsministerium dazu bereit, gegen Hofreiter und für Özdemir zu stimmen.

Politik kann süchtig machen, wie eine Droge. Immer weiter, auch wenn es noch so weh tut. Die neuseeländische Regierungschefin Jacinda Ardern hat aus freien Stücken aufgehört. Das hat auch in Deutschland Furore gemacht, weil es so selten ist. Und manchen dieser wenigen Fälle stellt sich später heraus, dass in Wahrheit doch ein anderer Grund dahintersteckte, ein verlorener interner Machtkampf zum Beispiel.

Der Flaschenhals zur Spitzenpolitik ist eng. Es gibt nur einen Direktkandidaten pro Wahlkreis, höchstens zwei Vorsitzende der Bundestagsfraktion. Die Diskussion um ein neues Wahlrecht ist auch deshalb so erbittert, weil Abgeordnete befürchten, dass parteiinterne Konkurrenten ihnen den Wahlkreis wegschnappen.

Typischerweise antworten Politiker auf Fragen nach weiteren Zielen mit der Floskel: »Ich widme mich voll und ganz der aktuellen Funktion und habe gar keine Zeit, über die Zukunft nachzudenken.« Und parallel dazu treffen sie Vorbereitungen für den nächsten Schritt, loten zumindest ihre Chancen aus. Wer sich bei der Wahl des innenpolitischen Sprechers gegen den Konkurrenten durchgesetzt hat, fühlt sich bestätigt. In der nächsten Legislatur könnte der stellvertretende Fraktionsvorsitzende drin sein.

Um in der Politik Karriere zu machen, reicht politisches Talent nicht. Das, was es noch braucht, bezeichnen Politiker gern als »Robustheit«. Robust klingt nach wetterfest, also irgendwie positiv. Aber gemeint ist, dass man nicht zögern darf, im richtigen Moment die Ellenbogen auszufahren.

Angela Merkel hatte damals das richtige Gespür. Am 22. Dezember 1999 veröffentlichte sie in der *F. A. Z.* einen Appell, die CDU möge sich von Altkanzler Kohl lösen. Sechs Wochen zuvor war dessen System der schwarzen Kassen aufgeflogen, drei Wochen zuvor hatte er gesagt, dass er den Spendern sein »Ehrenwort« gegeben habe und die Namen daher nicht nennen könne. Die Generalsekretärin Merkel ging ein hohes Risiko ein, sie wusste, dass sie viele CDU-Größen verärgern würde. Dem damaligen Parteichef Schäuble sagte sie vor Erscheinen nichts von dem Zeitungsbeitrag. »Die Partei muss laufen lernen«, schrieb sie – und wurde keine vier Monate später Parteivorsitzende.

Für Merkel war das ein Erfolg. Für Politiker, die jetzt gerade an der Spitze stehen, sind solche Geschichten eine Warnung. Jederzeit könnte jemand gefährlich werden. »Um dir den Luxus zu leisten, modern zu führen, musst du sehr fest im Sattel sitzen«, sagt ein Politiker, der in der Karriereleiter schon ein paar Stufen hochgestiegen ist. Mit moderner Führung meint er, eigene Fehler offen anzusprechen, die anderen nach ihrer Meinung zu einer Einschätzung zu fragen. Alles, was zum vertrauensvollen Umgang gehört.

In kleineren Gruppen, etwa mit dem Team im Abgeordnetenbüro, sei das einfacher. Die Mitarbeiter sind abhängig, von ihnen droht insofern auch keine unmittelbare Gefahr. Das wäre aber schon wieder anders, wenn die Büroleiterin plötzlich entscheidet, selbst für den Bundestag zu kandidieren, und blöderweise aus demselben Wahlkreis kommt.

Auch diese Situation kann man wieder von der anderen Seite betrachten, und dann stellt sie sich ganz anders dar. Die Büroleiterin, die festgestellt hat, dass sie im Landesverband anerkannt und beliebt ist und mit ihrer Kandidatur gute Chancen hätte, muss damit rechnen, dass ihr Chef ihr Steine in den Weg legt, gegen sie Stimmung macht. Einen solchen Konflikt hat es im Berliner Landesverband der SPD gegeben: Sawsan Chebli, die frühere Staatssekretärin von Bürgermeister Michael Müller, entschied sich, für den Bundestag zu kandidieren, und zwar im selben Wahlkreis Charlottenburg-Wilmersdorf wie ihr damaliger Chef, der ebenfalls Abgeordneter werden wollte.

Müller empfand die Kandidatur als Zeichen von Undankbarkeit, er hatte Chebli ins Rote Rathaus geholt. Die Sozialdemokratin polarisiert, sie hat viele Gegner, auch in der eigenen Partei. Nun wurden von Müllers Unterstützern üble Geschichten über sie gestreut: wie schlecht sie ihre Mitarbeiter behandle, wie unorganisiert sie sei, dass sie überhaupt nur an ihrer Selbstvermarktung arbeite. Das war ein Foulspiel, das sich für Müller gelohnt hat: Chebli hat die Abstimmung verloren. Allerdings hatte auch sie nicht fair gespielt: Sie hatte Müller von ihren Plänen nichts erzählt, ihn mit ihrer Kandidatur überrumpelt.

Politik ist eine eigentümliche Mischung aus Teamsport und Einzelkampf. Jeder kämpft für sich, und trotzdem geht es nicht ohne Verbündete. Politiker müssen schauen, mit wem sie sich gut stellen. Es gibt langfristige und anlassbezogene Allianzen, manche muten geradezu konspirativ an, wie etwa die sogenannten »Segler«. Das sind jüngere Grüne aus dem linken Parteiflügel, die sich zusammengeschlossen haben, um sich gegenseitig in einflussreiche Positionen zu bringen. Oft war das erfolgreich. Man sollte aber nicht denken, dass es hier so etwas gäbe wie blindes Vertrauen. Das kann man schon daran sehen, dass Kellner und Hofreiter zwar beide Segler sind, Kellner sich aber nicht mehr für Hofreiter eingesetzt hat, als es drauf ankam. Illoyalität war der Preis, um die eigene Karriere voranzutreiben.

Wolfgang Schäuble ist ein guter Gesprächspartner für die Härten der Politik. Seit 60 Jahren macht er Politik und zieht ein bitteres Fazit: »Wenn du im Feuer stehst, gehen die Unterstützer auf Distanz.« Er hat es selbst erlebt, Anfang 2000 war das, als in der CDU-Spendenaffäre auch Vorwürfe gegen ihn laut wurden. »Niemand traut sich zu sagen, dass das sowieso nichts mehr wird, dass du ein ›Dead man walking‹ bist.« Politik schweißt nicht zusammen, auch langjährige Weggefährten bringen sich lieber in Sicherheit, um nicht mit in den Abgrund gerissen zu werden.

Ein bisschen was hat sich in den letzten zwanzig Jahren getan. Claudia Roth hat Annalena Baerbock im vermurksten Wahlkampf 2021 jeden Tag einen Song geschickt. Aber sich hinter jemanden zu stellen, der wankt, gilt nach wie vor als gefährlich. Parteifreunde bekunden ihre Solidarität deshalb immer noch am liebsten so, dass es niemand mitbekommt. Also keine Rückendeckung per Interview, sondern per SMS. In den wirklich schweren Zeiten sind Politiker auf gute Freunde oder die Familie angewiesen. Glücklich ist, wer die nach Jahren in der Spitzenpolitik noch hat.

Freundschaften zwischen Politikern sind selten, in der Regel sind es taktische Bündnisse. Sie bestehen auf Zeit, so lange, wie sie beiden Seiten helfen oder zumindest einer. Man muss sich gut stellen mit den Wichtigen, wenn man Karriere machen will. Und die sollte man auch nicht irritieren, indem man mit Parteifreunden verkehrt, die als Querulanten gelten oder gar in Ungnade gefallen sind. Schon wer eine andere Meinung vertritt als die Parteiführung oder Fraktionsspitze, kann dabei zusehen, wie angebliche Vertraute kalte Füße bekommen, auf Abstand gehen. Vertraute – die gibt es sowieso äußerst selten, auch wenn davon viel die Rede ist.

Armin Schuster hat es letztlich doch geschafft, seine Karriere zu krönen. Er ist jetzt Innenminister für die CDU in Sachsen. Aber er wäre schon 2018 gerne stellvertretender Fraktionsvorsitzender für Innen- und Rechtsthemen im Bundestag geworden. Schuster ist gelernter Bundespolizist und ein versierter Innenpolitiker. Das sind eigentlich gute Voraussetzungen. Doch es hing ihm nach, dass er in den harten Kämpfen zwischen den Unionsschwestern in der Flüchtlingskrise den Kurs der Kanzlerin deutlich und offen kritisiert hatte und eher bei CSU-Chef Seehofer stand. Er war anders als Merkel der Meinung, dass es durchaus möglich gewesen wäre, die Grenze zu kontrollieren. Selbst bei Abgeordneten, die das in der Sache genauso sahen, galt der CDU-Mann seither als unsicherer Kantonist. In seinem baden-württembergischen Landesverband fand er kaum Unterstützer für die Wahl in den Fraktionsvorstand. Verfassungsschützer wäre er auch gern geworden, das soll die Kanzlerin verhindert haben. Stattdessen wurde er Präsident des Bundesamts für Bevölkerungsschutz und Katastrophenhilfe, ein Trostpreis. Und dann war auf einmal eine Stelle in Sachsen frei – und dort hat man nichts gegen eine harte Linie in Migrationsfragen.

Ähnliches haben Abgeordnete der CSU erlebt, die in dieser Frage eher bei Merkel waren als bei Seehofer – nur eben mit umgekehrten Vorzeichen. Als der Streit zwischen Seehofer und Merkel über die Frage der Zurückweisung an der Grenze im Sommer 2018 eskalierte, trafen sich der Parteivorstand der CSU und die CSU-Landesgruppe zu einer Sitzung. Es waren längst nicht alle überzeugt, dass Seehofers Konfrontationskurs richtig war, aber nur wenige trauten sich, das öffentlich zu sagen. Einer von ihnen war Volker Ullrich, Bundestagsabgeordneter aus Augsburg. Er wies deutlich auf die Probleme hin, wenn die Bundespolizei Menschen an der Grenze zurückweist, kritisierte die scharfe Rhetorik seiner Partei. Seehofer kanzelte ihn ab, in der Sitzung bekam Ullrich kaum Unterstützung. Da meldeten sich vor allem CSUler, die dem Parteivorsitzenden ihre Loyalität zusicherten. Aber hinterher, so erzählt Ullrich, seien einige Kollegen gekommen und hätten ihm gesagt, dass sie es im Prinzip auch so sähen. »Danke, dass du es gesagt hast«, »du hast ja völlig recht«, so in diesem Sinne. Man sichert sich nach allen Seiten ab. Das kostet nichts. Und wer weiß, wozu es noch mal gut ist.

Misstrauen ist der ständige Begleiter von Politikern. Die Wendung »Freund, Feind, Parteifreund« bringt das Problem auf den Punkt: Die, die am nächsten stehen, können die gefährlichsten Gegner sein. Es ist ein zutiefst dysfunktionales und destruktives Verhaltensmuster, allzu oft gibt es nur Verlierer. Das hat Konsequenzen: Politik wird dadurch unattraktiv – für die Wähler, aber auch für den politischen Nachwuchs. Die erbitterten Kämpfe, die krummen Geschäfte, das Misstrauen, das schreckt junge Menschen ab, die sich engagieren und für ihre Ideale streiten wollen. Denn wenn man nicht vom eigenen Narzissmus oder von Geltungsdrang getrieben ist, warum sollte man sich das antun?

»JETZT MUSS ICH'S NOCH IRGENDWIE ABBINDEN«

Anne Spiegel und der schmale Grat zwischen Wahrheit und Lüge

Anne Spiegel ist nicht auf einen Schlag ganz alleine. Es ist ein schleichender Prozess, aber er schleicht schnell. Machtpolitiker haben ein feines Näschen für Schwäche, ungefähr so wie Börsenhändler für fallende Kurse, beim kleinsten Zweifel springen sie ab. Am Anfang stellen sich die Spitzen-Grünen vor Spiegel. Dass die Bundesfamilienministerin ein Klotz am Bein der Regierung sei, was für ein Unfug! Während der Flutkatastrophe im Sommer 2021 war Spiegel grüne Umweltministerin. 134 Menschen kamen im Ahrtal ums Leben, 750 wurden verletzt. Dann gibt es auf einmal Zweifel, ob ihre Behörde rechtzeitig gewarnt hat, und schon lichtet sich der Kreis um Spiegel. Sie müsse alle Fragen beantworten, heißt es nun. Die Grünen sprechen nicht mehr für Spiegel, aber noch mit ihr. Und dann kommt der Punkt, an dem sie nur noch über sie sprechen.

Für Anne Spiegel beginnt der 10. April 2022 mit einem Blick auf die Schlagzeile in der *Bild am Sonntag*: »Vier Wochen Urlaub trotz der Jahrhundertflut«. In der Partei rumort es. Die heiße Wahlkampfphase in Nordrhein-Westfalen und Schleswig-Holstein hat gerade begonnen. Habeck und Baerbock, die Fraktionsvorsitzenden und Parteivorsitzenden schreiben hin und her. Sie fühlen sich von Spiegel getäuscht. Weiter zu ihr stehen? Oder ist das Maß jetzt voll? Ein paar Tage zuvor ist Nordrhein-Westfalens Umweltministerin Ursula Heinen-Esser von der CDU wegen ihres Mallorca-Urlaubs mitten in der Flut zurückgetreten. Die Spitzenkandidaten aus Düsseldorf und Kiel melden sich: Spiegel sei nicht hilfreich.

Ein virtuelles Krisentreffen mit der Grünen-Führung am selben Tag. Spiegel darf ihre Sicht der Dinge noch mal erläutern. Ein Rücktritt steht im Raum, manche fordern das, andere sagen nicht viel. Spiegel will öffentlich erklären, warum sie damals in Urlaub gefahren ist. Die grüne Spitze ist einverstanden. Noch eine Chance, danach will man weitersehen.

Auf Phoenix läuft schon ein Banner mit der Ankündigung ihres Statements um 21 Uhr. Spiegel weiß das nicht. Das wird aufgezeichnet und später zusammengeschnitten, denkt sie. Nach vier Monaten als Bundesministerin hat sie immer noch keinen eigenen Sprecher. Sonntagabend im Ministerium, niemand ist da außer ihrer persönlichen Referentin, einem Techniker und zwei Mitarbeitern aus der Pressestelle.

»Ich mache jetzt einen ungewöhnlichen Schritt«, so beginnt sie, »ich werde Ihnen jetzt einige private Details nennen.« Sie berichtet von dem Schlaganfall ihres Mannes, von den Herausforderungen der Pandemie mit vier kleinen Kindern. Dass sie nicht nur Ministerin für Familie, Frauen, Jugend, Integration und Verbraucherschutz, sondern geschäftsführend auch noch Ministerin für Umwelt, Energie, Ernährung und Forsten war und außerdem Spitzenkandidatin für die Landtagswahl, das sei zu viel gewesen. »Es war an einem Punkt, wo wir Urlaub gebraucht haben, weil mein Mann nicht mehr konnte.« Es sei ein Fehler gewesen, so lange in Urlaub zu fahren. »Ich bitte für diesen Fehler um Entschuldigung.« Spiegel stockt. »Jetzt überleg ich gerad' noch, ob ich irgendwas …« Sie schaut sich fragend um. »Jetzt muss ich's noch irgendwie abbinden.«

Eine Frau im emotionalen Ausnahmezustand. Sie ist den Tränen nahe, die Stimme gepresst, immer wieder macht sie lange Pausen, räuspert sich. Direkt danach ruft eine Spitzen-Grüne auf ihrem Handy an. Sei doch gut gelaufen. Aber auf den grünen Twitter-Kanälen tut sich nichts, kein Kommentar, keine Unterstützung. Vor jedem Auftritt von Grünen in einer Talkshow verschickt die Parteizentrale über Threema die Aufforderung: bitte Candystorm in den sozialen Netzwerken. Das klappt auch immer, die Funktionäre der Grünen sind brav. Nur jetzt nicht. Es gab offenbar keine Aufforderung. Und so ergießt sich über Anne Spiegel an dem Abend ein monströser Shitstorm.

Am nächsten Tag trifft sich der Parteivorstand in Husum. Eigentlich soll es um die Ukraine gehen, die Zusammenarbeit in der Ampel, aber es gibt nur ein Thema: Spiegel. Ein Artikel aus der *Zeit* macht die Runde. Spiegel habe den Grünen in Rheinland-Pfalz ihren Urlaub verheimlicht, die Landesspitze habe erst aus der *Bild* davon erfahren. In Spiegels Umfeld wird das dementiert: Die Urlaube aller Minister seien bekannt gewesen. Aber die Grünen in Husum fragen in Mainz nicht nach, sie halten den Bericht für glaubwürdig.

Um 14 Uhr soll es eine Pressekonferenz geben. Sie wird verschoben und noch mal verschoben. Knapp zwei Stunden später als geplant treten Ricarda Lang und Omid Nouripour vor die Mikrofone, sprechen von den Härten der politischen Verantwortung, bedanken sich bei Anne Spiegel. Sie hat ein paar Minuten vorher eine Erklärung verschicken lassen: »Ich habe mich heute aufgrund des politischen Drucks entschieden, das Amt der Bundesfamilienministerin zur Verfügung zu stellen.« Politischer Druck, nicht freier Wille, das will sie noch klarstellen. Spiegel zieht sich aus der Öffentlichkeit komplett zurück. In den ersten Wochen verlässt sie das Haus nicht, sie bekommt jede Menge Anfeindungen und Drohungen, aber keinen Personenschutz. Zur Grünen-Spitze hat sie keinen Kontakt.

Es gibt unterschiedliche Möglichkeiten, die Geschichte von Anne Spiegels Absturz zu erzählen. Zum Beispiel unter dem Titel:

»Selten war ein Rücktritt so überfällig«. Dann geht es um ihre Überforderung, ihre Instinktlosigkeit, die Halbwahrheiten und Unwahrheiten rund um ihren Urlaub. Sie musste ja auch noch zugeben, dass sie – anders als behauptet – während ihres Urlaubs nicht an den Kabinettssitzungen teilgenommen hatte. Die Bitte um Entschuldigung ist in dieser Erzählung nur ein taktischer Versuch, den Kopf aus der Schlinge zu ziehen, nicht getragen von Einsicht. Es ging Spiegel um ihre Karriere. Um die zu retten, war sie sogar bereit, die Krankheit ihres Mannes und die Probleme ihrer Kinder der Öffentlichkeit preiszugeben.

Die andere Erzählung handelt davon, dass Anne Spiegel zu sehr Mensch ist für den Berliner Betrieb. Davon, dass sie das grüne Versprechen von Solidarität wirklich geglaubt hat und die Bedeutung professioneller Krisenkommunikation unterschätzt. Im beschaulichen Mainz ist das nicht so schlimm, aber in der Hauptstadt fatal. Eine Bundesministerin, die einen Untersuchungsausschuss am Bein hat, aber keinen eigenen Pressesprecher, die nachts am Schreibtisch sitzt und Presseanfragen selbst beantwortet. Das kann einfach nicht klappen. Spiegel ist in dieser Geschichte eine Politikerin, die überzeugt ist, dass Nähe entsteht, wenn man Schwäche zeigt, und dann auf bittere Art lernen muss, dass das nicht stimmt.

Es gibt noch eine dritte Variante: Anne Spiegel ist an der Frauen- und Familienfeindlichkeit der Politik gescheitert. Alles lief so gut, vier Kinder und eine Blitzkarriere. Mit 29 Jahren wurde sie in den rheinland-pfälzischen Landtag gewählt, schon ein paar Jahre später war sie Familienministerin im Land, konnte ihr Herzensthema nach vorne bringen: die Vereinbarkeit von Familie und Beruf. Und dann wurde ihr Mann krank, die Kinder litten in der Pandemie, der Landtagswahlkampf forderte sie, oft waren es nicht mehr als drei Stunden Schlaf. Die Decke war auf einmal überall zu kurz. Endlich vier Wochen Urlaub, so dringend nötig. Und daraus wird ihr ein Strick gedreht.

Anne Spiegel macht einem die Entscheidung nicht leicht, welche dieser Erzählungen der Wahrheit am nächsten kommt. Jeder Mensch steckt voller Widersprüche, aber bei Spiegel sind sie besonders ausgeprägt. Unbändiger Ehrgeiz einerseits, unbegreifliche Unprofessionalität andererseits. Die Sorge um ihr Image und ihr Mut der Verzweiflung. Kommunikativ ist in diesem Fall alles schiefgegangen, was schiefgehen kann. Aber es wäre zu einfach, den Fall als reines Kommunikationsdesaster abzutun. Es ist mehr als das. Gehen wir auf Spurensuche.

Am Morgen des 15. Juli 2021 zeigt sich im Ahrtal ein Bild des Schreckens. Die Flut hat Häuser und Straßen mitgerissen, viele Menschen wurden im Schlaf überrascht, sie stehen auf ihren Hausdächern, haben alles verloren. Die Polizei meldet am frühen Morgen vier Todesfälle, fünfzig Menschen werden vermisst. Die Zahlen werden über den Tag schnell steigen.

Spiegels damaliger Pressesprecher in Mainz macht sich schon um kurz nach sechs Uhr Gedanken, wie seine Chefin in der Öffentlichkeit dasteht. »Anne braucht eine glaubwürdige Rolle«, schreibt er an Spiegel und eine Pressereferentin, es dürfe aber »nicht nach politischer Instrumentalisierung aussehen«. Spiegel antwortet kurz drauf: »Das Blame Game könnte sofort losgehen, wir brauchen ein Wording, dass wir rechtzeitig gewarnt haben, wir alle Daten immer transparent gemacht haben, ich im Kabinett gewarnt habe, was ohne unsere Präventionsmaßnahmen und Vorsorgemaßnahmen alles noch schlimmer geworden wäre etc.« Sie fürchtet, Innenminister Roger Lewentz könnte versuchen, dem Umweltministerium die Schuld wegen verspäteter Warnungen zuzuschieben.

Da hatte es tatsächlich ein Problem gegeben. Am Nachmittag des Vortags hatte Spiegels Haus noch eine Pressemitteilung rausgeschickt, die sie selbst freigegeben hatte. »Wir nehmen die Lage ernst, auch wenn kein Extremhochwasser droht«, stand drin. Der einzige Änderungswunsch der Ministerin war, dass das Wort Campingplatzbetreiber gegendert wird. Schon eine Stunde zuvor war in Altenahr aber ein Pegelstand jenseits des Jahrhunderthochwassers von 2016 prognostiziert worden. Im Ministerium war am frühen Abend klar, dass die Mitteilung nicht mehr stimmte, sie wurde trotzdem nicht aktualisiert.

Im Untersuchungsausschuss kommt all das auf den Tisch. Die Chats zwischen ihr und ihrem Team landen in Auszügen in den Medien. Die SMS seien ja nur zwei von Tausenden gewesen, sagt Spiegel. Es sei »absolut falsch«, dass sie zu irgendeinem Zeitpunkt eine andere Priorität gehabt habe, als den Menschen zu helfen.

Diese dürren Sätze haben nicht die Kraft, das Narrativ zu erschüttern, das sich schon längst festgesetzt hat: eine Frau, die den Ernst der Lage nicht erkennt und auch in der größten Not vor allem an ihr Erscheinungsbild denkt. Kommunikativ ist das der GAU. Allerdings sind im Getriebe der Macht die Überlegungen zur »glaubwürdigen Rolle« der Ministerin in der Krise und zum »Blame Game« keine schockierende Ausnahme, sondern der Normalfall. Krisenkommunikation funktioniert so: Wo sind weitere Fallstricke, welche Botschaft wollen wir setzen, um den Schaden zu begrenzen?

Damit ein Politiker menschlich wirken kann, muss die ganze Maschinerie drum herum professionell arbeiten. Armin Laschet hat sich bei seinem Besuch im Flutgebiet unprofessionell verhalten. Er lachte über einen mauen Witz, als der Bundespräsident seine Anteilnahme für die Opfer ausdrückte. Dieser Fehltritt war zutiefst menschlich, die Anspannung hatte kurz nachgelassen. Und gerade deshalb wirkte er empathielos, geradezu unmenschlich. Hätte die Kamera das Lachen nicht aufgenommen, wäre ein Stück Wahrheit nicht ans Licht gelangt, und Laschet wäre der empathische Landesvater gewesen.

Am Vorabend der Katastrophe geht Spiegel mit dem grünen Fraktionsvorsitzenden ins Restaurant. Engagierte, empathische

Landesmutter? Wirkt nicht so, so sehr die Grüne auch beteuert, in Gedanken immer bei den Opfern gewesen zu sein. Es sind oft die Bilder, die Karrieren zerstören. In der Hamburger Justizbehörde gibt es einen Plan, was die Senatorin im Fall einer Geiselnahme im Gefängnis zu tun und zu lassen hat. Dem Krisenstab gehört sie nicht an, den leitet der Staatsrat. Wichtigster Punkt: Sie muss aus der Öffentlichkeit verschwinden, das heißt, sich im Büro oder zu Hause aufhalten. Es geht dabei vor allem darum, Bilder zu vermeiden, etwa wie die verantwortliche Politikerin ihrer Tochter ein Eis kauft, während Menschen in Gefahr sind. Das wäre leicht skandalisierbar, würde Vertrauen in das Krisenmanagement erschüttern.

Von der früheren Verteidigungsministerin Christine Lambrecht gibt es viele unglückliche Bilder. Am Morgen des 24. Februar 2022 zum Beispiel, als Russland den Überfall auf die Ukraine begonnen hatte, wurde sie im Nagelstudio in Berlin gesichtet. Kanzler Olaf Scholz hatte am Abend des 23. Februar mit seiner Frau in der Villa Kellermann, einem Potsdamer Gourmetrestaurant, ihren Geburtstag gefeiert. Rückblickend auch kein gutes Bild, aber kaum jemand hatte es mitbekommen. Im Unterschied zu Spiegel redet Scholz über so was nicht. Er ist vorsichtig, man könnte auch sagen: professionell.

Abgesehen von den Bildern: Hätte Spiegel nicht essen gehen dürfen, sondern sofort ins Flutgebiet fahren müssen? In akuten Krisenlagen sind Minister wichtig, aber sie können bei der operativen Bewältigung nicht helfen. Auch im Ahrtal war die Nacht vom 14. auf den 15. Juli die Stunde der Rettungsdienste, der Feuerwehr, der Ärzte und Polizisten. Die wussten, was sie zu tun hatten. Die Einsatzkräfte ärgern sich meistens, wenn eine Ministerin sich sofort zum Ort des Geschehens aufmacht. Der Auftritt bindet Personal, das an anderer Stelle dringend gebraucht wird. PR-Aktionen zur Profilierung von Politikern als Krisenmanager. Dass Gerhard Schröder 2002 mit Gummistiefeln und ernster Miene durch das Hochwassergebiet in Ostdeutschland lief, gilt als entscheidender Grund für seine Wiederwahl.

Sobald die akute Gefahr beseitigt ist, stören Besucher nicht mehr. Im Gegenteil: Dann kann die Öffentlichkeit erwarten, dass die verantwortlichen Politiker sich ein Bild von der Lage machen, mit den Betroffenen sprechen. Anne Spiegel hat das getan. Die Bilder, die bei solchen Besuchen entstehen, haben ihre Berechtigung: Es ist mehr als PR, es ist das Zeichen, dass Politik für die Menschen da ist.

Es gibt Grenzfälle wie die Reisen von Olaf Scholz und Annalena Baerbock ins Flutgebiet im Sommer 2021. Beide Kanzlerkandidaten haben ihren Sommerurlaub deshalb abgebrochen. Baerbock, die anders als der damalige Bundesfinanzminister Scholz zu dieser Zeit noch Oppositionspolitikerin ist und daher keine offizielle Aufgabe hat, versucht dem Vorwurf der Instrumentalisierung dadurch zu entgehen, dass alle ihre Termine im Katastrophengebiet ohne Pressebegleitung stattfinden. Klar ist jedenfalls: Wer Kanzler oder Kanzlerin werden will, kann nicht Urlaub machen, wenn so viele Menschen in den Fluten sterben. Es geht um die richtigen Bilder in den Köpfen.

Die hat Spiegel unterschätzt. Ihr Urlaub ist politisch noch kein Thema, als sie mit ihrer Familie nach Frankreich aufbricht. Ein Skandal wird erst ein Dreivierteljahr später draus, an jenem 10. April, als die *Bild*-Zeitung darüber berichtet. Da entsteht nicht das Bild einer pflichtbewussten Ministerin im Krisenmodus, sondern das einer fröhlichen Frau mit ihren Kindern am Pool. Es spielt keine Rolle mehr, dass sie vorher mehrfach ins Ahrtal gereist ist. Die Älteren denken an den früheren Verteidigungsminister Rudolf Scharping, der mit Gräfin Pilati auf Mallorca planschte, während die Bundeswehr sich auf einen gefährlichen Einsatz im Balkan vorbereitete.

Dieser Eindruck ist verständlich und zugleich bitter, denn die Wahrheit ist komplizierter. Spiegel hat viele Entbehrungen und Härten in Kauf genommen für ihren Job. Natürlich: Sie wollte das so, und es hat sich für sie ausgezahlt. Aber es bleibt trotzdem ein schmerzhafter Spagat. Was als Abgeordnete noch funktionierte, wird für die Ministerin unmöglich. Sie hat seit Jahren nicht mehr die Hoheit über ihren Terminkalender. Jeden Elternabend, jeden Laternenumzug muss sie eintragen, wenn sie überhaupt eine Chance haben will, dabei zu sein. Und selbst dann ist die Wahrscheinlichkeit groß, dass ein beruflicher Termin dazwischenkommt. Die Einschulungsfeier eines ihrer Kinder musste sie absagen und schaffte es nie, sie nachzuholen. Als Baerbock und Habeck ihr das Bundesfamilienministerium anbieten, sagt sie ja. Der Umzug mit vier Kindern, mitten im Schuljahr von Speyer nach Berlin. Sie zeigt allen, dass sie es kann. Und einmal zwischendrin gibt es eine familiäre Krise, da will sie für Mann und Kinder da sein. Das muss doch möglich sein. Sie bespricht den Urlaub mit Malu Dreyer, der Ministerpräsidentin, regelt ihre Vertretung.

Dann kommt die Katastrophe. Spiegel richtet einen Krisenstab ein, startet ein Wiederaufbauprogramm. Aber sie hält an ihren Urlaubsplänen fest. Zehn Tage später geht es los. Viele bekommen das nicht mit, sie meldet sich ja zwischendurch telefonisch und ist erreichbar. Einmal kehrt sie für einen Tag zurück, besucht mit Warnschutzjacke eine Kläranlage, Kameras halten das fest. Vielleicht wäre alles anders gekommen, wenn sie die Situation zu Hause schon damals öffentlich gemacht hätte, versucht hätte zu erklären, warum der Urlaub sein muss.

Warum hat sie das nicht getan? Wir sind im Jahr 2021, Vereinbarkeit von Familie und Beruf ist *das* Mainstream-Thema. Nicht ausgeschlossen, dass sie von diesem Einblick ins Private sogar hätte profitieren können: doch ein Mensch, keine Maschine oder so ähnlich. Spiegel will darüber nicht sprechen. Aber Antje Kapek von den Berliner Grünen kann ich danach fragen. Sie hat denselben Fehler gemacht wie Anne Spiegel, nur der Kontext war anders. Es war in der Zeit, als sie noch grüne Fraktionsvorsitzende im Abgeordnetenhaus war, Frühjahr 2021. Der fünfte Monat Lockdown, der Berliner Bürgermeister hatte darum gebeten, dass niemand über Ostern verreist. »Meinem Kind ging es extrem schlecht«, erzählt sie, »deshalb haben wir uns entschieden, auf die Kanaren zu fahren.« Das sei ein politischer Fehler gewesen, »aber die Mutter in mir war stärker«. Auch Kapek hatte nicht den Mut, zu ihrer Entscheidung zu stehen. Erst ein Jahr später, nachdem sie ihr Amt als Fraktionsvorsitzende aufgegeben hatte und Anne Spiegel zurückgetreten war, konnte sie darüber sprechen.

Was hätte denn im schlimmsten Fall passieren können? »Die Leute haben für familiäre Notlagen kein Verständnis«, sagt sie. »Sie glauben gar nicht, was für Briefe ich bekommen habe, nachdem ich über den Urlaub gesprochen hatte. Wüste Beschimpfungen, Beleidigungen.« Einiges hätte sie zur Anzeige gebracht. »Das ist vielleicht eine lautstarke Minderheit«, sagt Kapek, aber sie beeinflusse eben die öffentliche Wahrnehmung. Frauen stünden sofort im Verdacht, ihr Leben nicht auf die Reihe zu bekommen. Die nettere Form sei so was wie: Tut mir ja leid, dass ihr die Sache über den Kopf wächst, aber niemand zwingt die Frau doch, das alles zu machen.

Der typische Rambo, rechthaberisch, trotzig, überheblich, ist ein Mann, Frauen sind tendenziell selbstkritischer. Weder Anne Spiegel noch Antje Kapek sind weibliche Rambos, aber sie haben sich durchgebissen in einer Welt, deren Regeln von Männern gemacht sind. Die Grünen definieren sich als feministische Partei. Manches funktioniert dort besser, Frauen sind zum Beispiel nie in der Minderheit. Aber patriarchales Denken gibt es natürlich trotzdem. »Grüne Männer haben subtilere Methoden entwickelt«, sagt Kapek. Und auch Machogehabe lässt sich noch beobachten.

Über Frauen wird zuweilen das Vorurteil verbreitet, in Spitzenpositionen würden sie zu »Männerimitaten«. Wer behauptet, Frauen würden versuchen, härter zu sein als Männer, sagt damit auch, Frauen seien von Natur aus weicher. Das ist ein Klischee, der

Punkt ist ein anderer. Eine wissenschaftliche Studie über Frauen in Führungspositionen, die das Bundesfamilienministerium bereits 2010 veröffentlicht hat, besagt, dass Frauen mehrheitlich das Gefühl haben, mehr leisten zu müssen als Männer. 75 Prozent der befragten Frauen im gehobenen Management bejahten diese Frage. Ob Männer bei gleicher Leistung tatsächlich mehr Anerkennung bekommen, lässt sich kaum messen, aber es spielt auch keine große Rolle, denn verhaltensprägend ist die subjektive Wahrnehmung. »Frauen, vor allem Frauen mit interessanten Jobs, neigen dazu, überall perfekt sein zu wollen«, sagt auch Kapek. Beweisen, dass alles unter Kontrolle ist, dass das Muttersein kein Hindernis ist. Augenringe überschminken und weiter geht's.

Aber dann läuft es zu Hause aus dem Ruder, und es geht gerade mal nicht so weiter. Was von außen betrachtet ein kleiner Dämpfer ist, völlig normal, erscheint aus der Binnenperspektive riesig groß: als Beweis, dass es doch nicht klappt, als große Entzauberung. Das soll keiner mitbekommen; irgendwie wird es schon wieder werden, und das Jammern schadet nur der Sache der Frauen. Diesen Druck sich beweisen zu müssen, kennen Migranten auch. Cem Özdemir ist der erste Bundesminister mit türkischen Wurzeln. Kurz nach seiner Nominierung hat er im Deutschlandfunk beschrieben, welches Päckchen er mit sich rumgetragen hat. Sein Vater habe ihm mit auf den Weg gegeben: »Wenn du einen Fehler machst, ist es was anderes, als wenn andere einen Fehler machen. Deine Fehler sind immer Fehler, die alle Migranten gemacht haben.« Der gut gemeinte Rat »Sprich doch einfach drüber« kann gegen dieses Grundgefühl nicht ankommen.

Im März 2022 steht Spiegel vor dem Untersuchungsausschuss in Mainz und ist wegen der Abläufe in der Flutnacht schon arg in Bedrängnis. Eine große Geste wäre jetzt nötig, um eine Grundlage zu schaffen, auf der wieder neues Vertrauen wachsen kann. Aber Spiegel schafft das nicht. Vielleicht liegt es auch an den Nachwirkungen ihrer Covid-Infektion. Sie ist noch geschwächt, muss sich nach der Befragung an der Wand abstützen. Die Ungereimtheiten um die Telefonate in jener Nacht kann sie nicht restlos aufklären. Spiegels Staatssekretär, der zu Hause saß und nach eigener Darstellung »ein Bierchen« trank, hat einmal vergeblich versucht, sie zu erreichen, sie habe dann zurückgerufen. Aber in seiner Verbindungsübersicht taucht der Anruf nicht auf, dort sind nur ausgehende Anrufe aufgelistet und die eingehenden konnten nicht rekonstruiert werden. Auch Spiegel konnte aufgrund ihres Flatratevertrags keinen Beleg dafür beibringen.

Ohne Beweise kann man nur glauben, und wenn kurz drauf eine Unwahrheit entdeckt wird, fällt das schwer. Das passiert am Samstag, zwei Tage vor ihrem Rücktritt, Spiegel ist in Polen unterwegs. Die *Bild*-Zeitung fragt, ob sie während ihres Urlaubs an den Kabinettssitzungen teilgenommen habe. Sie kann sich nicht erinnern. Für Menschen, die nicht Spitzenpolitiker sind, ist das kaum vorstellbar. Aber Spiegels Vertraute in Mainz nicken. Es habe ständig digitale Runden gegeben, an denen immer mehr oder weniger dieselben Leute teilgenommen hätten. War das jetzt Kabinetts- oder Krisensitzung, im Urlaub oder danach? Das verschwimme mit etwas zeitlichem Abstand alles. Und in ihrem Kalender hätten die Termine in jedem Fall gestanden.

Spiegel antwortet der *Bild*, sie sei dabei gewesen. Am nächsten Tag stellt sich raus: Ihr Name steht nicht im Protokoll der Sitzungen, ihr Staatssekretär hatte sie vertreten. Nehmen wir zu ihren Gunsten an, dass sie es wirklich nicht mehr wusste. In so einer brisanten Frage ist eine Behauptung ins Blaue eine Unprofessionalität, die sich eine Bundesministerin nicht leisten kann und auch keine Landesministerin oder andere Politikerin in Verantwortung. Spiegel hätte sich bei den Kabinettskollegen erkundigen müssen. Und solange die Antwort nicht doppelt gesichert ist, nicht antworten dürfen.

Diese Unprofessionalität hat aber auch eine andere, nettere Seite: Spiegel hat sich eine gewisse Arglosigkeit bewahrt. Wenn man strenger ist, kann man es auch Naivität nennen. Sie hat selbst erzählt, dass sie am Abend vor der Flut mit dem grünen Fraktionsvorsitzenden essen gegangen ist. Ein Detail, das man leicht ausschlachten kann. Sie hätte auch sagen können: Wir hatten eine Dienstbesprechung. Auch mit den vier Wochen Sommerurlaub hat sie selbst eine Flanke geöffnet. Hätte sie beschönigend gesagt, sie sei zwei Wochen und dann noch mal zwei Wochen im Urlaub gewesen, wäre das zwar dreist gewesen, aber auch nicht ganz falsch. Gut möglich, dass ein Berater es ihr empfohlen hätte. Aber sie hatte eben keinen.

Auch in ihrem Fernsehstatement, mit dem sie um ihr Ministeramt kämpft, zeigt sich diese Seite. Sie fragt nicht, ob es live gesendet wird. Sie macht sich entweder keine Gedanken über die Wirkung oder schätzt sie völlig falsch ein. Worüber sie vorher gar nicht reden konnte, ergießt sich nun völlig ungebremst in die Wohnzimmer: eine Welle aus Scham, Überforderung, intimen Details. Wer das sieht und noch nicht ganz zynisch geworden ist, leidet mit. Aber Mitleid ist in der Spitzenpolitik keine Kategorie.

Immer mal gibt es Aufrufe zu mehr Menschlichkeit in der Politik. Aber allzu Menschliches will auch keiner. Die Erwartung ist, dass Politiker nicht völlig aus ihrer Rolle fallen. Klatsch und Tratsch sind natürlich hoch im Kurs, Christian Lindners Hochzeit und Ähnliches. Aber auch jede »Homestory« über Politiker zum Anfassen ist in Wahrheit bis ins Letzte choreografiert. Es geht nicht darum, den Politiker zu zeigen, wie er ist, sondern ein Bild, das gut ankommt. Als Robert Habeck während der Koalitionsverhandlungen erzählte, dass er seit Tagen nur Müsli mit Wasser gegessen habe, war das schon grenzwertig. Zwischen nahbar und aufdringlich verläuft ein schmaler Grat. Spiegel hat ihn mit ihrer überbordenden Emotionalität deutlich überschritten. Und nicht mal dadurch kann sie den Eindruck ausräumen, dass die Aktion kalkuliert war, dass sie ihr Privatleben nur offenbart hat, um ihr Amt zu retten.

Die Geschichte von Spiegel hat eine ganz eigene Tragik. Das Verhalten in der Flutnacht, der Urlaub, das war alles nicht gut. Aber der Rücktritt wurde erst unausweichlich durch ihr seltsames Verhältnis zur Wahrheit: zu viel, wo die Professionalität weniger verlangt hätte, und zu wenig, wo Ehrlichkeit zwingend gewesen wäre. Keine der drei Hypothesen ist falsch, der Fall ist so vielschichtig, dass in gewisser Hinsicht alle auf Anne Spiegel passen. Und es gibt noch eine vierte Dimension: das Versagen der grünen Spitzenleute in Berlin, die Spiegel für die Bundesebene aussuchten, ohne genau zu wissen, was da in Mainz vor sich ging, die sich auch danach nicht mehr darum gekümmert haben. Als Spiegel zur Belastung wurde, haben sie sie fallen lassen. Habeck, Baerbock und die anderen haben das schnell abgeschüttelt, Spiegel wird die Sache wohl nie wieder loslassen.

»DAS WAR NEULAND«

Der Fall Tesla: Wenn Beamte sich was trauen

Elon Musk macht ein paar Disco-Moves, »I am in love with my car« dröhnt aus den Boxen. Es ist der 22. März 2022, die große Show in der Gigafactory in Grünheide. Der erste Tesla »Model Y« in funkelndem Schwarz rollt durch das letzte beleuchtete Stück der Fertigungslinie, Musk übergibt das E-Auto an einen Kunden. Die Menge jubelt, Kanzler Scholz ist da, Wirtschaftsminister Habeck, der brandenburgische Ministerpräsident Woidke. »Danke schön für alles, Brandenburg, Grünheide, Deutschland«, sagt Musk auf Deutsch.

Nur zwei Jahre und vier Monate vorher hatte sich der amerikanische Milliardär für den Standort in Brandenburg entschieden. Musk ist eine schillernde Persönlichkeit, er zieht Bewunderung auf sich, aber auch Hass, insbesondere nach dem Kauf von Twitter. Ein eiskalter Kapitalist und zugleich visionärer Geschäftsmann. In Grünheide wurde sein Plan rasend schnell Wirklichkeit – jedenfalls für deutsche Verhältnisse. Schon drei Monate nach Einreichen des Bauantrags begannen die Arbeiten an der Fabrik, der Kiefernwald wurde gerodet, 560 Betonpfähle in den sandigen Boden gerammt, und schon ist da der erste Tesla made in Grünheide. Der Bau des Berliner Flughafens, nicht weit entfernt, hat 14 Jahre gedauert.

Tesla ist zum Sinnbild dafür geworden, dass in Deutschland doch was geht. Dass die Behörden nicht nur Probleme sehen, sondern auch wegschaffen. So soll das auch beim Ausbau der erneuerbaren Energien laufen, Habeck fordert »Tesla-Geschwindigkeit statt Schlafmützigkeit«. Die Bundesregierung will die Planung von Infrastrukturvorhaben beschleunigen, die Zeiten möglichst halbieren. Beim Bau des Flüssiggas-Terminals in Wilhelmshaven ist das gelungen: Vom Antrag bis zur Eröffnung vergingen neun Monate, normalerweise müssen mehrere Jahre veranschlagt werden. Politiker, Behörden und Unternehmen, die das Terminal in Niedersachsen auf die Beine gestellt haben, haben sich vorher genau angeschaut, was in Grünheide gut gelaufen ist.

Brandenburg hat eine Taskforce eingerichtet, alle Akteure saßen an einem Tisch, andere Projekte wurden erst mal liegen gelassen. Aber es lag nicht nur an der Organisation, dass es so schnell ging, sondern auch an der Mentalität. Die Landesregierung wollte, dass das Werk entsteht. Deshalb hat sie nicht das volle Programm der Fehlervermeidungsstrategien gefahren, sondern sich selbst mal was getraut.

Das Landesamt für Umwelt hat Tesla schon vor der endgültigen Genehmigung erlaubt, mit dem Bau zu beginnen. Die Möglichkeit ist im Bundesimmissionsschutzgesetz vorgesehen, Tesla hat sehr konsequent davon Gebrauch gemacht. Wäre das Vorhaben später nicht genehmigt worden, hätte das Unternehmen die bereits errichteten Teile des Werks zurückbauen müssen. Auch die naturschutzfachliche Bewertung ging viel schneller, das ist die Prüfung, welche bedrohten Tier- und Pflanzenarten durch das Projekt ihren Lebensraum verlieren können. Normalerweise dauert es ein Jahr, bis ermittelt ist, welche Vögel in einem Gebiet nisten, mausern, eine Pause auf dem Weg nach Süden einlegen und so weiter. »Wir haben das bei Tesla anders gemacht«, sagt Axel Vogel, der brandenburgische Umweltminister. »Wir haben uns überlegt, was der maximale Schaden für bestimmte Tierarten sein könnte, und Lösungen gesucht, um ihn abzuwenden.« Reptilien wurden umgesiedelt, zwei oder drei Bäume, in denen Fledermäuse überwintern, wurden nicht gefällt.

Es ist ausgerechnet ein Grüner, der den Konflikt mit den Natur- und Artenschützern in Kauf genommen hat. Ein Teil der Umweltcommunity ließ sich besänftigen, schließlich gilt das Tesla-Werk als wichtiger Beitrag zur Mobilitätswende. Doch der NABU Brandenburg und die Grüne Liga wandten sich immer wieder an die Gerichte. »Wir sind ins Risiko gegangen«, sagt Vogel. »Es kann ja alles beklagt werden. Und wie ein Gericht entscheiden würde, wussten wir nicht. Das war Neuland.« Letztlich hat die Justiz die Genehmigung zum Bau der Gigafactory bestätigt.

Nummer sicher wäre aber gewesen, es so zu machen wie immer. Nummer sicher ist die DNA des deutschen Verwaltungswesens. Vor Jahren erzählte mir der Bürgermeister einer großen Stadt eine Geschichte, die auch Minister bestätigen können: Da hat man eine Idee und bittet sein Haus rauszufinden, wie sie sich umsetzen ließe. Zurück kommt ein Vermerk, in dem alle Schwierigkeiten und Risiken aufgelistet sind. Vorsicht und Vollständigkeit sind die Leitlinien im öffentlichen Dienst. Das kann eine lähmende Wirkung haben: Wer nichts macht, macht auch nichts falsch – dabei kann auch Nichtstun fatal sein.

Die Gefahr besteht, dass gute Ideen im Verwaltungsapparat zerrieben werden. Die Bürokratie will zeigen, dass sie keineswegs übersehen hat, dass man Paragraph 38b Absatz 5 auch anders lesen könnte, als die herrschende Meinung das vorgibt. Im Zweifel so, dass es schwieriger wird. Die Planfeststellung über die Elbvertiefung in Hamburg war 2590 Seiten lang. Ein ähnlicher Verwaltungsakt über die Fahrrinnenanpassung im holländischen Eemshaven hatte 58 Seiten. Insbesondere Juristen bilden sich auf ihre Gründlichkeit einiges ein, aber sie hat eben auch eine Kehrseite. Schon im Jurastudium liegt der Fokus auf den Problemen, nicht auf kreativen Wegen, sie zu umgehen.

Robert Kaltenbrunner kennt das. Er ist Abteilungsleiter im Bundesinstitut für Bau-, Stadt- und Raumforschung, seit 30 Jahren begleitet der studierte Architekt große Bauvorhaben. Hin und wieder schreibt er mal einen Zeitungsartikel. Etwa über den Bau der Tesla-Fabrik in Grünheide. In der *Frankfurter Rundschau* kann sich Kaltenbrunner dafür zwar nicht so recht erwärmen, aber er erkennt an, dass Musk durch seine »risikofreudige Entschiedenheit« ein spürbar höheres Tempo in die regionale Verwaltung gebracht hat. Dass sich ein Beamter mit seiner Meinung in die Debatte einbringt, ist schon für sich gesehen bemerkenswert. Dass er auch noch an die Verwaltung appelliert, den Mut aufzubringen, auch mal »ohne hundertprozentige Erfolgsgarantie zu agieren«, macht ihn zu einem interessanten Gesprächspartner.

Wir verabreden uns für ein Telefonat. Über die Verfahren bei Tesla will er nicht detailliert sprechen, eher über die Lehren daraus. »Wenn politisch etwas gewollt ist, dann geht es«, sagt er und wünscht sich, dass dieser Geist ansteckend ist. »Bei Großprojekten kann man nicht alles vorhersehen, da muss man sich immer darauf einstellen, dass unerwartete Situationen eintreten.« Und da sei es doch viel besser, »die Ärmel hochzukrempeln«, als zu versuchen, das Problem an irgendwen abzuschieben. Wenn Kaltenbrunner über die Verwaltung spricht, könnte man meinen, er warte höchstpersönlich seit drei Jahren auf seine Baugenehmigung und höre immer nur, er solle sich doch bitte gedulden. Er macht keinen Hehl daraus, dass die institutionelle Entscheidungsschwäche ihn nervt. Wenn zum Beispiel Beamte erst mal nach Argumenten suchen, weshalb sie nicht zuständig sein könnten.

»Die Bereitschaft, Fehler zu machen und offen damit umzugehen, ist unterentwickelt«, sagt Kaltenbrunner. »Das System ist reformbedürftig.« Allerdings sieht er auch, dass es gar nicht so einfach ist mit der Reform. Nicht einfach heißt aber nicht unmöglich. Er berichtet zum Beispiel, dass seine Abteilung Kommunen Geld bewilligt, bevor alle Rechtsfragen vollständig geprüft sind. Dann können sie schon anfangen, die Innenstadt zu erneuern oder was auch immer. Bescheid unter Vorbehalt heißt das. Dazu braucht es ein bisschen Mut. Den kann man nicht verordnen, sondern nur vorleben. Kaltenbrunner gibt sich Mühe. »Wenn etwas brenzlig werden könnte, will ich das wissen«, sagt er, »aber dann stärke ich meinen Mitarbeitern den Rücken.« Manchmal eckt er damit bei Kollegen an, er ist in dieser Hinsicht eben ein Exot. »Man muss schon bereit sein, auch Blessuren hinzunehmen«, sagt er und schiebt nach: »Ich bin jetzt 62 Jahre alt, und mehr als Abteilungsleiter will ich nicht werden.«

Es wäre ja auch denkbar, dass man Karriere macht, weil man sich was traut, nicht obwohl. Für dieses Ziel arbeitet Martin Fuchs. Der Kommunikationsberater wird in letzter Zeit vermehrt von Behörden und Institutionen engagiert, die ein »aktives Changemanagement« etablieren möchten, also das, was Kaltenbrunner in seinem Bundesinstitut tut. »Wer immer nur darüber nachdenkt, möglichst keinen Fehler zu machen, kann ja gar nicht innovativ sein«, sagt Fuchs. Der Rat an seine Kunden: »Beamte müssen Fehler machen können, die Hausspitze muss das fördern und vorleben.« Das wahre Problem sind aus seiner Sicht nicht die Fehler, sondern Fehlervermeidungsstrategien.

Fuchs erzählt vom Beta-Prinzip in der IT-Branche: Unfertige Produkte werden auf den Markt gebracht, die Kritik der Nutzer fließt dann in die Verbesserung ein. Das müsste auch in der Verwaltung möglich sein, meint er. »Warum nicht großangelegte Projekte in kleinen Pilotversuchen ohne große Planungszyklen ausprobieren und schauen, wie diese in der Realität funktionieren?« Pop-up-Fahrradwege zum Beispiel oder digitale Verwaltungsservices. »Bevor man alles jahrelang haarklein zu Tode plant, sollten Apps schneller ausgerollt und gemeinsam mit den Bürgern und Bürgerinnen im Livebetrieb optimiert werden.«

Frank-Jürgen Weise nickt. Die Idee von Pilotprojekten findet er gut. Der langjährige Spitzenbeamte hat selbst welche initiiert, bei der Bundesagentur für Arbeit zum Beispiel, die er 13 Jahre lang führte. Da gab es zum Beispiel die anonymisierten Bewerbungsverfahren. Das war ein Test, ob Menschen mit Migrationshintergrund schneller eine Stelle finden, wenn potenzielle Arbeitgeber gar keine Gelegenheit haben, sich von Vorurteilen leiten zu lassen. Das Projekt wurde wissenschaftlich evaluiert, das ist Weise ganz wichtig. Nicht einfach drauflos und dann mal schauen.

Das Nicken ist nur kurz, Weise sieht die meisten Dinge anders als Fuchs. Dass Fehlervermeidungsstrategien das wahre Problem sein sollen, das findet er ziemlich absurd. Weise, der jetzt Vorstandsvorsitzender der Hertie-Stiftung ist, kann die Polemik nicht ganz unterdrücken: »Mit Steuermitteln mal was ausprobieren? Das klingt mir sehr nach ›Jugend forscht‹.« Fehlerkultur passt aus seiner Sicht nicht in die öffentliche Verwaltung. »Die Bürger erwarten Rechtsstaatlichkeit. Was wäre los, wenn die Polizei meine Geschwindigkeitsüberschreitung misst, sich dann aber gar nicht sicher ist, wie schnell ich nun gefahren bin?« Ziel müsse eine »Null-Fehler-Qualität« sein, »was denn sonst?«

Auf dem Höhepunkt der Flüchtlingskrise war Weise Präsident des Bundesamts für Migration und Flüchtlinge. Das BAMF war damals in den Schlagzeilen, weil es so viele Fehlentscheidungen gab. Die Kritik findet Weise ungerecht, er berichtet von der Entwicklung der Fallzahlen vor 2015 und danach, sagt, dass das Amt darauf nicht vorbereitet war. Aber zeigt das Beispiel nicht, dass Fehler unvermeidlich sind? »Ja«, sagt Weise, »das stimmt. Das BAMF war fehleranfällig ohne Ende. Deswegen haben wir die Prozesse neu strukturiert, digitale Hilfsmittel eingesetzt, unsere Leute spezialisiert.« Er findet, dass in Deutschland vieles überreguliert ist. »Aber die Antwort darauf ist doch nicht Fehlerkultur. Das ist wie Wasser und Lampe, hat nichts miteinander zu tun.« Sein Fazit: Verwaltung braucht keine Fehlerkultur, sondern eine Fehlervermeidungskultur.

Hier sind wir wieder bei der Frage, was Fehlerkultur eigentlich ist. Meiner Meinung nach geht es nicht darum, Fehler zu idealisieren und Vermeidungsstrategien zu dämonisieren. Natürlich ist es gut, wenn Fehler nicht passieren. Die entscheidende Frage ist, ob ein Fehler überhaupt vermeidbar ist und, wenn ja, um welchen Preis er sich vermeiden lässt.

Wenn man an das japanische Zugunglück aus dem Jahr 2005 denkt, wünscht man sich, die Menschen würden nie wieder versuchen, ihren Plan perfekt zu erfüllen. Der Fall ist extrem, aber er gehört dazu, weil er zeigt, wohin Fehlervermeidung um jeden Preis führen kann. Auf der Schnellstrecke Tokio-Osaka betrug die durchschnittliche Verspätung über viele Jahre hinweg nur sechs Sekunden. Für die japanische Bahn war die Pünktlichkeit von größter Wichtigkeit. Eisenbahngewerkschafter berichteten dem *Spiegel* von einem »Klima der Angst«, Lokführer würden massiv unter Druck gesetzt, bei Verspätungen drohten Bestrafungen, darunter Demütigendes wie täglich Aufsätze zur Selbstbezichtigung schreiben oder Unkraut zupfen. Im April 2005 war ein Zug auf der Strecke 90 Sekunden hinter dem Zeitplan. Um das aufzuholen, bretterte der 23 Jahre alte Lokführer mit überhöhter Geschwindigkeit in eine Kurve, der Zug mit 580 Passagieren flog aus dem Gleis und auf ein achtstöckiges Haus. Mehr als hundert Menschen starben, 450 wurden verletzt. Der Fall ist eine Mahnung: Der Versuch, ein Ziel zu erreichen, kann deutlich schlimmer enden, als das Ziel zu verfehlen.

Mit großen Bauprojekten ist es in Deutschland so eine Sache. Sie sind immer umstritten, das war auch bei Teslas Gigafactory so. Zu viel Enthusiasmus der politischen Führung ist in dieser Hinsicht nicht hilfreich. Dass in Grünheide alles so schnell ging, dass die Landesregierung so gut mit Tesla kooperierte, aus Sicht vieler Bewohner war gerade das ein Problem. Die Politik und ein amerikanischer Milliardär dealen was aus, was die Bevölkerung denkt, interessiert die doch nicht – so lässt sich der Argwohn zusammenfassen. Eine Portion Antiamerikanismus steckt mit drin. Der hat viele Wurzeln, zum Beispiel die Spuren der Stasi, die in Grünheide zu DDR-Zeiten einen geheimen Standort hatte. Für die Akzeptanz der Autofabrik war es wichtig, dass die diversen Bedenken nicht einfach beiseitegewischt, sondern genau geprüft wurden. An diesem Punkt haben die Mühlen der Verwaltung durchaus ihren Sinn.

Trotz der politischen Zielsetzung der Landesregierung, mit Tesla einen bedeutenden Investor für Brandenburg zu gewinnen, galten natürlich für die Genehmigung des Werks die verschiedenen gesetzlichen Bestimmungen und Fristen. Diese Quadratur des Kreises musste Axel Vogel beim Bau der Gigafactory hinkriegen. Die Sendung *Frontal 21* hatte berichtet, dass sich die Beamten im Landesumweltamt unter Druck gesetzt fühlten, das Verfahren ganz schnell abzuschließen. Vogel sagt, er habe nie Druck ausgeübt. »Aber natürlich kann es Stress auslösen, wenn in der Öffentlichkeit immer neue Daten verkündet werden, wann das Werk spätestens eröffnet wird.« Der grüne Minister unterstreicht aber, dass die Beamten und Bearbeiter des Projektes erfahren und versiert waren, gründlich gearbeitet und ihr Bestes getan hätten, damit alles möglichst reibungslos und am Ende rechtssicher klappt.

Die Errichtung der Großfabrik in Grünheide war etwas anderes als der Bau eines gewöhnlichen Supermarkts. Aber am Ende war es keine neue Dimension von Bauen. Wenn dagegen wichtige Erfahrungswerte fehlen, ist die Ausgangslage schwieriger. Was wäre es für ein Fortschritt, wenn man Elterngeld oder BaföG mit ein paar Klicks auf dem Handy anmelden könnte, statt unzählige Unterlagen zusammenzusuchen und ans Amt zu schicken. Aber das ist unsicheres Terrain, es gibt noch viele offene Fragen: Welche Software ist sicher genug? Wie lassen sich digitale Schnittstellen schaffen, damit die eine Behörde sich bei der anderen die nötigen Informationen besorgen kann? Das wissen Verwaltungsjuristen nicht, und IT-Experten müssen da erst mal viel testen. Hier stimmt der Satz, dass es für die großen Aufgaben den Mut braucht danebenzuhauen. Albert Einstein hat es schöner formuliert: »Wer noch nie einen Fehler gemacht hat, hat sich noch nie an etwas Neuem versucht.«

Politiker haben allerdings keinen Blankoscheck, auch wenn sie sich in neue Felder wagen. »Fehler feiern« ist ein Slogan aus der Start-up-Szene und nicht mal dort stimmt er wirklich (siehe S. 162 ff). Mit Steuergeld dürfen die Politiker nicht leichtsinnig umgehen, mit der Geduld der Bürger auch nicht. Es ist gut, wenn Politik einen Versuch macht, aber er muss sorgfältig vorbereitet und das Für und Wider abgewogen werden.

Angela Merkel hat durch ihre Russlandpolitik den Nimbus verloren, die Meisterin der Fehlervermeidung und Sorgfalt zu sein. Doch das heißt nicht, dass ihre Arbeitsweise vollständig diskreditiert wäre. Gleich nach ihrer Wahl zur Bundeskanzlerin 2005 hat Merkel angefangen, in kleiner Runde am Sonntag die kommende Woche vorzubesprechen und jeden Morgen noch mal gezielt den jeweiligen Tag. Wie das genau abgelaufen ist, ist schwer zu recherchieren, Merkel hat von ihren engsten Mitarbeitern Verschwiegenheit verlangt und das gilt offenbar auch über die Amtszeit hinaus. Aber ein bisschen was ist doch zu hören: dass die Kanzlerin die Teilnehmer der Runde aktiv um Widerspruch zu ihren Ideen gebeten habe, sie sollten den Advocatus Diaboli spielen. Jeder, der ein komisches Bauchgefühl hatte, sollte es sagen. Sich von den eigenen Leuten Bestätigung abzuholen, ist angenehm. Deshalb tun das viele, aber Merkel wollte die Probleme aus unterschiedlichen Blickwinkeln erörtern, Risiken abschätzen. Und wenn sie zum Ergebnis kam, dass man die Sache trotzdem machen müsse, war sie zumindest besser auf die Kritik der Öffentlichkeit vorbereitet. Die Devise war, Fehler zu vermeiden, die sich vermeiden lassen.

Die FDP plakatierte 2017 den Slogan »Digitalisierung first, Bedenken second«. Gute Ideen nicht von den Bedenkenträgern zermahlen lassen, das war die Botschaft. Aber nicht jede Idee ist gut. Das Video »Orthograffiti«, das die Partei vor der Thüringen-Wahl 2019 veröffentlicht hat, gehört zum Beispiel nicht dazu. Zu sehen war ein Sprayer, der Rechtschreibfehler in Hassparolen verbesserte. Aus »Hail Hitler« wurde mit roter Farbe ein »Heil Hitler«, bei »fick die Polisei« machte er aus dem »s« ein »z«. Das Video, das die Agentur »Heimat« produziert hat, sollte dazu dienen, die Aufmerksamkeit auf den Bildungsmissstand im Land zu legen. Aber welches Problem soll gelöst sein, wenn junge Leute rechtsextreme Sprüche richtig schreiben? Nicht einmal der rechtsextreme Terroranschlag von Halle hat die FDP davon abgehalten, das Video kurz drauf zu veröffentlichen.

Die Reaktionen auf das FDP-Video waren so einhellig wie entgeistert. »Bedenken second« hat hier nicht funktioniert. Dass das Video verstörend ist und für den Wahlkampf schädlich, hätte die Parteispitze auch vor der Veröffentlichung sehen können, wenn nur einer Liberaler mal den Advocatus Diaboli gespielt hätte. Nicht jeder Fehler muss erst gemacht werden, um zu erkennen, dass es ein Fehler ist.

»IMMER NOCH MAL DRAUFTRETEN, DAS IST DIE MENTALITÄT VIELER MEDIEN«

Zwischen Pressefreiheit und journalistischem Jagdinstinkt

Gerade hat Olaf Scholz vorgerechnet, wie sich der Strombedarf in Deutschland entwickeln wird, dann geht es um den Oil Price Cap und Schröders Angebot, mit Putin zu verhandeln. Es ist die Sommerpressekonferenz des Bundeskanzlers am 11. August 2022. Er habe sich in seinem Urlaub gut erholt, sagt er und pariert die Fragen der Hauptstadtpresse routiniert und mit der üblichen Mischung aus Nüchternheit und Freundlichkeit.

Nur einmal in den knapp zwei Stunden wechselt er von nüchtern-freundlich auf nüchtern-kalt. Eine Frage zur Cum-Ex-Affäre in Hamburg. 2016, als Scholz noch Hamburger Bürgermeister war, hatte die Finanzbehörde darauf verzichtet, von der Warburg Bank die aus Cum-Ex-Geschäften erlangte Summe von 47 Millionen Euro zurückzufordern. Es hält sich das Gerücht, dass Scholz auf die Entscheidung der Finanzverwaltung Einfluss genommen habe. In der Bundespressekonferenz sagt der niederländische Journalist Rob Savelberg: »Nach Ihrer Anweisung durfte die Bank das geklaute Geld behalten. Das ist also eine Tatsache. Das sind Fakten. Das ist bewiesen.«

Scholz schaut hoch. »Das ist keine Tatsache«, sagt er. »Sie können sich darauf verlassen, dass ich nicht zu den Leuten zähle, die so was machen. Aber Sie würden diese Tatsachenbehauptung nicht erhärten können. Wenn Sie es müssten.« Der Moderator will den nächsten Fragesteller aufrufen, da fällt ihm Scholz ins Wort, fixiert Savelberg mit seinem Blick. »Sie würden sie nicht erhärten können, wenn Sie es müssten. Bedenken Sie das, wenn Sie so was sagen.«

Ist das eine Drohung mit rechtlichen Schritten auf offener Bühne? So haben es manche Oppositionspolitiker und Journalisten verstanden. »Pressefreiheit am Limit«, schreibt Serap Güler von der CDU auf Twitter. Wenn Politiker sich auch nur in die Nähe dieses Verfassungsguts trauen, wird es gefährlich. Die *Spiegel*-Affäre und die Ermittlungen gegen netzpolitik.org sind zu Mahnmalen der deutschen Mediengeschichte geworden.

Der Kontrollauftrag der Presse ist nicht staatlich, weshalb das Bild der vierten Gewalt ein wenig schief ist. Aber Journalisten, vor allem die investigativen, haben schon oft Missstände offengelegt, die keine staatliche Kontrollinstanz bemerkt hat. Gerade bei der Aufdeckung von Steuerbetrügereien haben sich Journalisten große Verdienste erworben, Panama Papers zum Beispiel.

Olaf Scholz hat in der Cum-Ex-Affäre immer beteuert, er habe ein »reines Gewissen«, die Vorwürfe gegen ihn seien »haltlose Schauermärchen«. Journalisten verstehen solche Sätze als Aufforderung, erst recht akribisch nach Anhaltspunkten für Fehlverhalten zu suchen. In dieser Angelegenheit tun sie das in einer Art informeller Kooperation mit dem Hamburger Untersuchungsausschuss. Die Abgeordneten haben seit Herbst 2020 Tausende Seiten Akten gelesen, Dutzende Zeugen vernommen. Es sind einige Merkwürdigkeiten ans Licht gekommen, allen voran die Erinnerungslücken des Kanzlers. Kann es wirklich sein, dass Scholz, der sonst immer alles weiß, sich an ein Gespräch mit dem von Existenzängsten geplagten Chef einer wichtigen Hamburger Bank nicht erinnert? Wirklich plausibel ist das nicht. Aber es gibt eben auch keine stichhaltigen Beweise dafür, dass Scholz politischen Einfluss auf die Finanzbehörde genommen hat. Und je länger die

Suche nach dem rauchenden Colt andauert, desto geringer ist die Wahrscheinlichkeit, dass er noch auftaucht – so er denn existiert.

In der Bundespressekonferenz sagt Scholz: »Ich habe keinen Anspruch darauf, dass irgendjemand mal sagt: ›Okay, zweieinhalb Jahre habe ich versucht, es herauszukriegen. Ich habe es nicht geschafft.‹ Aber ich gebe zu: Ich bin Mensch genug. Ich freute mich, wenn es der eine oder andere mal über sein Herz brächte.« Gegen Scholz wurden diverse Anzeigen wegen des Verdachts der Beihilfe zur Steuerhinterziehung gestellt, die Staatsanwaltschaft Hamburg sieht aber keine Anhaltspunkte für einen Anfangsverdacht und hat daher keine Ermittlungen aufgenommen. Behörden dürfen nicht ewig weiter nach Hinweisen suchen, das würde irgendwann unverhältnismäßig. Journalisten dagegen können graben, solange sie wollen, sie dürfen mutmaßen, dass doch was dran ist an dem Verdacht. Scholz hat recht, er hat keinen Anspruch darauf, dass ein Journalist sagt: »Ich habe es nicht geschafft.« Es ist auch nicht Aufgabe von Journalisten, Scholz eine Freude zu machen. Sie müssen misstrauisch bleiben, sich gegen jede Form der Vereinnahmung wehren. Nur dann können sie ihre Wächterfunktion erfüllen.

Aber das Hohelied auf die Pressefreiheit hat eine zweite Stimme, die oft überhört wird: die Verantwortung der Medien. Wenn sie fehlt, klingt es nicht richtig. Es gibt die Regeln des Presserechts und den Pressekodex, also die ethischen Standards, die sich Journalisten selbst gesetzt haben. Da steht zum Beispiel drin, was Medienvertreter beim Verdacht einer Straftat zu beachten haben, etwa dass es keinen »Medien-Pranger« geben darf.

Neben den geschriebenen Regeln gibt es noch eine andere Ebene, die mit dem englischen Ausdruck »accountability« am besten beschrieben ist: die Bereitschaft, sich seiner Verantwortung zu stellen und Rechenschaft abzulegen, das Bewusstsein der eigenen Macht und der sorgsame Umgang damit. Justiziabel ist das nicht, aber daraus lassen sich wichtige Verhaltensregeln für die Arbeit in Redaktionen ableiten, zum Beispiel das Vier-Augen-Prinzip (möglichst mehr als vier) für Texte, Überschriften, die Bilderauswahl. Dazu gehört auch, kritisch zu hinterfragen, ob ein Thema wirklich ein Thema ist und keine Kampagne. Und nicht zuletzt ein gewissenhafter Umgang mit eigenen Fehlern.

Eine neue Fehlerkultur in der Politik kann ohne kritische Presse nicht funktionieren. Kritisch ist hier in einem doppelten Sinne gemeint: gegenüber Politikern, aber auch gegenüber der eigenen Arbeit. Es wäre wohlfeil, von Politikern einen offeneren Umgang mit ihren Fehlern zu fordern und ihnen dann medial daraus gleich wieder einen Strick zu drehen. Medienvertreter dürfen nicht nachsichtig sein, aber sie verraten ihre Aufgabe, wenn sie sich nur noch von Klickzahlen antreiben lassen. »Bundeskanzler unter Druck« ist eine Schlagzeile, die gut funktioniert. Aber Verantwortung bedeutet, sie nicht allein deshalb immer wieder aufzuschreiben.

Der Kommunikationswissenschaftler Bernhard Pörksen beobachtet in Gesellschaft und Medien eine »Lust an der Demontage« und zugleich eine Sehnsucht nach einer Erlöserfigur. Verdammen und verherrlichen. Aus der medialen Logik folgt ein Teufelskreis, den er so beschreibt: »In der Kombination aus Beobachtungsdruck und Reaktionszwang, Authentizitätsverlangen und Perfektionssehnsucht programmiert diese Gesellschaft den politischen Burnout. Und sie züchtet, ob sie will oder nicht, den Typus des kleinmütigen, visionsfeindlichen, sich hinter Phrasen verschanzenden Angstpolitikers, den sie dann verachtet.«

Christian Schertz will nicht, dass Politiker vor Medien Angst haben. Er versteht es als seine Aufgabe, sie zu schützen und bei Angriffen zurückzuschlagen. Es ist ein merkwürdiges Gefühl, als Journalistin seine Kanzlei am Berliner Kurfürstendamm zu betreten. Der Berliner Promi-Anwalt grüßt freundlich, der Kaffee ist exzellent, aber er macht sofort klar, dass das Umfeld hier feindlich ist. »Immer noch mal drauftreten, das ist die Mentalität vieler Medien«, so lautet einer seiner ersten Sätze. Sein Büro ist riesig, eine ganze Nachrichtenredaktion würde hier reinpassen. Auf einer Anrichte lehnt Bölls *Die verlorene Ehre der Katharina Blum*, die Erzählung über eine Frau, die Opfer der Boulevardpresse wird. Schertz sitzt an einem gewaltigen Tisch, darauf stapelweise Akten mit rotem Deckel, alles Fälle, in denen Journalisten Fehler gemacht haben oder ein Mandant das zumindest so sieht.

Der Anwalt erzählt, wie oft und dreist Journalisten die Grenzen überschritten. Unerlaubte Urlaubsfotos, Berichte über das Intimleben von Promis, Geschichten über deren Kinder, da wirft sich Schertz mit Verve vor seine Mandanten. Schuld sei besonders schlagzeilenträchtig, jeder kleinste Fehltritt werde medial ausgeschlachtet. Seine Mission: »Fehler sind menschlich, aber dafür müssen Menschen nicht hingerichtet werden.« Für den Rechtsanwalt, so viel ist klar, sind Journalisten, jedenfalls die meisten, ziemlich miese Typen ohne Verantwortungsgefühl.

Hätte er Scholz geraten, gegen den Journalisten zu klagen, der die Anweisung an die Finanzbehörde in Hamburg als Fakt bezeichnet? Das sei klar rechtswidrig, sagt Schertz, Journalisten dürfen einen Verdacht nicht als erwiesene Tatsache behandeln. »Mitunter rate ich aber auch dazu, das auszuhalten.« Je nach Fall wirke es nicht sonderlich souverän, sogleich rechtliche Schritte einzuleiten. Es komme nämlich der unschöne Nebeneffekt hinzu, dass diese rechtlichen Schritte die Sache erst richtig groß machen können. Das hat man bei Scholz' Sommerpressekonferenz gesehen: Schon die Andeutung, dass er theoretisch gegen den Journalisten klagen könnte, brachte ihm den Vorwurf ein, übermäßig dünnhäutig zu sein.

Wolfgang Schmidt, Kanzleramtschef und Scholz' langjähriger Weggefährte, seufzt. Er weiß, wie das mediale Geschäft funktioniert. Eigentlich ist er bekannt für seine lässige Kumpelhaftigkeit, aber die Cum-Ex-Sache wühlt ihn auf. Ich konnte noch gar keine

Frage stellen, da rattert er zwanzig Minuten lang ohne Punkt und Komma seine Version dessen runter, was damals in Hamburg passiert sei, wie das rechtlich zu bewerten sei und was manche Journalisten draus gemacht hätten. Während seines Sommerurlaubs hat er an ein Investigativteam, das seiner Ansicht nach wüste Falschbehauptungen über Scholz aufgestellt hat, eine Mail geschrieben und alles noch mal haarklein aufgedröselt. Ausgedruckt sind es mehrere Seiten. Wird das irgendwas an der Berichterstattung ändern? »Nein«, sagt Schmidt. Und andere Journalisten übernähmen die Geschichten dann ungeprüft. »Sobald ein Verdacht erweckt wurde, haben Sie medial verloren.«

Das sei mit den Durchsuchungen im Finanz- und Justizministerium auch so gewesen, sagt er. Kurz vor der Bundestagswahl interessierte sich die Staatsanwaltschaft Osnabrück für ein Dokument, das in einem Verfahren gegen eine Einheit des Zolls hilfreich sein sollte. Später kam raus, dass die Ermittler es in Wahrheit schon hatten. In der Pressemitteilung der Staatsanwaltschaft war von einer »Durchsuchung« der zwei Ministerien, beide SPD-geführt, eins vom Kanzlerkandidaten Scholz, die Rede. Es klang so, als richtete sich die sogenannte »Razzia« gegen die Leitung der Ministerien. Dafür kann die Presse nun aber nichts. »Stimmt«, sagt Schmidt. »Aber über die Durchsuchungen wurde groß berichtet, darüber, dass ein Gericht später sowohl die Durchsuchungen als auch die irreführende Pressemitteilung für rechtswidrig erklärt hat, gab es nur kleine Meldungen.«

Das Problem gibt es tatsächlich. Es ist die Logik der Aufmerksamkeitsökonomie. Ein Verdacht lässt sich skandalisieren, seine Auflösung nicht. Wie das läuft, kann man an der Berichterstattung über die Ermittlungsverfahren gegen den grünen Bundesvorstand beobachten, der sich in der Pandemie selbst einen Bonus genehmigt hatte. Die Sonderzahlung passte perfekt in die Erzählung von Politikern, die sich selbst die Taschen vollmachen. Bei den Grünen kommt noch der Vorwurf der Doppelmoral dazu. Die perfekten Zutaten für einen Aufreger. Kurz nach Antritt der Ampel-Regierung kam das raus, von einem »fatalen Fehler« der grünen Spitze war in den Medien zu lesen. Die Justiz hat das Verfahren aber später eingestellt, der Anfangsverdacht hatte sich nicht bestätigt. In einem Gespräch mit den Parteivorsitzenden fragte Monate danach ein Journalist, was eigentlich aus der Sache geworden sei. Die Meldungen waren so klein, er hatte sie nicht mitbekommen. Und er war nicht der Einzige.

Im Durchsuchungsfall, auf den sich Schmidt bezieht, hält seine These einer Recherche aber nicht wirklich stand. In der *F. A. Z.* war die Entscheidung des Landgerichts Osnabrück der zweite Aufmacher auf der Seite eins, der *Tagesspiegel* widmete ihr eine substanzielle Nachricht auf der Seite 4, auch viele andere Zeitungen, Fernsehen und Radio berichteten darüber. In den Boulevardblättern aber war in der Tat wenig. Und sicherlich bleibt bei vielen Leuten hängen, dass da diese Durchsuchungen waren. Wird schon einen Grund gehabt haben.

Journalisten kriegen die Wut auch ab, wenn gar nichts falsch gelaufen ist. Oft sind sie nur die Überbringer der schlechten Nachrichten. Als Armin Laschet im Bundestagswahlkampf an der Basis der CDU an Rückhalt verlor und Journalisten berichteten, dass diverse Wahlkämpfer vor allem in Süddeutschland lieber kein Werbematerial mit Laschets Bild verteilten, ärgerte sich die CDU-Pressestelle über die Berichterstattung und unterstellte den Journalisten, einen Keil in die Partei treiben zu wollen. Das ist einfacher, als sich mit Ortsverbänden auseinanderzusetzen.

Wolfgang Schäuble erwartet von Politikern größere Souveränität. »Man muss eine gewisse Härte besitzen, wenn man in die Politik will, auch gegen sich selbst. Nicht empfindlich auf Kritik reagieren, sonst hält man nicht lange durch«, sagte er in einem *F. A. Z.*-Interview zu seinem fünfzigsten Jubiläum im Bundestag. Sein Rat: »Wenn man sich in die Öffentlichkeit begibt, muss man sich dessen bewusst sein, beobachtet zu werden. Das öffentliche Urteil ist nicht immer fair, aber wenn man die Hitze nicht aushält, sollte man aus der Küche rausbleiben.«

Das klingt leichter, als es ist. In den Gesprächen für dieses Buch habe ich nach den Erfahrungen mit der Presse gefragt. Viele Antworten begannen mit dem Satz: »Ich will ja keine Medienschelte betreiben, aber …« Es gibt unter Politikern das Gefühl, der Presse schutzlos ausgeliefert zu sein. Gegen eine Kampagne der *Bild*-Zeitung gebe es letztlich keine Handhabe. Und auch ansonsten müsse man jederzeit damit rechnen, bloßgestellt zu werden. Als Beleg dafür gilt ein umstrittenes *Spiegel*-Porträt über Peter Altmaier: Das sei die Quittung, die man bekomme, wenn man Journalisten zu nah an sich dranlässt. Ein *Spiegel*-Redakteur hatte Altmaier einige Wochen begleitet, herauskam ein voyeuristischer Text, der im Privat- und Intimleben des langjährigen Spitzenpolitikers herumstochert.

Wolfgang Kubicki von der FDP ist selbst eine Medienfigur, er weiß, wie er für sich einen Platz im Aufmacher organisiert. Und auch er sagt: »Journalisten sind wie Bluthunde. Wenn sie die Spur aufgenommen haben, jagen sie das Wild so lange, bis sie es erlegt haben.« Er selbst sei auch mal gejagt worden wegen angeblich überhöhter Honorare für die Beratung des Landes Mecklenburg-Vorpommern, später habe sich herausgestellt, dass er gar nichts falsch gemacht habe. »Aber in dieser Situation machte es gar keinen Sinn, sich zu wehren, das macht es nur schlimmer. Sie müssen erst mal raus aus der Öffentlichkeit.«

Immer mal wieder sprechen Politiker das Buch *Die vierte Gewalt* von Richard David Precht und Harald Welzer an. Das Echo ist geteilt, aber es gibt durchaus Zustimmung: Bisschen überspitzt vielleicht, aber da sei doch was dran, Medien müssten ja raus aus ihren roten Zahlen, deshalb skandalisierten sie, statt sauber zu recherchieren. Allerdings skandalisieren die beiden Autoren durchaus selbst. Sie stellen unterschiedliche Thesen auf, für jeden ist etwas dabei. Dass Journalisten übermäßig hart seien zum Beispiel. Da nicken viele Politiker. Oder dass Journalisten mit Politikern kungelten. Das ist ein anti-elitäres Narrativ, das bei Populisten beliebt ist und bei allen, die sich von »denen da oben« verraten fühlen.

Politik und Presse, das ist ein diffiziles Verhältnis und erfordert auf beiden Seiten Disziplin und Bewusstsein der eigenen Rolle. Man begegnet sich innerhalb des Berliner Quadratkilometers regelmäßig, in Pressekonferenzen, Hintergrundgesprächen, auf Empfängen und Dienstreisen, in Talkshows. Dann scherzt man auch mal, trinkt vielleicht ein Bier. Viele Politiker und Journalisten kennen sich seit Jahren, sind miteinander in wichtigere Positionen vorgerückt, die einen in der Partei, die anderen in den Medienhäusern. Oft weiß man voneinander auch ein paar persönliche Details. Und es kann passieren, dass die Kinder auf dieselbe Schule gehen oder im selben Fußballclub spielen.

Aber Medienleute sitzen »an der anderen Seite des Tisches«, so hat es der langjährige Büroleiter der *F. A. Z.*-Parlamentsredaktion Günter Bannas ausgedrückt. Die Blickrichtung ist eine andere, die Aufgabe auch. Sich das immer wieder klarzumachen, gehört zur Verantwortung der Medien. Man kann mal vertrauensvoll Informationen teilen, aber strukturell darf es kein Vertrauen geben. Auch Journalisten sind Wähler, aber im Professionellen müssen sie zum Gegenstand ihrer Berichterstattung stets Distanz wahren, also alles hinterfragen und überprüfen, was Politiker behaupten. Es gilt, Konflikte auszuhalten, auf journalistischen Prinzipien zu bestehen. Ein Interview, das im Zuge der Autorisierung komplett umgeschrieben wird, wird zum Beispiel nicht gedruckt. Die Distanz zeigt sich auch in manchen Äußerlichkeiten. Journalisten klatschen nicht, wenn Politiker gesprochen haben. Und meiner Meinung nach sollten sich Journalisten und Politiker nicht duzen (was aber längst nicht alle so handhaben). Man muss dem Vorwurf, in der »Berliner Blase« steckten Politiker und Journalisten unter einer Decke, nicht noch Futter geben.

Politiker versuchen immer mal wieder, Journalisten zu vereinnahmen. Manchmal geschieht das in netter Absicht, wie im Herbst 2022 bei der Verabschiedungsfeier von Cordula Eubel, die beim *Tagesspiegel* viele Jahre für die Berichterstattung über die Grünen zuständig war. Es waren auch Politiker geladen. Die grünen Fraktionsvorsitzenden Britta Haßelmann und Katharina Dröge haben ein gemeinsames Foto mit Eubel auf Twitter gepostet und sich für die »engagierte journalistische Arbeit« bedankt. Die beiden Politikerinnen haben offenbar nicht gemerkt, dass sie der Journalistin keinen Gefallen getan haben. Solche Bilder nähren den Eindruck unangemessener Nähe.

Das Vertrauen in die Medien entwickelt sich ähnlich wie das Vertrauen in die Politik. Es geht mal hoch und mal runter, auf die letzten vierzig Jahre bezogen ist der Trend fallend (wobei man berücksichtigen muss, dass sich das Medienkonsumverhalten stark verändert hat). 2015, im ersten Jahr der Flüchtlingskrise, gaben nur 28 Prozent der Befragten in einer Langzeitstudie der Universitäten Mainz und Düsseldorf an, den Medien »voll« oder »eher« zu vertrauen. Im selben Jahr bejahten in einer Umfrage von infratest dimap 20 Prozent die Frage, ob sie von »Lügenpresse« sprechen würden. Zu Beginn der Pandemie ging die Vertrauenskurve kurzzeitig nach oben. Aber bald gab es auf Corona-Demonstrationen Angriffe gegen Journalisten. Im Netz mehren sich die Shitstorms gegen Medienvertreter, besonders oft trifft es Frauen.

Politikverdrossenheit und politische Vertrauenskrisen haben dazu geführt, über Fehlerkultur in der Politik nachzudenken. Wenn wir eine mediale Vertrauenskrise ausmachen, stellt sich die Frage nach der Fehlerkultur in den Medien. Wie ist es darum bestellt?

Im Redaktionsalltag sind Fehler nicht immer zu vermeiden. »Zum Glück sind wir keine Fluglinie« – solche oder ähnliche Sprüche gibt es in allen Redaktionen. Politischer Journalismus ist ein schnelles und dynamisches Geschäft. Kurz vor der *Tagesschau* kommt eine Meldung über Schüsse auf der Straße rein. Ein Terroranschlag, Bandenkriminalität, das ist noch unklar – was sagt man in der Sendung? Eine Tageszeitung wird vormittags geplant, aber es ist nicht auszuschließen, dass kurz vor Redaktionsschluss noch mal alles umgebaut werden muss, zum Beispiel, weil eine Person der Zeitgeschichte gestorben ist. In solchen Fällen – und manchmal auch, wenn alles läuft wie geplant – wird es im Nachrichtenzimmer hektisch, mitunter auch laut.

Oft können Fehler noch korrigiert werden, kurz vor Andruck oder zumindest in einer späteren Ausgabe. Einige landen aber auch in der Zeitung, auf der Website, im Radio oder Fernsehen. Es können Rechtschreibfehler sein, falsche Begriffe (Waffenschein statt Waffenerlaubnis zum Beispiel) oder inhaltliche Fehler. Verärgerte Leser schreiben dann Briefe und beschweren sich. Es ist üblich, solche Schreiben zu beantworten, außer sie verfehlen ein Mindestmaß an Sachlichkeit. Unabhängig von Beschwerden müssen falsch dargestellte Sachverhalte in einer eigenen Meldung korrigiert werden. Das gehört zum Standard in Redaktionen.

Anders ist es auf der publizistischen Ebene. Hier ist Fehlerkultur weitgehend Fehlanzeige: Mit der größten Selbstverständlichkeit ändern Journalisten ihren Standpunkt, ohne dies kenntlich zu machen. Da graust man sich heute vor der »Massenüberwachung« durch Nachrichtendienste und übt morgen heftige Kritik daran, dass der Verfassungsschutz einen Extremisten nicht auf dem Schirm hatte. Das ist das Adenauer-Prinzip: »Was kümmert mich mein Geschwätz von gestern?«

Die Änderung des Standpunkts ist nicht das Problem. Dafür gibt es sogar gute Gründe. Dass Journalisten dazulernen zum Beispiel. Gerade im Online-Journalismus sind schnelle Bewertungen gefragt: Dann muss man schreiben, bevor man ausführlich recherchieren, alle Facetten des Themas beleuchten konnte – und hinterher stellt sich heraus, dass man einen entscheidenden Punkt übersehen hat. Oder die Wirklichkeit verändert sich und widerlegt die These des Leitartikels von vergangenem Monat. Aber Vertrauen in die Medien leidet, wenn notwendige Korrekturen nicht vorgenommen werden.

Journalisten haben gerne recht. Zur Grundausstattung für diesen Beruf gehört der Mut zur eigenen Meinung, vielleicht sogar ein Anflug von Selbstüberschätzung. Denn wer allzu demütig auf Politiker schaut, sich von der Fachkenntnis in den Ministerien einschüchtern lässt, kann ihre Arbeit nicht kommentieren. Es gibt allerdings Journalisten, die sich für die besseren Kanzler oder Minister halten – was sich gottlob nicht falsifizieren lässt. Je größer das Ego, desto peinlicher die Fehleinschätzung. Der Reflex ist dann ähnlich wie bei Politikern: bloß nicht drüber sprechen, vielleicht merkt es ja keiner.

Kritische Selbstbetrachtung ist relativ selten. Die *Zeit* hat drei Jahre nach Beginn der Pandemie Journalisten gefragt, wie sie ihre eigenen Positionen rückblickend einschätzen. Aber außer drei Kollegen und einer Kollegin aus dem eigenen Haus beteiligte sich niemand. Dieselbe Zeitung hatte schon einige Wochen nach Kriegsbeginn die Kommentierung in der deutschen Presse zu Russland untersucht. »Kritischer Journalismus heute hat nicht zur Voraussetzung, dass wir schon gestern immer richtiglagen. Die Aufgabe von Journalismus ist nicht Konsistenz, sondern Kritik, Neugier und Lernbereitschaft«, schreiben Anna Lea Jakobs und Heinrich Wefing. »Und doch müssen wir uns selbst befragen, schon um herauszufinden, wo unsere blinden Flecken sind.« Robin Alexander, stellvertretender Chefredakteur der *Welt* und eigentlich nicht bekannt für übertriebene Demut, hat seinen eigenen Irrtum benannt: Am 25. Februar 2022 bezeichnete er Steinmeiers und Merkels Russlandpolitik als gescheitert und fügte hinzu: »Auch der Autor dieser Zeilen hat diese Politik verteidigt.«

Der größte Medienskandal der vergangenen Jahre war der Fall Relotius: Der preisgekrönte Autor hatte große Teile seiner Reportagen und Interviews erfunden. Der *Spiegel*, der viele seiner Texte veröffentlicht hatte, entschuldigte sich öffentlich, ließ die Affäre von einer externen Kommission untersuchen und initiierte mit dem Heft *Sagen, was ist* selbst eine Debatte über Verantwortungsethik im Journalismus. Um sich aus der tiefen Vertrauenskrise rauszuarbeiten, setzte das Blatt auf das Prinzip Treiber der Aufklärung in eigener Sache.

Medien beobachten sich gegenseitig. Mit *Übermedien* gibt es ein eigenes Onlinemagazin für Medienkritik, auch in den Feuilletons wird eine innermediale Debatte geführt. Allerdings sind die gegenseitigen Eifersüchteleien da genauso störend wie die allgemeine Berauschtheit an der eigenen Bedeutung. Mehr nüchterne Selbstkritik wäre hilfreich – das ist kein Ausdruck von Kleinmut, sondern von Selbstbewusstsein.

»ES GING DARUM, MICH MUNDTOT ZU MACHEN«

Wie Karin Prien auf Twitter einen Tiefpunkt erlebt hat und warum sie trotzdem zurückgekommen ist

Es dauert eine Stunde und zehn Minuten, bis Karin Prien beschließt, dass es reicht. Es ist ein Freitagabend im Februar 2022, die schleswig-holsteinische Bildungsministerin liest in ihrer Timeline auf Twitter. Es gibt wieder Vorwürfe, dass sie Covid-Erkrankungen bei Kindern verharmlose. Seit einem Jahr geht das so, seit sie öffentlich gefordert hat, das Recht auf Bildung bei der Abwägung von Schulschließungen zu berücksichtigen. Eine Frau schreibt: »Wir haben in den letzten 4 Wochen 17 tote Kinder gehabt. 17 – in VIER Wochen.« Insgesamt seien 65 Kinder gestorben. Prien antwortet um kurz nach halb acht: »Bitte differenzieren: Kinder sterben. Das ist extrem tragisch. Aber sie sterben mit COVID_19 und nur extrem selten wegen COVID_19.«

Ein Shitstorm bricht über die CDU-Politikerin herein, gegen den alle bisherigen Beschimpfungen ein Lüftchen waren. Ein User schreibt: »Ich fordere Sie hiermit auf sich davon zu distanzieren, Kinder in wertes und unwertes Leben einzuteilen. Niemand mit ein bißchen Verstand wird diesen Tweet anders lesen und es ist geradezu grotesk, dies von einer Mutter dreier Kinder mit jüdischen Vorfahren zu lesen.« Erst vor ein paar Jahren hat Prien ihre jüdische Familiengeschichte öffentlich gemacht, ihre Mutter hatte sie immer davor gewarnt. Priens Großeltern waren vor den Nazis in die Niederlande geflohen, wo sie geboren wurde. Eine Großmutter und zwei ihrer Urgroßmütter kamen im Konzentrationslager ums Leben. Um Viertel vor neun schreibt sie: »Vor allem meinen Kindern würde ich diese Ungeheuerlichkeit gerne ersparen. Ich stecke als Politikerin viel weg, aber das ist ein echter Tiefpunkt.« So geht es nicht weiter, das steht jetzt fest.

Noch in der Nacht bittet der User auf Twitter um Entschuldigung, Prien nimmt sie an und schreibt dazu: »Ich bedauere meinerseits die Gefühle von vorerkrankten Kindern und ihren Eltern verletzt zu haben mit meinem Tweet, der dies mitnichten intendierte.« Aber damit dringt sie kaum noch durch. Der Hashtag #Prienruecktritt trendet das ganze Wochenende, es sind schreckliche Stunden für die Politikerin. Am Montag verbreitet ihr Sprecher die Nachricht, dass Prien ihren Twitter-Account vorläufig deaktiviere. Robert Habeck war schon drei Jahre vorher ausgestiegen, Kevin Kühnert entscheidet im Herbst 2022, jedenfalls vorübergehend nicht mehr mitzumachen. Dann gehen auch Saskia Esken und Stephan Weil. Jens Spahn lässt nur noch sein Team twittern.

Medizinisch betrachtet hatte Prien recht: Kindern ohne Vorerkrankungen kann Covid normalerweise wenig anhaben. Aber ihr Tweet wirkte nicht empathisch. Es ist furchtbar, wenn Kinder sterben. Punkt. Jedes »aber«, zumal in dieser Kürze, klingt nach einer Relativierung. Priens Tweet war ein Fehler, sie hat bei einem hochsensiblen Thema selbst zur Polarisierung beigetragen. In einer Podiumsdiskussion hätte ihr das jemand sagen können, sie hätte sich erklären können, das Missverständnis ausräumen. Aber im Schutz der Anonymität und angetrieben von Algorithmen bricht sich der Hass seine Bahn.

Bernhard Pörksen beschreibt die sozialen Medien als »digitalen Pranger«. In seinem Buch *Die große Gereiztheit* erzählt der Kommunikationswissenschaftler die Geschichte einer PR-Managerin aus New York, deren Leben sich durch einen missglückten Tweet veränderte, weil eine zornige Meute im Netz Rache nahm. Zu den Mustern der Empörungsdynamik gehört, dass niemand fragt, wie ein Satz gemeint ist. »Es ist die Ad-hoc-Anklage auf unsicherer Grundlage bei gleichzeitiger Sofortbestrafung, die hier wirksam wird – ohne geregeltes Verfahren, ohne die Möglichkeit des Einspruchs«, so Pörksen. Die selbsternannten Häscher stacheln sich gegenseitig auf: Wer traut sich, noch härter zuzuschlagen? Es ist Überbietungswettbewerb der Diffamierungen. Bei der Grünen-Politikerin Renate Künast ging das auf Facebook bis zu Vergewaltigungs- und Todesdrohungen.

Der Tiefpunkt, den Prien erlebt hat, ist Monate her, mittlerweile ist sie zu Twitter zurückgekehrt. Aber wenn sie von dem Abend erzählt, ist ihr der Schmerz noch anzumerken und auch die Wut. »Meine politische Mission war immer, Brücken zu bauen, auch die andere Seite zu verstehen. Aber Twitter funktioniert so nicht.« Seit dem Tweet damals sei es egal, was sie twittere, so Prien: »Es gibt eine gut organisierte Gruppe, die mir das Recht abspricht, mich überhaupt zu äußern.« Was sind das für Leute? Trolle? »Eine bunte Mischung«, sagt Prien, »Eltern vorerkrankter Kinder, Lobbyisten für Luftfiltergeräte, Menschen, die unzufrieden sind und ein Ventil suchen.«

Sie kommentieren jede von Priens Regungen. Ihre Aussagen werden aus dem Zusammenhang gerissen, bewusst falsch verstanden und dargestellt. Im November besucht die Ministerin zum bundesweiten Vorlesetag die Fröbelschule in Kiel-Gaarden und liest in einer Klasse aus der *Schule der magischen Tiere*. Das Bildungsministerium twittert ein paar Fotos. Als Reaktion gibt es viel Häme, so was wie »Die armen Kinder«, auch abschätzige Kommentare über Priens Aussehen. Ein Nutzer schreibt: »So magisch wie Schule in Schleswig-Holstein, wo seit gestern mit COVID infizierte Mitschüler fröhlich mit im Unterricht sitzen und andere, inklusive vorerkrankte Kinder, anstecken dürfen? Meine Verachtung ist grenzenlos für Ihre Entscheidung.« Er bezieht sich auf die Aufhebung der Isolationspflicht in dem Bundesland, ein Beschluss des Kabinetts, Prien hatte sich dafür gar nicht ins Zeug geworfen, aber für viele hier bei Twitter ist es Priens persönliche Entscheidung.

Warum tun Politiker sich Twitter an? Rund um die Uhr auf Sendung zu sein, davor warnen nicht nur Psychologen, auch Politikberater sehen die Dauerkommunikation skeptisch. Es gehe einfach zu viel schief, gerade wenn Politiker nachts spontan ihre Tweets absetzen, sagt einer. »Man kann mit einer Nachricht das Internet anzünden, und dann dauert es ewig, bis das wieder gelöscht ist.« Es gibt doch viele andere Wege, politische Inhalte unter die Leute zu bringen. Warum Twitter, Frau Prien?

»Am Anfang war das schon sehr reizvoll«, sagt sie. »Ich konnte mich mit Leuten austauschen, die ich sonst nicht treffe. Und ich fand es eine gute Übung, auf so wenig Platz eine differenzierte Position zu formulieren.« Prien hat mehr als 14 000 Follower, das ist viel für eine Landesministerin. Sie hat sich ins Getümmel geworfen, mit den anderen Usern diskutiert. Das kostet Zeit und Nerven, aber Prien sagt, es habe ihr Spaß gemacht. Und jetzt? »Twitter ist für mich noch immer ein wichtiger Informationskanal, deshalb bin ich zurückgekehrt.« Doch sie twittert viel weniger als früher. Heute sind es meistens Retweets, Meldungen aus ihrem Ministerium, hin und wieder mal ein Link zu einem Zeitungsartikel. Prien hat aufgehört, Debatten zu führen. »Twitter ist für mich kein Kommunikationsmittel mehr.«

Wäre das auf Mastodon anders? Prien zuckt die Schultern. »Wahrscheinlich gibt es da über kurz oder lang dieselben Probleme«, sagt sie. Seit der amerikanische Milliardär Elon Musk Twitter übernommen, die halbe Belegschaft entlassen und den Account von Donald Trump wiederhergestellt hat, verzeichnet das dezentrale Netzwerk Mastodon viele Neuanmeldungen, der Datenschutzbeauftragte Ulrich Kelber ist komplett umgezogen. Von einem

Massenexodus von Twitter kann aber keine Rede sein, die meisten Journalisten, Politiker und Behörden, die sich bei Mastodon angemeldet haben, führen ihre Twitter-Konten vorerst weiter.

Mastodon will so etwas sein wie der antikapitalistische Gegenentwurf zu Twitter. Netter Umgang statt Hetze, das verlangen manche Server sogar, bevor sie Zutritt gewähren. Aber wer weiß, ob das klappt? Wenn nicht, könnte das Problem noch größer sein als jetzt. Gegen rechtswidrige Posts auf Facebook und Twitter gibt es eine rechtliche Handhabe, das Netzwerkdurchsetzungsgesetz. In der Praxis ist da vieles schwierig, die Anwendung des Gesetzes ist etwa so sperrig wie sein Name. Aber auf Mastodon ist das Gesetz gar nicht anwendbar, solange das sogenannte »Fediverse«, die Föderation von Servern, keine Gewinnerzielungsabsicht hat. »Schlimmer als Twitter«, urteilte deshalb der Jurist und Autor Hendrik Wieduwilt kürzlich in der *F. A. Z.*

Martin Fuchs weiß, wie viel Hass und Hetze es im Netz gibt. Aber der Kommunikationsberater ist immer enttäuscht, wenn die Debatte über Social Media in eine kulturpessimistische Ecke driftet. »Das Netz ist auch ein offener, befruchtender, demokratiefördernder, sozialer und unterstützender Raum«, schreibt er in dem Buch *Demokratieverstärker*. Wie passt das zu den Erfahrungen von Prien und vielen anderen Politikern?

Fuchs ist am Telefon, um über Fehlerkultur zu sprechen. Meine These: Die hat keine Chance, wenn es kein Erbarmen gibt, und auf Twitter gibt es kein Erbarmen. Fuchs räuspert sich. »Doch, gibt es. Die sozialen Medien sind eine Chance für Fehlerkultur.« Er erzählt von Roderich Kiesewetter, einem Verteidigungspolitiker der CDU. Dieser hatte ein Video über den Blogger Rezo geteilt, in dem die These aufgestellt wird, Rezo verbreite mit seinem Video *Die Zerstörung der CDU* nicht seine eigene Meinung, sondern arbeite für einen Werbekonzern und werde dafür bezahlt. Als sich herausstellt, dass die Quelle äußerst dubios ist, schreibt Kiesewetter: »Ich habe einen großen Fehler gemacht, indem ich ungeprüft ein Video teilte, das offensichtlich falsch war. Nächstes Mal recherchiere ich erst, bevor ich etwas teile. Danke für die konstruktive Kritik! Entschuldigt bitte.« Er bekommt für diesen Tweet mehr als 11 000 Likes, viel Anerkennung und Dank. »So viel Aufmerksamkeit ist für einen Politiker aus der zweiten Reihe absolut krass«, sagt Fuchs. »Das Netz ist immer erbarmungslos? Von wegen!«

Er dreht die Sache um: Professionelle politische Kommunikation könne von der Netzkultur lernen, wie man mit Fehlern umgeht. »Auf Social Media wird viel hingerotzt, da wissen die Leute doch selbst, dass es nicht perfekt ist.« Das Fehlbare sei immer eingepreist. »Ich würde sogar sagen: Fehlerkultur ist ein Teil der Netzkultur«, so Fuchs. Die wenigsten Politiker würden von sich sagen, dass sie ihre Äußerungen »hinrotzen«, aber meistens muss es schnell gehen, da kann man nicht jedes Für und Wider abwägen. Fuchs' Tipp: »Wenn man seine Fehler klar kommuniziert, dann gibt es auch Zuspruch.«

Bei Prien hat das nicht funktioniert. Sie hat bedauert, dass sie die Gefühle von Kindern und Eltern verletzt hat, aber sie hat ihren Tweet nicht zurückgenommen. Warum nicht? »Weil meine Aussage richtig war«, sagt sie. Sie würde es beim nächsten Mal anders ausdrücken, aber in der Sache bleibt sie dabei. »Vielen, die über mich hergefallen sind, ging es einfach darum, mich mundtot zu machen. Ich habe beschlossen, mich nicht einschüchtern zu lassen.« Für Prien hieß das: bei ihrem Kurs in der Pandemie zu bleiben. Schleswig-Holstein hatte damals gerade entschieden, aus Masken und Tests an Schulen auszusteigen. »Ich habe für meinen Ansatz sehr viel Unterstützung bekommen, auch von Kinderärzten, Psychologen, Wissenschaftlern und vor allem von Eltern und Bürgern.« Die Aufregung auf Twitter habe es sonst nirgends gegeben, nicht in persönlichen Gesprächen, nicht bei öffentlichen Veranstaltungen. »Twitter ist eine eigene Welt«, sagt Prien.

Das Verhältnis zwischen Politik und sozialen Medien ist noch komplizierter als das zwischen Politik und den klassischen Medien. Es ist wie in einer dysfunktionalen Paarbeziehung: Es geht nicht mit und auch nicht so richtig ohne. Jens Spahn hat den Widerspruch beschrieben: Er habe »teilweise drei Shitstorms parallel« gehabt, sagte er dem Redaktionsnetzwerk Deutschland. Und trotzdem sei es »fast eine kleine Sucht« gewesen, in jeder ruhigen Sekunde in Twitter zu schauen.

Einerseits klagen Politiker einhellig über die Verrohung des Diskurses durch Social Media, darüber, dass jeder kleinste Fehltritt zum Skandal hochgejazzt wird. Armin Laschet ohne Maske im Flugzeug. Empörung! Der nimmt sich raus, wofür andere ein Bußgeld zahlen. Schnell ein Foto machen und der Twitter-Meute vorwerfen. Bei jeder Gelegenheit könnte jemand sein Handy zücken. Da steht neben der Politikerin gerade jemand, der den Gruß der Grauen Wölfe macht, sie merkt es nicht rechtzeitig. Und schon ist das Bild im Netz mit dem Zusatz: »Sympathien für die Rechtsextremisten?« Bereits 1992 forderte Hans Magnus Enzensberger »Erbarmen mit den Politikern«. Sie würden wie Insassen einer Anstalt »ständig überwacht«, schrieb er in seinem berühmt gewordenen Essay. Und dabei gab es damals noch nicht mal Smartphones, sondern nur Pressefotografen mit Akkreditierung.

Wenn soziale Medien aber einfach nur furchtbar wären, wären Politiker und alle, die nicht hassen und hetzen wollen, längst gegangen. Sind sie aber nicht. Durchschlagskraft in den sozialen Medien ist Kapital im politischen Betrieb. Medienpräsenz bedeutet Sichtbarkeit, und in den Augen der Wähler überträgt sich Sichtbarkeit in Wichtigkeit. Aydan Özoğuz erklärt: »Wir müssen uns ein Stück profilieren, sonst heißt es: Du machst ja nichts.« Die heutige Vizepräsidentin des Bundestags von der SPD war während der Flüchtlingskrise Integrationsbeauftragte der Bundesregierung. »Es war so viel zu tun, so viele Gesetze, ich habe kaum geschlafen. Aber ich habe nicht alles immer sofort rausgeblasen. Und schon sagen die Leute: ›Wo ist die eigentlich? Macht die irgendwas?‹ Dann reicht es, mit irgendwas in den Medien aufzutauchen und die Reaktion ist: ›Du bist ja wirklich aktiv‹.«

Die Anzahl der Follower gilt als Beweis für Popularität. Markus Söder hat auf einer CSU-Vorstandssitzung mal stolz berichtet, dass ihm auf Twitter, Facebook und Instagram zusammen rund eine Million Bürger folgten und alle anderen CSU-Kollegen, seien es Kabinettsmitglieder in Bayern oder Bezirksvorsitzende, weit abgeschlagen hinter ihm lägen. Er schreckt da aber auch vor nichts zurück, posiert mit Drillingen und Vierlingen, eröffnet das Weihnachtspostamt in Himmelstadt, bindet bei der Münchener Tafel eine Schürze um und verteilt freundlich lächelnd Lebensmittel an Bedürftige.

Politiker wissen genau, wie viel »Attentions« sie für einen Tweet bekommen haben. Das wird ausgewertet, eine Maßeinheit für Erfolg. Manche Reden im Bundestag klingen so, als seien sie vor allem für die Verwertung in den sozialen Netzwerken konzipiert, eine Aneinanderreihung »snippet«-fähiger Teile. Nancy Faeser hat Social Media gezielt eingesetzt, um ihre Bekanntheit zu steigern. Deshalb nutzt sie ihren Account als Bundesinnenministerin auch im Wahlkampf in Hessen. Warum auf die Follower verzichten? Fragt man Sozialdemokraten, ob es eine gute Idee war, die One-Love-Binde im WM-Stadion in Katar zu tragen, hört man vor allem diese Antwort: »Mehr als 42 000 Likes allein auf Twitter.«

Dasselbe Argument ist auch in einem brisanteren Kontext gefallen: Faeser hatte in ihrer Zeit als hessische Oppositionspolitikerin einen Gastbeitrag für eine linksextremistisch beeinflusste Organisation geschrieben. Das kam raus, als sie bereits Innenministerin war. Da sie die Fachaufsicht über den Verfassungsschutz innehat, der auch den Linksextremismus beobachten muss, war das schon etwas heikel. Faeser distanzierte sich nicht von ihrem Beitrag in dem Heft, sondern ging zum Gegenangriff über. Die Vorwürfe der *Jungen Freiheit*, AfD, *Bild*-Zeitung und von CDU-

Abgeordneten seien durchschaubar, schrieb sie auf Twitter. »Ich habe immer klare Kante gegen Rechtsextremismus und alle Feinde der offenen Gesellschaft gezeigt – und werde das auch weiterhin tun.« In den Sicherheitsbehörden schüttelten die Leute die Köpfe. Aber auf Twitter gab es fast 40 000 Likes.

Politiker posten in den sozialen Netzwerken ihre Adventskränze, ihre Katzen und Hunde, Bilder von ihren Blumenbeeten oder vom Waldspaziergang. So was soll ihnen einen »human touch« geben, es ist der Versuch, die Distanz zwischen Politikern und Wählern zu verringern. Die Reaktionen sind nicht immer vorherzusehen. Katharina Schulze, grüne Fraktionsvorsitzende aus Bayern, postete auf Instagram kurz nach Neujahr 2019 ein Foto von einem Eisbecher in Kalifornien. Es gab einen Shitstorm von der Sorte, die die Grünen oft bekommen: Doppelstandards, zu Hause alles verbieten wollen, aber selbst 19 250 Kilometer fliegen, wobei doch sieben Millionen Gramm Kohlendioxid entstehen. Im Eis steckte auch noch ein Plastiklöffel, User empörten sich, wie das denn zu den grünen Warnungen vor Mikroplastik in den Meeren passe. Aber Schulze erlebte auch eine Welle an Solidarität, unzählige Herzchen und Smileys unter diesem Foto. Es ist das Prinzip der Wechselwirkung: je mehr Hass, desto mehr Unterstützung.

Social Media wird aber auch genutzt, um originär Politisches unter die Leute zu bringen. Das trifft vor allem für Twitter zu. Karin Prien erzählt, dass ihr nach ihrem Ausstieg etwas gefehlt habe. »Ich habe sehr deutlich gemerkt, dass mir ein Kanal weniger zur Verfügung stand, ich musste viel bewusster Medienarbeit machen.« Pressemitteilungen seien »zu langsam und schwerfällig«, um sich in eine politische Debatte einzubringen, sagt Prien. »Da fehlt dann auch der Kontext. Die Dynamik auf Twitter ist ganz anders.« Eine Pressemitteilung des Ministeriums geht durch allerlei Filter, die Fachebene, das Pressereferat, denn eine offizielle Verlautbarung muss abgewogen sein, nicht impulsiv.

Für politische Entscheidungen sei die Pressemitteilung durchaus der richtige Weg, nicht Twitter, sagt Prien. Das beweist der Fall von Karl Lauterbach, der im Bundesgesundheitsministerium schon wiederholt Unmut hervorgerufen hat, weil er es einfach nicht lassen kann, über Twitter oder übers Fernsehen zu regieren. Er hat mit nächtlichen Tweets schon manche Verwirrung in der Corona-Politik gestiftet, einmal hat er in der Sendung von Markus Lanz überraschend eine Kehrtwende in der wichtigen Frage der Isolationspflicht verkündet.

Auch Robert Habeck hat sich mit seinem Ausstieg aus Twitter weniger leicht getan, als seine Analyse, Twitter mache ihn »aggressiver, lauter, polemischer und zugespitzter«, suggeriert. Sein Team diskutierte vor der Entscheidung, ob das zu viel Sichtbarkeit auf der politischen Bühne koste und wie er doch irgendwie zurückkommen könne, sollte die Abstinenz nicht durchzuhalten sein. Möglicherweise hätte er diesen Schritt nicht gemacht, wenn es nicht eine sehr elegante Lösung gewesen wäre, die Debatte von den peinlichen Wahlkampfvideos abzulenken. In dem Video vor der Landtagswahl in Bayern hatte er gefordert, die CSU-Alleinherrschaft zu beenden, damit man sagen könne: »Endlich gibt es wieder Demokratie in Bayern.« Keine drei Monate später versprach er in einem zweiten Video, »alles zu machen, damit Thüringen ein offenes, freies, liberales, demokratisches Land wird«.

Auf Twitter können Politiker selbst Sender sein. Auf ihren Webseiten und in ihren Broschüren konnten sie schon immer schreiben, was sie wollten, aber wer liest das schon? Die sozialen Medien eröffnen ganz neue Möglichkeiten. »Früher musste man versuchen, ein Zitat in einer Zeitung unterzubringen, heute lässt sich das manchmal mit einem Tweet erledigen«, sagt die SPD-Politikerin Özoğuz. Die Politiker, mit denen ich gesprochen habe, wollten aber alle den Eindruck vermeiden, die klassischen Medien seien nicht mehr relevant. Im Gespräch mit einer Journalistin ein verständlicher Reflex.

Friedrich Merz war da schon mal weniger taktvoll. Vor dem Aachener Karnevalsverein sprach er im Januar 2020 von der »Machtverschiebung zwischen denen, die Nachrichten verbreiten, und denen, die Nachrichten erzeugen – und zwar zugunsten derer, die die Nachrichten erzeugen«. Mit Blick auf Journalisten sagte er: »Wir brauchen die nicht mehr. Und das ist das Schöne. Sie können heute über Ihre eigenen Social-Media-Kanäle, über YouTube, Sie können ein Publikum erreichen, das teilweise die Öffentlich-Rechtlichen, auch die privaten institutionalisierten Medien nicht mehr erreichen. Wenn man das richtig nutzt, wenn man das gut macht, dann haben Sie über diese Kanäle eine Möglichkeit, Ihre eigenen Interessen wahrzunehmen, Ihre eigene Deutungshoheit auch zu behalten, über das, was Sie gesagt haben, in ganz anderer Form, als wir das früher gehabt haben. So, das ist die gute Nachricht der Digitalisierung.« Merz stellte nach Kritik klar, dass er die Bedeutung einer freien Presse nicht habe in Frage stellen wollen. Aber deutlich wurde schon, was ihm gefällt: In den sozialen Medien gibt es keine journalistischen Filter. Zitate autorisieren ist ja schön und gut, aber damit können Politiker den Grundtenor des Artikels nicht bestimmen, nicht verhindern, dass Experten zitiert werden, die widerlegen, was sie gerade behauptet haben.

Man fragt sich, ob sich Merz bewusst war, wessen Position er mit solchen Aussagen stärkt. Dass man Journalisten nicht mehr braucht, sehen auch Wutbürger so, die in den sozialen Netzwerken auf Politikerjagd gehen. Die klassischen Medien sind ihnen mittlerweile viel zu weichgespült. Vor allem über den öffentlich-rechtlichen Rundfunk werden Verschwörungstheorien verbreitet: Dass die Redaktionen die Anweisungen direkt aus dem Kanzleramt oder der grünen Parteizentrale empfingen zum Beispiel, und dass alles, was nicht ins linksliberale Weltbild passt, unter den Teppich gekehrt werden müsse. Ich selbst wurde auch schon als »regierungsnah« bezeichnet, als ich in einer Talkshow sagte, dass man nicht gleich von »Versagen« reden muss, wenn Politiker ihre Gesetze nachbessern.

Mit dem Siegeszug der sozialen Medien ist es auch für Menschen, die weder Politiker noch Journalisten sind, viel einfacher geworden, die eigene Meinung kundzutun. In der analogen Zeit war es vor allem anstrengender: Man konnte auf Demonstrationen gehen, Flugblätter drucken und verteilen, Leserbriefe schreiben und hoffen, dass sie auch veröffentlicht werden. Heute geht das mit dem Handy auf dem Sofa, und die Wirkung ist viel größer. Auf Twitter kann sich jeder als Journalist fühlen und Skandale enthüllen – auch wenn es vielleicht gar keine sind.

»DAS KAPITAL AN ERFAHRUNG DÜRFEN WIR NICHT VERSCHENKEN«

Warum die Start-up-Szene Fehler feiert

Es ist der große Hörsaal, rund tausend Plätze, die meisten sind besetzt. Hier werden Gründer gleich von ihren Misserfolgen berichten. Eine Fuck-up-Night, die vierte an der Goethe-Universität Frankfurt. Das Scheitern zelebrieren, um das Wiederaufstehen leichter zu machen, das ist die Idee. Sie kommt gut an, jedes Jahr sind es mehr Zuschauer und immer prominentere Gäste. »Der erste Speaker hat schon viel erreicht in seinem Leben«, sagt der Moderator, in der Hochphase der New Economy sei er aber auch schon mal gescheitert. Christian Lindner steht auf, Applaus.

»Ich habe zwei Unternehmen gegründet. Das eine war erfolgreich – und das andere war lehrreich.« Lindner lächelt, er merkt, dass er den richtigen Ton trifft. Noch als Schüler habe er eine Werbeagentur gegründet und sich bald schon seinen ersten Porsche leisten können, erzählt er. Drei Jahre später hatte er eine neue Idee und ein zweites Unternehmen. Moomax hieß es, es sollte Internet-Avatare auf den Markt bringen. Den Anfang machte eine virtuelle Päpstin, die ihre Osterbotschaft verkünden und zur Audienz einladen konnte. Viele hielten das damals für eine alberne Idee, aber man kann das Vorhaben als legitimen Vorgänger von Siri bezeichnen. Lindners zweites Unternehmen war größer und professioneller als das erste, auch ein Risikokapitalfonds ist eingestiegen. Es ging nicht gut, der Businessplan war nicht ausgereift, die Dotcom-Blase platzte.

»Die potenziellen Kunden hatten sich in Luft aufgelöst«, berichtet Lindner in Frankfurt, genauso die potenziellen Kooperationspartner, die Risikokapitalgeber, »es hat sich manches Depot in eine Deponie verwandelt«. Er musste Insolvenz anmelden. Und dann? Sich grämen, Finger weg von neuen Projekten? Nein, sagt Lindner. »Wir brauchen eine Kultur der zweiten, dritten, vierten, notfalls fünften Chance.« Die Jungunternehmer in Frankfurt sind begeistert.

Christian Lindner ist in diesem Hörsaal natürlich nicht nur Ex-Unternehmer, sondern auch FDP-Politiker. Es ist das Jahr 2016, Saure-Gurken-Zeit für die FDP, vor drei Jahren ist die Partei aus dem Bundestag geflogen, Lindner will alles dafür tun, dass sie 2017 wieder reinkommt. Auch hier geht es um eine neue Chance. Ein Termin jagt den anderen, die Gründer in Frankfurt schiebt er dazwischen, für einen FDP-Mann ist das eine gemähte Wiese.

»Diejenigen, die wissen, wie es nicht geht, sind auch diejenigen, die wissen, worauf es ankommt, damit es geht«, sagt Lindner. »Dieses Kapital an Erfahrung, Risikobereitschaft, Enthusiasmus dürfen wir nicht verschenken.« Meint er Unternehmensgründungen oder die FDP? In seinem Vortrag legt sich das eine über das andere. Eine Partei in der außerparlamentarischen Opposition, das ist ein bisschen wie ein Betrieb, der aktuell nichts verkaufen kann. Lindner hat für seine Partei gerade einen neuen Businessplan geschrieben, jetzt ist er auf Roadshow. Die Bundestagswahl in ein paar Monaten ist der Test, ob der Relaunch erfolgreich war. War er, die FDP kam auf 10,7 Prozent.

Die erste politische Fuck-up-Night hat erst sechs Jahre nach dem Abend an der Frankfurter Uni stattgefunden, im September 2022 in Berlin-Wedding. Die Start-up-Szene ist der Politik hier weit voraus. Fail Forward – so lautet ihr Slogan, also Scheitern und dabei nach vorne kommen. Oder einfach: Fehler feiern. »Was Start-ups (...) auszeichnet, ist, dass nicht die Angst vor falschen

Entscheidungen oder Fehlern regiert, sondern der Glaube daran: je größer der Fehler, desto größer das resultierende Learning«, so heißt es in der Einladung für eine Online-Schulung. Darina Goldin, Direktorin für Data Science bei dem Berliner Start-up Bayes Esports, ist überzeugt: »Das Schlimmste, was einer IT-Firma passieren kann, sind Entwickler*innen, die sich nicht trauen, Fehler zu machen. Das Zweitschlimmste sind Entwickler*innen, die Fehler sehen und ignorieren.« Christoph Seckler unterrichtet an der Berliner Privatuniversität ESCP junge Gründer und solche, die es werden wollen. Sein Rat: »Jeder Fehler enthält wertvolle Informationen und das Potenzial für Innovationen, die ein erfolgreiches von einem sehr erfolgreichen Start-up unterscheiden.«

Wieder was gelernt. Das könnten doch auch Politiker mal sagen. Wenn die Start-up-Szene recht hat und Fehler zu Innovationen führen, warum traut sich die Politik nicht, ihre Fehler zu feiern? Die Frage geht an Christian Lindner, er ist am Telefon. »Scheitern ist ja kein Selbstzweck«, sagt er, »deshalb darf man das auch nicht glorifizieren.« Man könne es ganz nüchtern fassen, erklärt er: »Scheitern gehört dazu, bei Gründungen und in der Politik. Es ist der Preis für Entscheidungen unter Unsicherheit.«

Ein gescheiterter Gründer hatte auf der Fuck-up-Night in Frankfurt gesagt: »Politiker dürfen keine Fehler machen, wir Unternehmer schon.« Gibt es in der Politik die Kultur der zweiten, dritten, vierten Chance, die Lindner damals in Frankfurt gefordert hatte? »Na ja«, sagt der Bundesfinanzminister, »schauen Sie auf die Geschichte meiner Partei: Wir sind 2013 an der Sperrklausel gescheitert und jetzt sind wir an der Regierung.« Und die Verluste bei den letzten Landtagswahlen? »Kein Vergleich zur damaligen Situation.« Damals sei es darum gegangen, die Partei völlig neu aufzustellen. Ein anstrengender Prozess: Gründe fürs Scheitern aufarbeiten, Konsequenzen ziehen, die eigene Rolle finden. »Die Leute merken, ob man es ernst meint. Wenn ja, ist Fehlerkultur ein Gewinn an Leadership«, da ist sich Lindner sicher.

Der FDP-Mann hat sich öfter mal beklagt, wie nachtragend manche Menschen seien. Er konnte im *Morgenmagazin* über Migrationspolitik sprechen, und hinterher fragte ihn ein Zuschauer, wie das Insolvenzverfahren von Moomax ausgegangen sei. Einmal machte er dem ganzen Frust Luft. 2015 war das, im Landtag von Nordrhein-Westfalen, Thema der Debatte war die Gründungskultur in Deutschland. Lindner sprach, ein SPD-Abgeordneter rief rein: »Damit kennen Sie sich aus?« Lindner setzte daraufhin zu der Wutrede an, die sich später mehr als eine halbe Million Menschen anschauten. »In der Tat, ich habe ein Unternehmen gegründet und dieses Unternehmen war nicht erfolgreich.« Er redete sich weiter in Rage. »Es sind meistens solche Sozialdemokraten, die das ganze Leben im Staat gearbeitet oder vom Staat selbst gelebt haben, die anderen unternehmerisches Engagement vorwerfen.«

Werden Sie immer noch auf Moomax angesprochen? »Nein, lange nicht mehr«, sagt Lindner. »Ich habe damit kein Problem. Mich hat nur irritiert, wenn meine unternehmerische Tätigkeit stets nur auf den Misserfolg konzentriert wurde, aber alle erfolgreichen Projekte ignoriert wurden. Gerade bei der Berichterstattung in Wahlkampfzeiten war das auffällig.«

Deutschland ist auf Fehler fixiert. Und Fehler werden nicht gefeiert, Fehler sind schlecht. In der Schule, in der Ausbildung oder an der Universität lernen wir, dass es bei der richtigen Antwort ein Lächeln gibt und eine gute Note, bei der falschen entnervtes Kopfschütteln und die Ermahnung, den Stoff nachzuholen. »Made in Germany« galt lange als Gegenbegriff zum Pfusch, Qualität bis zum letzten µ. Die CDU hatte 1957 den Wahlkampfslogan »Keine Experimente« erdacht, und der trifft auch heute noch das Lebensgefühl vieler Deutscher. Der Wahlerfolg von Olaf Scholz liegt vor allem darin, dass er den Wählern glaubhaft vermitteln konnte, dass er, der erfahrene Vizekanzler, weiß, wie es läuft und was zu tun ist.

Aber selbst Scholz kann nicht hellsehen, die Zukunft liegt hinter dickem Milchglas. Erst in der Rückschau lassen sich die Dynamiken und Disruptionen analysieren. Wenn Krise auf Krise folgt, wird es mit der vorausschauenden Politik noch mal schwieriger. Eine Regierung muss sich ad hoc auf die neue Lage einstellen, der Koalitionsvertrag wird weitgehend zur Makulatur. Die Ampel wollte moderne Gaskraftwerke bauen lassen und musste stattdessen die Kohlekraftwerke wieder anwerfen. Der Mindestpreis pro Tonne CO_2 sollte stetig erhöht werden, die Energiepreise waren so gestiegen, dass es dann die Gaspreisbremse und andere Entlastungen gab. Die Regierung wollte keine Waffen in Krisen- und Kriegsgebiete liefern, entschied dann aber, die Ukraine mit schwerem Gerät zu unterstützen. Sie hat sich vorgenommen, eine Kindergrundsicherung zu schaffen, aber wer weiß, ob dafür am Ende wirklich das Geld reicht.

Je unsicherer die Lage, desto mehr Entschlossenheit versuchen Politiker auszustrahlen. Die Bürger nicht noch nervöser machen, das ist dann das Ziel politischer Kommunikation. Ausrutscher vom Kaliber Thomas de Maizières sind selten: 2016 sagte er nach der Absage eines Fußballländerspiels, er könne auf Fragen zur Gefährdung nicht antworten. »Ein Teil dieser Antworten würde die Bevölkerung verunsichern.« Da war die Verunsicherung erst recht groß. Allerdings wirkt demonstrative Gewissheit oft aufgesetzt und dadurch unglaubwürdig. Und wer so tut, als habe er immer schon gewusst, was richtig und falsch ist, läuft Gefahr, Entscheidendes zu übersehen. Gerade in Krisenzeiten muss Politik flexibel sein: Gibt es noch andere Handlungsoptionen? Muss man die Linie womöglich korrigieren? Ohne eine innere Offenheit keine neuen Ideen, keine Innovation.

Die Start-up-Szene macht aus neuen Ideen Geld. Ein Start-up ist ein Experiment. Ein Gründer glaubt, dass eine Idee Zukunft hat und dass es dafür einen Markt gibt. Man kann den Glauben durch Fakten untermauern, durch Marktforschung zum Beispiel. Aber

Sicherheit gibt es nicht, die Möglichkeit des Scheiterns schwingt immer mit. Die nackten Zahlen sagen es noch deutlicher: Innerhalb der ersten fünf Jahre geben rund neunzig Prozent aller Gründer auf. Und die übrig gebliebenen zehn Prozent müssen ständig nachjustieren. Was gerade noch richtig war, kann im nächsten Moment falsch sein.

Start-ups sind nicht irgendeine Spielerei von Computernerds, sondern ein ernsthafter Wirtschaftszweig. Start-up-Gründer haben rund 400 000 Arbeitsplätze in Deutschland geschaffen, dazu kommen 1,2 Millionen, die indirekt an den Gründungen hängen. Nach Berechnungen von Roland Berger könnten 2030 bis zu 3,7 Millionen Menschen direkt in Start-ups und Scale-ups (das sind weiterentwickelte Start-ups) beschäftigt sein, die positiven Effekte auf die Gesamtwirtschaft noch nicht mitberücksichtigt. 2021 betrugen die Investitionen in die deutschen Start-ups 17,4 Milliarden Euro.

Hohe Professionalität und gleichzeitig hohe Risikobereitschaft, Ehrgeiz und gleichzeitig Fehlertoleranz, wie passt das zusammen? Christian Miele muss das wissen. Er ist Gründer, Start-up-Investor und Vorstandsvorsitzender des Bundesverbands Deutsche Start-ups, also so was wie der Cheflobbyist der Start-up-Szene.

Wir treffen uns im Café am Checkpoint Charlie. Miele steht schon in der Tür, er hat es nicht weit, sein Büro liegt direkt hier. Mit Anfang zwanzig hat er Todaytickets gegründet, eine Plattform für den Verkauf von Eventtickets. Es war ein Erfolg, nach ein paar Jahren hat ein spanischer Wettbewerber sie übernommen. Schon sein Urgroßvater Carl Miele hat gegründet, sehr erfolgreich, das kann man sagen. Die Firma für Haus- und Küchengeräte ist immer noch im Familienbesitz. Seit 2015 ist Christian Miele Start-up-Investor. Er ist jetzt Mitte dreißig, verwaltet ein Vermögen von rund vier Milliarden Euro. »We knew they were going to win, we just helped them win bigger«, so heißt es auf der Homepage, das klingt erst mal nicht nach Scheitern.

Feiert ihr wirklich das Scheitern, Christian? Die Start-up-Szene duzt. »Scheitern ist nicht das Ziel«, sagt er. Aber Scheitern sei die notwendige Voraussetzung dafür, dass er als Investor Geld verdienen kann. Das klingt paradox. Miele versucht zu erklären. Er malt auf einem Kassenbon zwei Kurven auf: die Gauß'sche Normalverteilung und dann eine Linie, die links auf der Y-Achse oben anfängt, ganz schnell runterrauscht und dann entlang der X-Achse vor sich hindümpelt. »So ähnlich sieht die Richterskala beim Erdbeben aus«, sagt er und zeigt auf die zweite Kurve. »Wir suchen die, die hier ganz oben sind, die durch die Decke knallen«, sagt er. »Aber für ein paar ganz wenige hier oben muss es ganz viele hier unten geben.« Das heißt: Wenn ein Großteil der Start-ups nicht scheitert, dann war Mieles Risikobereitschaft nicht hoch genug. Und ohne hohes Risiko keine hohe Rendite. Ein halbes Prozent seiner Start-ups fährt ungefähr die Hälfte der Gewinne ein.

Miele hat 300 Start-ups in seinem Portfolio, darunter die Dating-App Bumble und Lautsprechersysteme Sonos. Er ist Venture Capital Investor, er gibt auch Leuten Geld, deren Ideen alle anderen total verrückt finden, die von der Bank keinen Kredit bekommen würden. Gibt Miele seinen Gründern eine zweite, dritte, vierte Chance? Er nickt. »Die Wahrscheinlichkeit, dass du mit deinem ersten Start-up erfolgreich bist, ist sehr gering. Mit dem zweiten ist sie schon etwas höher.« Scheitern ist kein Schandmal. Aber wer gescheitert ist, muss erklären können, was schiefgelaufen ist, warum und was er oder sie beim nächsten Mal besser machen würde. »Klar, begnadete Storyteller haben einen Vorteil«, sagt Miele, also Leute, die die Geschichte ihres Scheiterns als Erfolgsgeschichte erzählen können.

Von den Gründern, denen Miele Geld gibt, erwartet er absolute Ehrlichkeit. »Wenn ein Venture Capital Investor und ein Start-up-Unternehmer sich zusammentun, ist das wie eine Ehe«, sagt er. Ohne Vertrauen ist der Aufbau eines Unternehmens nicht möglich. Wenn etwas schiefgeht, muss der Investor das wissen. Und es geht ständig etwas schief. Start-up-Unternehmer haben eine Idee, aber wie und ob sie funktioniert, müssen sie ausprobieren. Sie rennen gegen die Zeit, denn ihr Kapital schmilzt und schmilzt. Sie müssen den Dreh raushaben, bevor es ganz weg ist. Für die größte Gefahr gibt es den schönen englischen Begriff »Analysis Paralysis«, also eine Entscheidungslähmung durch übermäßiges Analysieren. Wer schnell entscheidet, haut auch mal daneben. Das ist ärgerlich, wieder Geld verbrannt. Aber solche Fehlschläge müssen Gründer und Investor abschütteln. »Vertrauen ist der Kleber, um immer wieder zusammenzukommen«, sagt Miele. »Dann kann man gemeinsam das Lenkrad ganz schnell rumreißen.«

Miele hat es selten erlebt, dass seine Gründer versuchen, eigene Fehler abzustreiten oder Schuld abzuschieben. »Aber das heißt nicht, dass sie einen besseren Charakter hätten als die Menschheit im Schnitt. Das ist ein antrainiertes Verhaltensmuster«, sagt er, »höchst rational.« Die Unternehmer müssen Schwierigkeiten möglichst schnell aus dem Weg schaffen. Je länger sie damit warten, weil sie das Problem verschweigen, desto größer wird es und desto geringer sind die Erfolgsaussichten des Start-ups. Und umso geringer der Gewinn, den Miele an seine Geldgeber weitergeben kann. Fehlerkultur, das ist hier eine Frage von roten oder schwarzen Zahlen.

Diese Perspektive ist deshalb so hilfreich, weil sie die Idee von Fehlerkultur entschlackt, vom moralischen Ballast befreit. Ihr unmittelbarer wirtschaftlicher Nutzen ist erkennbar, möglicherweise sogar messbar. Das Rezept für effektive Problemlösung in der Start-up-Szene, nämlich ein offener Umgang mit Fehlern im Verhältnis von Start-up und Start-up-Investor, lässt sich für die Politik fruchtbar machen. Es eins zu eins zu übertragen, wird nicht funktionieren, die Gesetzmäßigkeiten in der Politik sind andere: Es geht hier nicht ums Geldverdienen, sondern um das Gemeinwohl. Es reicht nicht, dass eines von zehn Projekten großartig ist, wenn die anderen scheitern. Es gibt keinen Venture Capital Investor, der sehenden Augen ein Risiko eingeht, es ist das Steuergeld der Bürgerinnen und Bürger.

Wenn man es nicht zu streng sieht, passt Christian Mieles Bild der Ehe aber durchaus auf Bündnisse in der Politik, etwa eine Koalition. Auch da sollte Vertrauen der Kleber sein. Zu Beginn der Ampel-Koalition sah es so aus, als könnte das gelingen. Als die drei Parteien im Oktober 2021 ihre Entscheidung bekannt gaben, Koalitionsverhandlungen aufzunehmen, sprach Christian Lindner mehr über den Stil der Gespräche als über deren Inhalt. Die Art der Sondierungen markiere »eine Zäsur in der politischen Kultur Deutschlands«. Wie SPD, Grüne und FDP miteinander umgegangen seien, sei von vielen Menschen im Land als ein Zeichen der Hoffnung gelesen worden, dass »ein neuer Aufbruch für unser Land« möglich ist.

Aber längst ist der Umgang der drei Parteien nicht mehr so, wie Christian Miele das von seinen Gründern erwartet. Die Koalitionspartner betreiben ständiges Foulspiel, machen einander öffentlich Vorwürfe. Die eigenen Vorschläge sind immer die besseren, an den Fehlern sind die anderen mindestens mitschuldig. Dieses Hickhack löst bei vielen Menschen Aversionen gegen Politik aus, gerade in Krisenzeiten. Ginge es nach Mieles Logik, müssten Politiker sich ausschließlich auf die Suche nach Lösungen konzentrieren, zum Beispiel: Wie findet man einen möglichst guten Kompromiss? Ohne das energiefressende Gerangel würde das sicher schneller klappen.

Teamgeist, ehrliche Problemanalyse, der Mut zu Innovationen: ein Stück Start-up-Mentalität würde der Politik guttun. Das betrifft auch die Darstellung nach außen, also das, was Miele »Storytelling« nennt. Was die Erzählkunst angeht, ist in der deutschen Politik noch viel Luft nach oben. Gemeint ist nicht, dass Politiker ihre Fehltritte zwanghaft in Erfolge umdeuten. Es geht darum, öfter mal von Erfahrungen zu berichten, aus denen sie gelernt haben, davon, dass Narben nicht schön sind, aber dass jeder, der sich einer Sache mit Leib und Seele verschreibt, früher oder später welche abbekommt. Und dazu zu stehen, dass auch ernsthafte Bemühungen danebengehen können.

»SCHNELL, SCHNELL, ZACK, ZACK UND WEG«

Wenn Angeklagte vor Gericht gestehen

Als Alfons Schuhbeck beim Spargelstechen hilft, ist die Welt noch in Ordnung. Eine langbeinige Frau in kürzesten Hotpants stochert im Feld und streckt dem Münchener Sternekoch ihren Po entgegen, er schaut erfreut hin. Im Kochbuch *Nur nichts anbrennen lassen* ist Schuhbeck das, was man in Bayern einen Gaudiburschen nennt. Die Rezepte über Speisen im Wasserbad werden mit einem Bild eingeleitet, auf dem eine nackte Frau im Waschzuber sitzt und sich von Schuhbeck den Rücken schrubben lässt. Das Buch ist 2005 erschienen. Vier Jahre später hat Schuhbeck mit der Manipulation der Kassen in seinen Restaurants begonnen, für die er nun drei Jahre und zwei Monate ins Gefängnis muss.

Der Angeklagte im Saal 134 des Münchner Justizpalasts hat nur entfernte Ähnlichkeit mit dem frivol lächelnden Mann auf dem Spargelfeld. Die Mundwinkel hängen, er ist schmal geworden, das blaue Jackett mit dem Einstecktuch ist ihm zu groß. »Ich stehe vor den Trümmern meines Lebenswerks«, sagt Schuhbeck. Ja, er habe in seinem Restaurant Umsätze wieder ausgebucht. Steuerhinterziehung ist das.

Auch vor Gericht gibt es die ganze Palette an Reaktionen: Angeklagte, die die Tat bestreiten, eine andere Person beschuldigen, vielleicht sogar dem Opfer eine Mitschuld geben. Angeklagte, die gestehen, weil sie auf eine geringere Strafe hoffen oder ihr Gewissen erleichtern wollen. Im Strafprozess läuft das alles nach strengen Regeln. Im Vergleich dazu sind Politiker, die sich vor der öffentlichen Meinung verteidigen müssen, auf freier Wildbahn. Vor Gericht hat ein Angeklagter das Recht zu schweigen. Es gilt die Unschuldsvermutung bis zum rechtskräftigen Urteil. Und zwar selbst dann, wenn der Täter die Tat zugegeben hat.

Juristen haben gelernt, zwischen Abscheu über eine Tat und der Frage nach verwertbaren Beweisen zu unterscheiden, sie richten nicht über die Person, nur über ihre Tat. Richter dürfen nicht berücksichtigen, ob der Täter sympathisch ist oder ein furchtbarer Typ. Justitia ist blind, das heißt unvoreingenommen, jeder soll die gleichen Chancen haben. Die Öffentlichkeit urteilt gefühlsgeleitet, die öffentliche Meinung deckt sich daher längst nicht immer mit dem Ergebnis der juristischen Prüfung. Trotzdem sind die Regeln des Strafprozessrechts eine wichtige Bezugsgröße für die politische Fehlerkultur. Das öffentliche Getöse, die aktuelle politische Debatte, das zufällige Zusammentreffen mit ähnlichen Fällen – das darf vor Gericht keine Rolle spielen. Wenn man das alles abschält, wird ein Gerüst sichtbar: Es ist der demokratische Konsens, wie wir mit dem Verdacht persönlicher Verfehlungen umgehen.

Als Schuhbeck im Gerichtssaal von den Trümmern seines Lebenswerks spricht, hat er noch einen kleinen Rest Hoffnung, dass es nicht ganz so schlimm kommen werde. Seine Verteidiger argumentieren, möglicherweise sei auch er, der Fernsehkoch, der Betreiber von Restaurants, einer Eisdiele und einer Kochschule, der Gewürzhändler und Freund des FC Bayern, betrogen worden. Diese Hoffnung zerschellt an Schuhbecks Mitarbeiter. Der legt alles auf den Tisch, erzählt, dass er ein Programm geschrieben hatte, mit dem sich im Kassensystem einzelne Rechnungen löschen ließen. Das Geld war also in der Kasse, aber nicht in den Büchern. Über sechs Jahre kommt die Staatsanwaltschaft auf rund 1200 verschwundene Rechnungen, laut Urteil des Münchener Landgerichts hat Schuhbeck insgesamt 4,2 Millionen Euro an Betriebseinnahmen zu wenig angegeben. Dazu kommen Verkürzungen, wie es im Fachjargon heißt, bei der Gewerbesteuer, Einkommensteuer und Umsatzsteuer. Insgesamt hat er Steuern in Höhe von 2,3 Millionen Euro nicht bezahlt und darüber hinaus Steuervorteile von 1,2 Millionen zu Unrecht erlangt.

Erst nachdem sein Mitarbeiter ausgepackt hat, gesteht Schuhbeck, und zunächst auch noch längst nicht alles, was gegen ihn vorgebracht wird. Ja, in dem Restaurant »Orlando« habe er dieses Tool eingesetzt. »Schnell, schnell, zack, zack und weg«, so sei das gewesen mit dem Löschen der Umsätze, genauer sagt er es nicht. Er wirkt überfordert – oder will er nur, dass es so wirkt? Ein paar Tage später ist klar, dass es auch in den »Südtiroler Stuben« nicht mit rechten Dingen zuging. Ja, sagt er nun, das sei auch er gewesen, kein fremder Dritter. Er bittet um Entschuldigung, dass er das alles nicht gleich »in der gewünschten Deutlichkeit« gesagt habe. »Es war keine Absicht, sondern meiner großen Belastung und meinen Ängsten geschuldet.« Schuhbeck ist 73 Jahre alt, er hat Angst vor dem Gefängnis. Am Schluss der Verhandlung sagt er: »Ich weiß, dass es falsch war, was ich getan habe. Ich kann es nicht ändern, ich kann nur versuchen, den Schaden wieder gutzumachen, und Verantwortung übernehmen.«

Schuhbeck ist tief gefallen. Das Bayerische Fernsehen hat die Kochsendung mit ihm abgesetzt, seine Restaurants gehören ihm nicht mehr, er hat Insolvenz angemeldet. Aber das hilft ihm vor Gericht nicht. Die Staatsanwaltschaft findet das Geständnis »schmal« und »taktisch motiviert«. Die Beweislast ist erdrückend, er hat sowieso nur bestätigt, was das Gericht schon wusste. Scheibchenweise nachgetragen, sobald es neue Beweise gab. Das hat die drei Richterinnen am Landgericht München nicht überzeugt.

Die Salamitaktik zahlt sich vor Gericht genauso wenig aus wie in der Öffentlichkeit. Schuhbecks Strafe ist im Vergleich ziemlich hoch. Ein paar Jahre früher saß Uli Hoeneß im selben Gerichtssaal, es war die gleiche Anklage, aber er hatte 28,5 Millionen Euro hinterzogen, rund zehn Mal so viel wie der Sternekoch. Hoeneß wurde zu drei Jahren und sechs Monaten Haft verurteilt, nur unwesentlich länger als Schuhbeck. Aber Hoeneß hatte sich selbst angezeigt, gestanden und den Schaden in voller Höhe ersetzt.

Auf Steuerhinterziehung steht eine Geldstrafe oder eine Freiheitsstrafe von bis zu fünf Jahren, in besonders schweren Fällen bis zu zehn Jahren. Der Bundesgerichtshof hat entschieden, dass bei einer Million Euro hinterzogener Steuern eine Bewährungsstrafe in der Regel nicht mehr in Betracht kommt. Aber dann bleibt immer noch eine ziemliche Spanne. Ein paar Anhaltspunkte für die Bemessung der Strafe stehen im Gesetz, zum Beispiel das Verhalten des Täters nach der Tat. Das Geständnis ist als Kriterium nicht ausdrücklich erwähnt, doch die höchstrichterliche Rechtsprechung hat seine strafmindernde Wirkung anerkannt. Hier ist der Mechanismus festgelegt, den wir in der Politik beobachtet haben: Wer einen Fehler zugibt, kommt besser weg.

Es gibt somit einen Anreiz zu gestehen. Richter und Staatsanwälte finden Geständnisse auch gut, sie ersparen ihnen Arbeit. Selbst wenn die Indizienlage eindeutig ist, kann es unbefriedigend sein, jemanden ins Gefängnis zu schicken, der seine Unschuld beteuert. Es ist klar: Ein Geständnis ist das gewünschte Verhalten. Aber in welchen Fällen gestehen Angeklagte? Wann ist es Taktik und wann echte Reue? Und macht das für die Wirkung überhaupt einen Unterschied?

Ali B. Norouzi ist der Mann für solche Fragen. Er ist seit 15 Jahren Strafverteidiger, Schwerpunkt Revisionsrecht, Honorarprofessor an der Humboldt-Universität. Die Frage, was ein Beschuldigter zu den Vorwürfen sagt, hat Norouzi jedes Mal auf dem Tisch, wenn er ein neues Mandat annimmt. »Es gibt den natürlichen Impuls von Beschuldigten, im Ermittlungsverfahren zu gestehen«, erzählt er. »Aber ich rate meinen Mandanten regelmäßig davon ab, weil man zunächst den Wissensstand der Ermittlungsbehörden kennen muss und ansonsten später womöglich keine Verhandlungsmasse mehr hat.«

Verhandlungsmasse? Im Strafverfahren muss das Gericht, so gut es geht, herausfinden, was passiert ist. Für eine Verurteilung muss die inkriminierte Tat mit an Sicherheit grenzender Wahrscheinlichkeit feststehen. Aber es stimmt, Angeklagte können mit dem Gericht und der Staatsanwaltschaft verhandeln, und zwar über das Strafmaß. Geständnis und im Gegenzug ein bisschen weniger Gefängnis: Das ist der berühmte »Deal«, der offiziell Verständigung im Strafverfahren heißt.

Mit dem Ursprung des Geständnisses hat das nichts mehr zu tun. Das Eingeständnis, Sünder zu sein, war mit der anschließenden Buße der einzige Weg zur Wiederversöhnung mit Gott und Kirche und damit zum Seelenheil. Historisch gesehen hat das Geständnis insofern eine interessante Karriere gemacht. Jens Andreas Sickor hat sie in seiner Habilitation auf fast 600 Seiten nachgezeichnet. Gott spielt vor Gericht heute keine Rolle mehr. Auch in bayerischen Gerichtssälen, in denen noch heute ein Kreuz hängt, werden Urteile im Namen des Volkes gesprochen.

Aber ist von der heilsamen Wirkung des Geständnisses gar nichts geblieben? Ist es nur noch ein taktisches Instrument? Angeklagten kann ihre Aussage helfen, mit ihren Schuldgefühlen besser klarzukommen. Die Auseinandersetzung mit der eigenen Tat hat auch präventive Aspekte: Wer sein Unrecht einsieht, wird es nicht wiederholen. Umkehr, so hieß das bei den mittelalterlichen Sendgerichten. Ein Geständnis kann auch für Opfer und Angehörige hilfreich sein, die Tat zu verarbeiten, im besten Fall bereitet es den Weg zur Versöhnung.

Norouzi nickt. »Aber das ist nicht meine Aufgabe. Ich bin dafür da, die Interessen meiner Mandanten zu vertreten, nicht eine allgemeine Erwartungshaltung zu erfüllen.« Vielleicht stellt sich nach der Beweisaufnahme heraus, dass erhebliche Zweifel bleiben, ob der Angeklagte wirklich der Täter ist. Schuhbeck hatte sicher gehofft, dass sein ehemaliger Mitarbeiter nicht haarklein alles erzählen würde. Das hat der ja auch nur gemacht, weil dafür ein Strafrabatt verabredet war. Ohne seine Aussage wäre die Beweislage viel dünner gewesen. Schuhbeck hätte die fehlenden Lücken wahrscheinlich nicht selbst gefüllt. Er hätte es jedenfalls nicht machen müssen, seine Verteidiger hätten ihm sicher davon abgeraten.

Nur so ehrlich wie unbedingt nötig, im Zweifel wegducken. Dieses Verhalten haben wir bei Politikern beobachtet, darauf fußt die These des Buches, dass Fehlerkultur in der Politik defizitär ist. Und im Strafprozess soll das das gute Recht von Angeklagten sein? Es ist ja sogar mehr als das: eine Frage der Menschenwürde. Aus diesem wichtigsten Grundrecht folgt, dass niemand gezwungen ist, sich selbst zu belasten und an seiner eigenen Verurteilung mitzuwirken, Nemo tenetur se ipsum accusare. Wer schweigt, darf deshalb keinen Nachteil haben, die Ausforschung des Innersten hat Grenzen.

In diesem Punkt folgt der Strafprozess seinen eigenen Regeln, sie haben mit der Idee von Fehlerkultur nichts zu tun. Die rechtsstaatlichen Grundsätze sind die Kehrseite des staatlichen Gewaltmonopols: Der Staat begegnet einem Angeklagten in einem Subordinationsverhältnis, verfügt über schärfste Instrumente zur Aufklärung eines Falls (etwa durch Telefonüberwachung) und zur Sanktionierung einer Tat, bis hin zu lebenslanger Freiheitsstrafe. Der Angeklagte kann sich diesem System nicht entziehen, aber in einem Rechtsstaat ist er nicht Objekt des Verfahrens, sondern ist durch eine eigene Stellung und eigene Rechte vor staatlicher Willkür geschützt.

Die Selbstbelastungsfreiheit ist eine Errungenschaft. Das Geständnis im Strafprozess hat eine düstere Geschichte. Im Mittelalter war das Geständnis die »Königin der Beweismittel«, regina probationum. Das klingt schön, war aber in Wahrheit schrecklich. Das Verfahren war ein reiner Inquisitionsprozess, in dem über allem die Findung der Wahrheit vor Gott stand. Wie bei Sickor nachzulesen ist, war der Beschuldigte rechtlich verpflichtet, zur Wahrheitsfindung beizutragen. In der Praxis hieß das, dass er gefoltert wurde, bis er das gewünschte Geständnis abgelegt hatte – was den Wahrheitsanspruch stark relativiert.

Nach der Peinlichen Gerichtsordnung Karls V. von 1532 (Constitutio Criminalis Carolina) konnte ein Angeklagter nur verurteilt werden, wenn er die Tat gestanden hatte oder zwei Augenzeugen sie bekunden konnten. Indizien reichten für die Verurteilung nicht aus, sie berechtigten aber zur peinlichen Befragung, wie die Folter genannt wurde. Das während der Folter abgelegte Geständnis war nicht verwertbar, es musste hinterher noch mal bestätigt werden. Aber wenn der Angeklagte widerrief, was er gesagt hatte, durfte er erneut gefoltert werden. Der Regelung lag die Vorstellung zugrunde, dass Gott dem Unschuldigen die Kraft verleihe, die Folter zu ertragen. Sogar wenn ein Angeklagter bereits überführt war, wurde noch ein Geständnis angestrebt. Der Hintergrund ist auch hier religiös: Selbst wenn das Todesurteil schon feststand, sollte die Seele des Sünders noch gerettet werden. Die Wende kam mit der Aufklärung. Friedrich der Große schaffte im ersten Jahr seiner Regierung in Preußen die »Tortur« ab (1740). In den Zwanzigerjahren des 19. Jahrhunderts wurden die Beweisregeln der Carolina durch die freie richterliche Beweiswürdigung ersetzt. Damit war der Weg geebnet für den Einzug von Rechtsstaatlichkeit ins Strafverfahren.

Fehlerkultur ist etwas anderes als eine justiziable Mindestgarantie, das besagt schon der Begriff der Kultur. Es geht hier um einen produktiven Umgang mit Fehlern, Voraussetzung ist die eigene Bereitschaft, Verantwortung zu übernehmen, sich der Öffentlichkeit zu erklären, um Vertrauen zu erhalten oder wiederzugewinnen. Fehlerkultur folgt nicht der Logik eines Über-/Unterordnungssystems, sondern hat etwas Dialogisches: Wie die Harvard-Professorin Kellerman beschrieb, bedeutet Fehlerkultur, dass Verantwortliche und Betroffene in einen Austausch treten, um ein Problem aus dem Weg zu räumen.

Trotzdem kann man die Historie des Geständnisses auch in unserem Kontext als Mahnung verstehen: es nicht zu übertreiben mit dem öffentlichen Druck. Wie wir gesehen haben, stellen manche Dynamiken in den sozialen Medien mittlerweile eine Form von Selbstjustiz dar, der Schutz der angeblichen oder tatsächlichen Missetäter ist daher auch hier ein Thema. Und ganz generell gilt: Angst ist keine gute Basis, um aus Fehlern die richtigen Konsequenzen zu ziehen.

Für Angeklagte ist Angst ein ständiger Begleiter. Deshalb sind die meisten Geständnisse nicht in einem engeren Sinne freiwillig. Aber es ist ja schon viel wert, dass sie nicht erzwungen sind. Mit öffentlichen Entschuldigungen von Politikern haben sie eins gemein: Es handelt sich um Inszenierungen. Der Gerichtssaal ist eine Bühne. Hauptverhandlungen sind öffentlich. Wenn Prominente auf der Anklagebank sitzen oder der Fall besonders blutrünstig ist, kommt die Presse. Und selbst im kleinsten Kreis haben Angeklagte ein Publikum: Richter und Schöffen, die auf jede Regung achten, jedes Wort auf die Goldwaage legen. Es ist die Aufgabe von Strafverteidigern, die Mandanten auf diese Situation vorzubereiten, die für die allermeisten eine krasse Ausnahmesituation ist. Ein Geständnis ist eine heikle Angelegenheit. Richter und Staatsanwälte haben Vernehmungstechniken gelernt, Angeklagte nicht. Anwälte haben daher immer Angst, dass sich ihre Mandanten um Kopf und Kragen reden. Um das zu verhindern, können Strafverteidiger eine Erklärung verlesen. Aber das Geständnis bietet auch eine Chance. Verteidiger Norouzi sagt, wenn möglich, versuche er sie zu nutzen. »Ich setze mich auch mit Mandanten vor einen Spiegel und übe die Mimik, die Betonung, wann der richtige Moment ist, die Angehörigen des Opfers anzuschauen.«

Schuhbeck hat im Münchener Landgericht die große Bühne. Er

ist nicht nur in der Rolle des zutiefst erschütterten Sünders zu sehen, sondern auch als Entertainer. Als die Vorsitzende Richterin ihn nach seinem Werdegang fragt, blüht er auf, seine Anekdoten sind gut, immer wieder lachen die Zuschauer, sogar die Richterinnen und Schöffen. Er spricht über Ingwer, sein Lieblingsgewürz, und berichtet, dass wir die Cheops-Pyramide dem Knoblauch zu verdanken haben, ohne den hätten die Arbeiter den Bau nicht geschafft. Schuhbeck kann das. Er gehört zu den »Starköchen«, die ständig im Fernsehen auftreten. Mit Johannes B. Kerner hat er das große Weihnachtsmenü gekocht, in der *Küchenschlacht* des ZDF probierte er die Speisen der Hobbyköche, es gab *Alfons & Ali – Genuss hoch 3*, Schuhbecks *Küchenkabarett* und vieles mehr. Schuhbeck, der Umtriebige, der sich für nichts zu schade ist. Seine Kinder sollten studieren können, sagt er, und dann schaut er wieder betreten zu Boden. Das wirkt menschlich, aus Sicht von Verteidigern ist das schon mal gut.

»Kennen Sie die Serie über O. J. Simpson?«, fragt Norouzi. »Da sagt der Verteidiger Johnnie Cochran: ›Evidence doesn't win the case, the narrative does.‹« Um zu gewinnen, muss man eine gute Geschichte erzählen, eine Alternative zur Anklagethese der Staatsanwaltschaft. Sie ist dann gut, wenn sie das abstrakte Böse begreiflich macht, aus dem Angeklagten einen Menschen, aus seiner hässlichen Tat die verzweifelte Flucht aus einer verfahrenen Lage. Das heißt natürlich nicht, dass er deshalb freigesprochen wird. Aber die Hoffnung ist doch, dass die Strafe geringer ausfällt, wenn Richter nachvollziehen können, wie es zu der Straftat kam. Das ist auch in der Politik so. Hätte Andreas Scheuer sich Mühe gegeben zu erklären, warum die Maut so gelaufen ist, wie sie gelaufen ist, wäre er wahrscheinlich nicht so beschädigt, letztlich ist er ja wirklich nicht allein verantwortlich dafür.

Bei Schuhbeck ist es die Geschichte der totalen Überforderung, die Geschichte des Mannes, der aus kleinen Verhältnissen kommt, dessen berufliches Leben mit einer Ausbildung zum Fernmeldemechaniker im Chiemgau begann, der gar nicht wusste, wie ihm geschah, als er plötzlich von einem kinderlosen Gastwirt adoptiert wurde, der ihm sein Restaurant vererbte. Und plötzlich war Schuhbeck Teil der Münchener Schickeria, hier ein Lokal, dort eins, Gewinne, aber auch Finanzlöcher, die drei Kinder, er wusste nicht, wo ihm der Kopf stand. Dann kam er auf Abwege, erst wollte er nur einen finanziellen Engpass überbrücken, das Geld später zurückzahlen. Dann hat sich die Sache verselbstständigt, für die Buchhaltung hat er sich nie interessiert, so ganz durchblickt hat er sie auch nicht. Und nun steht er vor den Trümmern und leidet. Hatten Schuhbecks Anwälte am Ende sogar die Idee, dass er sich dieses viel zu große Jackett anzieht, in dem er so verloren aussieht?

Norouzi hat jetzt eine Stunde erklärt, wie gute Verteidigung funktioniert, aber um Reue ging es noch nicht. Ist es für die Höhe der Strafe und die Sozialprognose nicht entscheidend, ob der Angeklagte aufrichtig bereut? Norouzi schüttelt den Kopf. »Reue spielt rechtlich gar nicht so eine große Rolle.« Er verweist darauf, dass die obersten Strafrichter am Bundesgerichtshof es gebilligt haben, wenn Tatgerichte die Strafe wegen eines Geständnisses gemildert haben, solange das Geständnis »zumindest auch« durch Reue und Schuldeinsicht motiviert war.

Norouzi findet das richtig, schon aus Gründen der Gerechtigkeit. »Das Maß an innerer Reue kann ja niemand messen«, sagt er. Angeklagte sind in der Hauptverhandlung wahrscheinlich so authentisch wie Kanzlerkandidaten beim Fernsehduell. Es kann ja auch sein, dass jemand wahnsinnige Schuldgefühle hat, aber sich für seine Tat so schämt, dass er sie bestreitet. Wie ein Geständnis rüberkommt, hängt sehr von der Persönlichkeit der Angeklagten ab. »Es gibt die großen Bühnentalente, und die, die aus Angst kein Wort rausbringen«, sagt Norouzi. Es wäre doch unfair, wenn die Verängstigten nur aufgrund schlechter Performance länger im Gefängnis blieben. Und für rechtsstaatlich höchst problematisch hält er es, wenn Angeklagte auf ihre Rechte verzichteten, um besonders reumütig zu erscheinen. In den Medien wird Angeklagten häufig die Schuldeinsicht abgesprochen, wenn sie gegen die Verurteilung in Berufung oder Revision gehen.

Für die Vermessung der Fehlerkultur in der Politik ist das ein guter Hinweis. Auch von Politikern, die einen Fehler zugeben, wird Reue erwartet. Kommunikationsberater üben mit ihnen Tonfall und Blicke. Es gibt Politiker, die gar nicht viel trainieren müssen, andere wirken einfach nicht demütig, so oft sie ihre Schuldgefühle auch beteuern. Fehlerkultur hat im Kern mit perfekter Inszenierung nichts zu tun. Deshalb darf man ihre Hülle nicht überbewerten.

»WENN MAN DIE BEICHTE INSTRUMENTALISIERT, MACHT MAN SIE KAPUTT«

Was die Kirche zu Sünde und Vergebung sagt

Es ist ein besonderer Moment, in dem Anna-Nicole Heinrich ganz beiläufig einen Satz sagt. »Ich würde vorschlagen, dass wir jetzt ein Lied gemeinsam singen. Wir stehen auf dazu.« Gerade ist die Debatte über die Friedensethik zu Ende gegangen. Es ist der zweite Tag der Synodentagung der Evangelischen Kirche in Deutschland im November 2022 in Magdeburg. Für kirchliche Verhältnisse ging es hoch her. Keine Beschimpfungen, aber doch eine deutliche Kontroverse über die militärische Unterstützung für die Ukraine. Heinrich, die Präses der EKD, hatte die Debatte geleitet und bittet nun um ein Kirchenlied von Eugen Eckert. »Meine engen Grenzen, meine eine kurze Sicht bringe ich vor dich. Wandle sie in Weite, Herr, erbarme dich.« In der zweiten Strophe geht es um die Ohnmacht, die beugt und lähmt.

»Das hat die Spannung gelöst«, sagt Heinrich, als wir uns ein paar Tage später in Berlin treffen. »Nach der Debatte haben wir eine Pause gemacht, und ich wollte nicht, dass wir mit einem schlechten Gefühl auseinandergehen.« Gemeinsam zu singen heißt natürlich nicht, dass der Streit gelöst wäre. »Es ging darum, dass wir uns noch mal bewusst machen, was uns verbindet.« Heinrich, jüngste Präses in der Geschichte der EKD, erzählt, sie habe sich vor dem

Lied kurz mit ihren Kollegen besprochen, ob »Meine engen Grenzen« nicht doch »too much« sei, der Wink mit dem Zaunpfahl. Aber dann fanden sie, dass es passte. Es ist ja auch ein Dilemma für die Kirche: Wie kann man Werkzeug des Friedens zu sein, wenn Krieg herrscht? Jesus Christus steht für Gewaltfreiheit, aber Gebete holen die russischen Kamikaze-Drohnen nicht vom Himmel.

Auf der Synode in Magdeburg hatte sich Landesbischof Friedrich Kramer, der Friedensbeauftragte der EKD, gegen Waffenlieferungen an die Ukraine ausgesprochen. Der Synodale Arnd Henze, Journalist beim WDR, hielt ihm vor, dass das keine pazifistische, sondern eine isolationistische Haltung sei. »Bruder Kramer, bitte argumentieren Sie nie wieder ›Andere mögen, wir nicht‹«. Auch Christian Stäblein, Bischof in Berlin, sagte, er habe bei Kramers Bericht »schlucken« müssen. »Wo stünde die Ukraine heute, wenn es nicht die europäische Solidarität in den ersten drei Wochen gegeben hätte? Das ist nicht durch die Empfehlung eines gewaltfreien Konzepts geschehen.« Karin Göring-Eckardt, Synodale und Grünen-Politikerin, argumentierte: »Es gibt keinen ungerechten Frieden, dann wäre es kein Frieden.« Ein Redner erwiderte, jetzt seien die Pazifisten »unter Beschuss«, eine Wortwahl, die andere aufregte.

Über das Für und Wider von Waffenlieferungen wird auch im Bundestag gestritten, in Talkshows, an Küchentischen und in der Kneipe. Die Auseinandersetzungen sind härter als in der evangelischen Kirche: Ukrainische Kriegsflüchtlinge werden in Leipzig als »Nazis« beschimpft, Sahra Wagenknecht von der Linkspartei wirft bei einer Rede im Bundestag der Bundesregierung vor, »einen beispiellosen Wirtschaftskrieg vom Zaun« gebrochen zu haben. Die Sorge vor Spaltung geht um, der Bundespräsident hält eine mahnende Rede mit dem Titel »Alles stärken, was uns verbindet«. Sind seine Worte das politische Pendant zum EKD-Gesang? Wenn ja, sind sie jedenfalls nicht so wirksam, man kann nicht sagen, dass Spannungen gelöst wurden. Anna-Nicole Heinrich lacht. »Na ja, ist ja auch ein unfairer Vergleich.«

Das stimmt. Aber man kann fragen, ob die Politik von der Kirche etwas lernen kann. Die Kirche ist Spezialistin, wenn es um Versöhnung geht. »Und zwar nicht nur die Versöhnung mit Gott, sondern auch der Menschen untereinander«, sagt Heinrich und zitiert eine Zeile aus dem Vaterunser: Vergib uns unsere Schuld, wie auch wir vergeben unseren Schuldigern. »Für mich bedeutet das, dass Gott uns unsere Schuld vergibt und deshalb auch wir zur Vergebung bereit und angehalten sind.« Dem Matthäus-Evangelium zufolge müssen wir nicht einmal vergeben, nicht siebenmal, sondern siebzigmal siebenmal, eine Chiffre für unendlich oft. Das, so Heinrich, war auch ihre Motivation für das Lied »Meine engen Grenzen«: sich gegenseitig zeigen, dass einem die eigene Fehlbarkeit bewusst ist. Das macht es auch leichter, anderen Synodalen eine Meinung nachzusehen, die man selbst für falsch hält.

Wenn es nach Prälat Karl Jüsten geht, sollte sich die Politik davon eine dicke Scheibe abschneiden. »Im politischen Betrieb gibt es kaum Vergebung«, sagt er. Die öffentliche Meinung kann erbarmungslos sein, das haben wir gesehen. »Sie legt den Maßstab fest, nach dem eine Person bestraft werden soll oder auch nicht. Bestimmte Geschichten hängen öffentlichen Personen ein Leben lang an.« Jüsten ist so was wie der Oberkatholik des politischen Berlin, er leitet das Katholische Büro in der Hauptstadt, er feiert zusammen mit dem Counterpart der EKD die ökumenischen Gottesdienste zur Konstituierung des Bundestags, er hat auch den FDP-Politiker Guido Westerwelle beerdigt. Zu Jüsten kommen, so viel verrät er, regelmäßig Politikerinnen und Politiker und sprechen über ihre Fehltritte.

»In der frühen Bundesrepublik gab es eine andere Fehlerkultur als heute«, sagt Jüsten. War sie besser? Da ist sich der Prälat nicht so sicher. Jedenfalls war die öffentliche Erregung nicht so groß wie heute. »Manches wurde eher unter den Teppich gekehrt oder vertuscht. Manchmal wurde aus Scham weggesehen. Fremdgehen oder auch eine Fahrt unter Alkoholeinfluss wurden verschwiegen und vergessen.« Die zunehmende Säkularisierung macht sich nach Jüstens Beobachtungen bemerkbar. »Während früher vielleicht noch der christliche Glaube der Maßstab für moralisches Verhalten war, sind es heute häufiger die Political Correctness und die Compliance-Kultur.«

Die Kirche ist schon lange nicht mehr die Instanz, die in Fragen von Schuld und Vergebung gesellschaftlich das letzte Wort hat. Ihr Einfluss sinkt, mittlerweile sind die Mitglieder der beiden großen Kirchen in Deutschland in der Minderheit. Die christliche Prägung verschwindet damit aber nicht, sondern bildet, gemischt mit anderen Einflüssen, das geistige Klima für politische und gesellschaftliche Debatten. Das kann man schon an der Sprache festmachen. Als Jens Spahn in seiner Funktion als Gesundheitsminister plötzlich in den Umfragen runterrauschte, sagte sein Parteifreund Armin Laschet: »Man kann hier wieder das alte Phänomen des ›Hosianna‹ und ›Kreuzige ihn!‹ in kürzester Zeit erleben.«

Die Erwartung, dass Fehler nicht vertuscht, sondern offenbart werden, hat einen religiösen Ursprung. Im mittelalterlichen Christentum ist das Geständnis der Sünden Voraussetzung für die Versöhnung mit Gott, die Buße markiert die Umkehr. »Wenn ein reuiger Politiker oder eine reuige Politikerin vor die Presse tritt, fühlt man sich an die öffentlichen Bußrituale erinnert, wie sie früher in der Kirche praktiziert wurden«, ist in einem Grundlagentext der EKD zu Sünde, Schuld und Vergebung zu lesen. Martin Luther kannte die Entscheidungszwänge, vor denen Menschen in Verantwortung immer stehen, das Dilemma, dass es so oft keine gute Lösung gibt, sondern nur die Wahl zwischen verschiedenen schlechten. Lieber nichts tun als das Falsche tun? Als seinen Mitreformator Philipp Melanchthon einmal der Mut verließ, soll Luther ihm geraten haben: »Sündige tapfer, aber glaube und freue dich umso tapferer in Christus.«

Um die Rahmenbedingungen politischer Fehlerkultur auszuloten, darf die Betrachtung der christlichen Dogmen daher nicht fehlen. Wobei es natürlich ein aussichtsloses Unterfangen ist, das zentrale Thema evangelischer und katholischer Theologie auf einen handhabbaren Nenner zu bringen. Wir bemühen uns um eine Annäherung.

In der christlichen Malerei des Mittelalters scheint die Sache ziemlich eindeutig zu sein: Die Erlösten in den Himmel, die Sünder in die Hölle. Besonders eindrücklich ist der »Weltgerichtsaltar« von Stefan Lochner, der in Köln im Wallraf-Richartz-Museum zu sehen ist. Jesus sitzt auf einem doppelten Bogen im Himmel, er wendet sich der Gruppe zu seiner Rechten zu, die von Engeln begrüßt ins Paradies einziehen. Zu seiner Linken kämpfen die Verdammten mit den Teufeln, die sie in den Höllenschlund werfen. Christliche Malerei hatte im Mittelalter ein pädagogisches Ziel: Die Messen wurden auf Latein gehalten, unverständlich für die Menschen. Nur wenige konnten lesen und schreiben, der Weg zur christlichen Lehre führte über Bilder.

Das Evangelium ist komplexer als die Darstellungen von Himmel und Hölle. Gott hat seinen einzigen Sohn am Kreuz geopfert, um die Menschen zu retten, er trägt die »Sünde der Welt«. Aber die Schwierigkeiten fangen schon mit der Definition des Sünders an. Jesus wendet sich den Ausgegrenzten zu, den Armen, Aussätzigen, Behinderten. Als sich die Pharisäer beschweren, dass Jesus zusammen mit »Zöllnern und Sündern« saß, erzählt er ihnen das Gleichnis vom verlorenen Schaf: Ein Hirte hat hundert Schafe. Als sich eines verirrt, lässt er die anderen neunundneunzig in der Wüste zurück, um es zu suchen, was ihm zu seiner großen Freude gelingt. »Ich sage euch: So wird auch Freude im Himmel sein über einen Sünder, der Buße tut, mehr als über neunundneunzig Gerechte, die der Buße nicht bedürfen.« Der reuige Sünder wird von Gott geliebt, und die Gerechten, die sich über die Sünder erheben, sie ausgrenzen, werden dadurch selbst zu Sündern.

Für Martin Luther reicht es für die Erlösung nicht, sich wie ein

Schaf nach Hause tragen zu lassen. Ein Sünder muss sich an Gottes Gesetz halten. In seiner Vorlesung über den Römerbrief 1515/1516 hat Luther den Sünder als Kranken beschrieben, der der Zusage des Arztes vertraut, wieder ganz gesund zu werden, und sich deshalb an dessen Anweisungen hält. Übertragen auf den Menschen heißt das für Luther: So sei er »Sünder und Gerechter: Sünder in Wirklichkeit, aber gerecht kraft der Ansehung und der gewissen Zusage Gottes, dass er ihn von den Sünden erlösen wolle, bis er ihn völlig heilt.« Er sei »vollkommen heil in der Hoffnung, aber in Wirklichkeit ein Sünder«.

Der Grundlagentext der EKD zu Sünde, Schuld und Vergebung ist vor ein paar Jahren erschienen, also rund 500 Jahre nach Luthers Vorlesung. Auch hier findet man diese Ambivalenz: »Die Welt, in der wir leben, steht nicht nur im Licht der Aufhebung der Sünde, sondern auch (noch) im Schatten ihrer Realität.« Im Schatten der Realität von Sünde zu leben kann man als Auftrag verstehen, sich der Sünde zu stellen. Fehlerkultur also.

Die christliche Form dafür ist die Beichte. In der evangelischen Kirche gibt es zwar keine Beichtstühle, aber das seelsorgliche Gespräch, das nach Darstellung der EKD in den vergangenen Jahren wieder zunehmende Bedeutung erlangt. Im Grundlagentext der EKD heißt es: »Das vergebende Wort befreit von der Last der Schuld und schenkt einen neuen Anfang.« Die Idee der Beichte ist gut: Im geschützten Raum spricht der Gläubige mit einem Geistlichen über seine Fehler und die Möglichkeiten der Wiedergutmachung. Der Beichtvater ist außenstehend und zugleich zugewandt. Das Beichtgeheimnis ist nach den kirchlichen Regeln unverletzlich, die Pflicht zur Geheimhaltung ist im weltlichen Recht abgesichert: Pfarrer können nicht gezwungen werden, vor Gericht auszusagen, sie machen sich nicht strafbar, wenn sie selbst schwerste Straftaten, von denen sie erfahren, nicht anzeigen. Das ist sozusagen ein formvollendeter »safe space«, wie es im Coachingjargon heißt, die ideale Bedingung für Fehlerkultur.

Klaus Mertes zieht die Augenbrauen hoch. »Was wir in Wahrheit erleben, ist doch eine unerträgliche Banalisierung der Beichte.« Der Jesuitenpater meint Beichtgespräche wie dieses: Der Gläubige sagt, er habe einen Tag krankgefeiert, der Pfarrer sagt, das seien drei Vaterunser und fünf Ave-Maria, dafür gibt es die formelhafte Lossprechung. »Das ist doch ein infantiles Ritual«, urteilt Mertes. Das Pendant in der Politik ist die Bitte um Entschuldigung aus taktischen Motiven. Wir haben die Fälle und auch die Grenzfälle analysiert, in denen Politiker ein paar Sätze des Bedauerns sagen, um einem Vorwurf den Wind aus den Segeln zu nehmen, das Thema schnell abzuräumen – und nicht, um sich einer Aufarbeitung zu stellen.

Mertes findet es falsch, in der Beichte eine Gelegenheit zu sehen, Schuld abzuladen. »Wenn man die Beichte instrumentalisiert, macht man sie kaputt. Und weil das so oft passiert ist, ist sie eigentlich schon kaputt.« Übertragen auf die Politik bedeutet das: Die taktische Nutzung der Entschuldigung macht die Fehlerkultur kaputt.

Die Beichte gilt als Schwundsakrament. Der Jesuitenpater Vitus Seibel aus München berichtete vor einigen Jahren dem Deutschlandfunk, dass er zu Beginn seiner priesterlichen Laufbahn täglich zwei Stunden im Beichtstuhl verbracht habe, vierzig Jahre später finde die Beichte nur mehr einmal pro Woche statt, Beichtstühle würden in manchen Kirchen als Abstellkammern genutzt. Es gibt Gemeinden, die nach neuen Formen der Beichte suchen, in lockerer Atmosphäre, weniger ritualisiert.

Für Mertes ist die Beichte nur ein erster Schritt. »Die Aufarbeitung endet nicht im Beichtstuhl, sie beginnt dort«, sagt er. Das heißt, dass sie außerhalb des Beichtstuhls fortgesetzt werden muss. Schwere Verbrechen könne man nicht intern regeln, das gehe nicht ohne Selbstanzeige bei der Polizei. Ein Punkt ist Mertes besonders wichtig: »Es kann nicht sein, dass Vergebung über die Köpfe der Opfer hinweg gesprochen wird.« Er hält es überhaupt für ein großes Missverständnis, dass das Christentum eine Wohlfühlreligion sei, in der sich alles um Vergebung drehe. »Gott straft, und das ist total wichtig«, sagt er. »Wenn Gott immer alles vergeben würde, was wäre dann mit den Opfern? Die Opfer wollen Gerechtigkeit.« Der Jesuitenpater erzählt, dass er über diese Frage anders denkt, seit er sich mit sexuellem Missbrauch und dessen systematischer Vertuschung in der katholischen Kirche beschäftigen muss.

Mertes war Schulleiter am Berliner Canisius-Kolleg, als die Vorwürfe öffentlich wurden, dass sich Mitbrüder in den Siebziger- und Achtzigerjahren an Schülern vergangen haben. Nun ist er seit ein paar Jahren im Ruhestand. Er sitzt auf dem Balkon des Ignatiushauses in Berlin-Charlottenburg, eine Art Jesuiten-Wohngemeinschaft, und trotzt der feuchten Kälte mit einem Becher Kaffee und einem Hoodie mit der Aufschrift »Jesuits«. Er ist hier der Superior, der Vorsteher der Gemeinschaft, kümmert sich um pflegebedürftige Mitbrüder, hin und wieder traut er ehemalige Schüler oder tauft ihre Kinder. Und er denkt an die Opfer. »Der Prozess mit den Opfern ist nicht abgeschlossen«, sagt er, »und er kann von Seiten der Kirche auch gar nicht einseitig abgeschlossen werden.«

Im Januar 2010 hatte er sich mit einem Brief an rund 600 ehemalige Schüler des Berliner Canisius-Kollegs gewandt und damit die Mauer des Schweigens, hinter der die Schandtaten jahrzehntelang verborgen waren, eingerissen. »Mit tiefer Erschütterung und Scham habe ich diese entsetzlichen, nicht nur vereinzelten, sondern systematischen und jahrelangen Übergriffe zur Kenntnis genommen«, schrieb er, und bat »alle betroffenen ehemaligen Canisianerinnen und Canisianer stellvertretend für das Kolleg um Entschuldigung für das, was ihnen am Kolleg angetan wurde«. Mertes weiß, dass der Schmerz und die Wut noch tief sitzen. »Die Kirche hätte so gerne, dass die Opfer verzeihen, dann wäre endlich wieder Frieden, die Öffentlichkeit wäre wieder ruhig«, sagt er. Aber diese Erwartung sei »völlig falsch«. »Damit bürdet man den Opfern die ganze Verantwortung auf.«

Seit der Missbrauchsskandal ans Licht gekommen ist, steckt die Kirche, vor allem die katholische, in einer tiefen Glaubwürdigkeitskrise. Kirchenleute sind jetzt nicht die, die Sünden vergeben, sondern die, die gesündigt haben. Es fällt der Kirche schwer, diese »Täterrolle«, wie Mertes es nennt, anzunehmen. Er spricht von »Institutions-Narzissmuss«, es gehe der Kirche nach wie vor nicht primär um die Opfer, sondern um sich selbst, den eigenen Ruf. Das sei der Verrat der Kirche an ihrer eigenen Idee. Dass der Jesuitenpater wegen solcher Aussagen manchen als »Nestbeschmutzer« gilt, bestärke ihn, auf dem richtigen Weg zu sein, sagt Mertes. Aber der Hass, der ihm von verschiedenen Seiten entgegenschlägt, der schmerzt ihn schon.

Während der schweren Missbrauchsfälle am Canisius-Kolleg war Mertes noch im Studium, er trägt keine persönliche Schuld dafür. Aber für ihn gibt es eine Verantwortung jenseits des Täterseins. »Ich stehe für die Institution. Das kann ich nicht abschieben.« Die Geschichte des kirchlichen Missbrauchsskandals ist eine Geschichte der Schuldabschiebung, die Aufarbeitung läuft schleppend. Mertes sieht darin nicht nur Ausdruck von Scham. »Es ist ein Versuch, die Rollen zu vertauschen«, sagt er. »Die Kirche will auf der Seite der Opfer stehen, nicht selbst Peinigerin sein.« Also versucht sie, die Täterrolle loszuwerden. Ihr Selbstverständnis ist durch die Vorwürfe erschüttert: Das Christentum ist in seinen Ursprüngen die Religion der Unterdrückten, soll ihnen Trost spenden, wenn die Peiniger zugeschlagen haben.

Mertes beobachtet Bestrebungen von Klerikern und Laien, die katholische Kirche selbst zum Opfer zu machen. Er hat einen Satz im Kopf, den Papst Benedikt zum Ende des Priesterjahres 2009/2010 gesagt hatte, als sich die Missbrauchsvorwürfe häuften: »Man könnte nun meinen, der Teufel konnte das Priesterjahr nicht leiden und hat uns daher den Schmutz ins Gesicht geworfen. Als hätte er der Welt zeigen wollen, wie viel Schmutz es gerade auch unter den Priestern gibt.« Demnach trägt der Teufel die Schuld.

Die Kirche ist nur das Opfer seiner verbrecherischen Machenschaften.

Wer nicht Täter sein will, kann auch nicht zu seinen Taten stehen. Deshalb hat Fehlerkultur auch mit der Frage zu tun, inwiefern es gelingt, das eingeübte Selbstverständnis kritisch zu hinterfragen. Es braucht die Bereitschaft, das äußere Bild beiseitezuschieben und in die eigenen Abgründe zu blicken. Das gilt für die Kirche ebenso wie für den politischen Bereich.

Politiker aller Parteien werben mit dem Versprechen, das Leben der Menschen besser zu machen, auch wenn die Rezepte unterschiedlich sind. Regierungsmitglieder schwören, ihre Kraft dem Wohle des deutschen Volkes zu widmen, seinen Nutzen zu mehren, Schaden von ihm zu wenden. Und dann fügen Politiker ihm doch Schaden zu, oft ohne Vorsatz. Auch eine falsche Einschätzung der Sicherheitslage kann dazu beitragen, dass Menschen zu Schaden kommen. In solchen Fällen klaffen Anspruch und Wirklichkeit auseinander. Das ist schwer auszuhalten, deshalb ist Vertuschung ein naheliegender Reflex. Aber ein gefährlicher, wie sich am Beispiel der Kirche beobachten lässt. Durch die systematische Vertuschung des Missbrauchs hat die Kirche ihre moralische Autorität verloren, die stark gestiegenen Austrittszahlen belegen den Vertrauensverfall. In dieser Hinsicht kann die Politik von der Kirche lernen, wie es nicht geht.

»ICH HABE ALLE STECKER GEZOGEN«

Wie Philipp Amthor sein Comeback einfädelt

Die Mikrofone sind auf Philipp Amthor gerichtet. Er spricht noch einmal, bevor er lange öffentlich nichts mehr sagen wird. Es ist der 19. Juni 2020 und der Tiefpunkt im bisherigen politischen Leben des CDU-Abgeordneten. Eigentlich sollte er an diesem Freitagabend bei der Landesvorstandssitzung in Güstrow noch eine Stufe höherklettern. Aber dann steht Amthor da und sagt einen Satz, den kein Politiker sagen will: »Ich möchte an dieser Stelle keine Belastung für die Partei sein.« Er habe entschieden, für das Amt des Landesvorsitzenden der CDU Mecklenburg-Vorpommern nicht zur Verfügung zu stehen. »Ich habe immer gesagt, dass man im Zweifel bereit sein muss, persönliche Ziele hinter das Wohl der Partei zu stellen.« Amthor schluckt einmal, dann tritt er monatelang nicht mehr öffentlich auf.

»Ich habe den Stecker gezogen«, erzählt er. Amthor sitzt in seinem Bundestagsbüro, hinter ihm im Regal stehen die großen Grundgesetz-Kommentare, mittendrin mit dem Cover nach vorn das Buch *Neue Zeit* von Friedrich Merz. Es gibt Kaffee aus schwarz-rot-gelben Bechern. Sein Bundestagsmandat hat er behalten, aber sonst hat er nach dem Auftritt in Güstrow alles abgegeben: den Aufsichtsratsposten beim amerikanischen IT-Unternehmen Augustus Intelligence, die Aktienoptionen; er hat seinen Sitz im Untersuchungsausschuss zum Breitscheidplatz freigemacht und arbeitet seither auch nicht mehr für die Großkanzlei White & Case. Alles runtergefahren. Nur in seinem E-Mail-Postfach war was los, viele unschöne Nachrichten, »Philipp, du Arschloch« hat noch zu den netteren gehört.

Das Leben von Philipp Amthor war bis zu den Enthüllungen über seine Lobbytätigkeit eine Aufsteigergeschichte, wie sie viele Menschen lieben. Amthor, der Sohn einer alleinerziehenden Mutter, die im Callcenter arbeitet, aufgewachsen in der Kleinstadt Torgelow in Vorpommern, nach dem Jurastudium mit 25 Jahren im Bundestag und kurz drauf in allen großen Talkshows des Landes. Klare konservative Kante, das kann er, aber auch austeilen gegen die AfD. Ausschnitte aus Bundestagsreden an die Adresse der Rechtspopulisten gingen viral (»Hören Sie mir mal lieber zu, dann können Sie nämlich noch was lernen über die Verfassung«).

In diesem schnellen Lauf nach oben war Amthor über die eigenen Füße gestolpert. Und da lag er erst mal. Man kann nicht sagen, dass die Parteifreunde sich sonderlich um ihn gekümmert hätten. Wahrscheinlich hat es Amthor sogar geholfen, dass die politische Konkurrenz so hart nachgetreten hatte, da mussten sich die eigenen Leute disziplinieren. Aber es wollte auch niemand etwas sagen, das nach einer Relativierung seines Fehlers hätte klingen können. Wolfgang Schäuble rollt noch heute mit den Augen, wenn er den Namen Amthor hört.

Amthor liegt nicht mehr am Boden, er ist aufgestanden. Er läuft wieder mit, das ist für ihn derzeit die Hauptsache. Der Ehrgeiz treibt ihn an, er trainiert, in der nächsten Runde hat er sich vielleicht schon ein bisschen weiter nach vorne gearbeitet.

Fehler dürfen nicht ohne Konsequenzen bleiben, aber Fehlerkultur heißt nicht, dass Politiker für immer verschwinden müssen. Selbst im Strafrecht heißt »lebenslang«, dass der Verurteilte nach 15 Jahren die Chance auf Freiheit bekommt. Das mediale und politische Stahlbad tut weh, kann allerdings auch lehrreich sein. Ohne eine zweite Chance läuft die Erfahrung ins Leere. Doch die zweite Chance hat keinen leichten Stand in der Politik. Die Dynamiken in den sozialen Medien haben wir schon betrachtet, zu fast allen Spitzenpolitikern gibt es auf Twitter den Hashtag #Mussweg und übelste Hetze. Die AfD hat diese Rhetorik in die analoge Welt überführt. Alexander Gauland hat vor einigen Jahren über Aydan Özoğuz, die damalige Integrationsbeauftragte, gesagt: »Wir werden sie dann auch, Gott sei Dank, in Anatolien entsorgen können.« Am Abend der Bundestagswahl 2017 kündigte er an: »Wir werden Frau Merkel jagen.«

Eine Rückkehrgarantie kann es nicht geben. Für die Frage der zweiten Chance kommt es auf den Fehler an. Je schwerer die Verfehlung, desto schwieriger wird es. Kaum vorstellbar ist ein Comeback nach Straftaten, vor allem nach solchen, die in der Bevölkerung besondere Abscheu hervorrufen. Das Verfahren gegen den SPD-Politiker Sebastian Edathy, der sich wegen Kinderpornografie vor Gericht verantworten musste, wurde zwar gegen Zahlung von 5000 Euro eingestellt. Aber so ein Vorwurf bleibt haften, aussichtslos, sich davon zu befreien.

Amthor ist nicht über eine Straftat gestolpert. Das war bei seinem Auftritt in Güstrow im Juni 2020 aber noch nicht klar, die Berliner Generalstaatsanwaltschaft befasste sich gerade mit dem Fall. Der *Spiegel* hatte einiges zusammengetragen, das ein schlechtes Licht auf Amthor warf. Bereits im März gab es einen Bericht über seine Tätigkeit für Augustus Intelligence. Aber erst eine Woche vor der Sitzung, auf der er zum Kandidaten für den Landesvorsitz gekürt werden sollte, zog sich die Schlinge enger. Es kam raus, dass Amthor im Herbst 2018 einen Brief auf Bundestagsbriefpapier an den damaligen Wirtschaftsminister Altmaier geschrieben und darin um politische Unterstützung für das IT-Unternehmen gebeten hatte. Ein halbes Jahr später wurde er dort Aufsichtsratsmitglied, bekam Aktienoptionen, hätte also selbst vom Erfolg des Unternehmens profitiert. Es gibt ein Foto, das ihn im Sommer 2019 in der Lobby eines Fünfsternehotels in Sankt Moritz zeigt, neben ihm Hans-Georg Maaßen, der frühere Verfassungsschutzpräsident, der politisch schon auf Abwegen war.

Jetzt wird eine andere Geschichte erzählt, die die Menschen genauso lieben: Die Geschichte des Jungen aus kleinen Verhältnissen, der nun in der großen Welt unterwegs ist, sich vom Glitzer und Glamour blenden lässt, vom Luxus verführen, der vielleicht ein politisches Talent ist, aber eben auch käuflich.

Es liegt nun mehr als zwei Jahre zurück, aber Philipp Amthor wird bei dieser Erzählung immer noch ärgerlich. »Ja, ich habe einen Fehler gemacht und dieses Kapitel war mir eine bittere Lehre«, sagt er und verweist darauf, dass er das auch direkt eingestanden hatte. »Natürlich ist nicht alles, was rechtlich möglich ist, auch politisch klug, aber den Vorwurf der Käuflichkeit weise ich entschieden zurück.« Er erklärt noch mal, wie es aus seiner Sicht wirklich war. Dass er bei seinem Brief an Altmaier nicht von irgendwelchen materiellen Aspekten, sondern von Überzeugung getrieben gewesen sei. Aber gegen »das Bild von Gier und Co.« komme man nur sehr schwer an. Eins ist ihm wichtig: dass er nie die Bodenhaftung verloren habe. »Nur weil ich meine Hemden mit Manschettenknöpfen trage, heißt das nicht, dass ich kein leidenschaftlicher vorpommerscher Raufbold für die einfachen Leute im ländlichen Raum bin. Ich bin mir für nichts zu schade.« Als das Foto aus dem Fünfsternehotel die Runde machte, glaubte ihm das kaum einer.

Seit seinem Fall tritt Amthor reumütig auf. Er hat sich tatsächlich über sich selbst geärgert, das tut er noch immer. Doch noch am Boden liegend, begann er mit der Planung seiner Rückkehr. Punkt eins dieses Plans: sich um die Leute kümmern, die ihm die Stange gehalten haben. Jetzt also nicht New York, sondern Ueckermünde, nicht Aufsichtsrat im IT-Unternehmen, sondern Bürgersprechstunde im Wahlkreis. Die Heimat kann helfen. In Mecklenburg-Vorpommern sind die Menschen nicht so streng mit ihm wie die in Berlin. Viele sind stolz, dass einer von ihnen es so weit gebracht hat.

Punkt zwei: inhaltliche Konsolidierung. Amthor hatte mit seiner medialen Präsenz etwas oberhalb seiner Gewichtsklasse gekämpft. Viel mehr als ein Jurastudium hatte er nicht zu bieten, als er in den Bundestag kam, und dann gab er all diese Interviews und diskutierte im Fernsehen über Abtreibung, Migrationspolitik und Polizeiarbeit. Die Öffentlichkeit sah ihm nach, dass da vieles mit heißer Nadel gestrickt war, er war damals der jüngste Abgeordnete im Bundestag. Aber diese Rolle nutzt sich schnell ab, das ist keine nachhaltige Strategie. Rückblickend sieht Amthor, dass es auch sein Gutes hatte, mal raus aus dem Scheinwerferlicht zu treten. Er habe endlich Zeit, sich die Dinge genau anzuschauen, sagt er. »Zeit am Schreibtisch ist für mich ja keine Pein.«

Der Boden wurde für den CDU-Mann etwas sicherer, als die Generalstaatsanwaltschaft Ende Juli 2020 mitteilte, dass sie keinen Anfangsverdacht für Bestechung oder Bestechlichkeit sehe, und das Verfahren einstellte. Zwei Wochen später kam auch von der Bundestagsverwaltung die Nachricht, dass es keine Hinweise auf Rechtsverstöße gebe. Er hatte alle Nebentätigkeiten ordnungsgemäß angegeben. Was Augustus Intelligence angeht, gab es damals noch eine Regelungslücke: Abgeordnete mussten den Besitz von Aktienoptionen erst dann transparent machen, wenn sie die Optionen mit Gewinn verkauft hatten. Amthor hatte das mit der Bundestagsverwaltung vor Beginn seiner Tätigkeit geklärt, inklusive schriftlicher Unbedenklichkeitsbescheinigung aus der Verwaltung.

Amthor fühlte sich ermutigt, sich wieder politisch einzubringen. Anfang September findet sich ein erstes Zitat von ihm in einer Zeitung: Nach der Vergiftung des russischen Oppositionellen Nawalny zeigte er sich offen für den Baustopp der Pipeline Nord Stream 2. Zu Hause in Mecklenburg-Vorpommern lief es ziemlich reibungslos. Im Oktober 2020 wurde er auf einer Mitgliederversammlung zum Direktkandidaten der CDU gewählt, kein Gegenkandidat, keine Gegenstimme, nur eine Enthaltung. Im März 2021 stabilisierten sich die Dinge für Amthor weiter. Dass er nicht Landesvorsitzender geworden war, hat ihm nicht geschadet, vielleicht eher geholfen, denn Michael Sack, den die CDU als Ersatzmann gefunden hatte, strahlt nicht. Der Landesparteitag wählte Amthor zum Spitzenkandidaten für die Bundestagswahl, er bekam 130 von 147 Stimmen. In seiner Bewerbungsrede sprach Amthor die Vorwürfe noch mal an, sagte noch mal, dass das ein Fehler war und er dazugelernt habe. Die CDU-Basis im Nordosten war versöhnt.

Aber im Wahlkampf holte ihn die Sache wieder ein. Politiker von CDU und CSU hatten durch die Vermittlung von Atemschutzmasken enorme Provisionen eingestrichen, aus einer Notlage Profit geschlagen. Das war für die Union sowieso schon ein Dämpfer. Für Amthor kam es doppelt schlimm, weil sein Name seither in einer Reihe mit Georg Nüßlein, Nikolas Löbel und Mark Hauptmann genannt wurde. Die Fälle sind nicht vergleichbar, aber auf Twitter trendete nun #SchwarzerFilz, der Bundestag verschärfte die Transparenzregeln für Abgeordnete, beschloss ein Lobbyregister. Auch Aktienoptionen wurden in diesem Zuge anzeigepflichtig, von »Lex Amthor« war die Rede. CDU-Kollegen wurden in jedem Interview, in jeder Talkshow auf Amthor angesprochen. »Natürlich hat es mich persönlich sehr beschwert, dass ich permanent in diese Negativschlagzeilen hineingerührt wurde. Und auch für die Partei war das alles andere als hilfreich«, sagt Amthor. Manche Parteifreunde hätten ihm das auch gesagt.

Die Bundestagswahl im September ging dann aus, wie sie ausging, nämlich schlecht für die CDU. Die Partei verlor in Mecklenburg-Vorpommern alle Direktmandate. Amthor, der noch vier Jahre zuvor mit 31,2 Prozent gegen die AfD gesiegt hatte, kam jetzt nur noch auf 20,7 Prozent, hinter SPD und AfD. Die Quittung. Aber seine Hoffnung war, dass eine neue Legislaturperiode auch einen Neustart bedeuten könnte.

In der Fraktion meldete er jedenfalls Interesse an, sich einzubringen. Ralph Brinkhaus war noch der Chef, nicht unbedingt Amthors größter Fan. Das liegt nicht nur an inhaltlichen Differenzen und daran, dass auch Brinkhaus ständig über Amthor reden musste statt über christdemokratische Programmatik. Amthor gilt als Unterstützer von Friedrich Merz, und der Machtkampf zwischen Brinkhaus und Merz war schon in vollem Gange. In der sogenannten Teppichhändlerrunde, also der Runde der CDU-Landesgruppenchefs, die die Posten in der Fraktion verteilt, wurde Amthor sogar mal als innenpolitischer Sprecher gehandelt, zwei oder drei der Ostdeutschen konnten sich das vorstellen. Brinkhaus nicht, auch Kultur und Medien war für Amthor nicht drin. Der Kompromiss war, dass er einen der drei neuen Fachsprecherposten bekam, nämlich den für die Staatsreform. Damit ist er auch Mitglied im Fraktionsvorstand.

Im Dezember 2021 wurde er von der Fraktion gewählt, aber das Ergebnis war schlecht, gut 63 Prozent. Schlechter hat keiner der anderen Kandidaten abgeschnitten, auch die Ex-Regierungsmitglieder Jens Spahn und Julia Klöckner nicht. »Das war ein Ventil«, sagt Amthor rückblickend. »Die fraktionsinternen Wahlen waren für viele Kollegen nach der Niederlage bei der Bundestagswahl die erste Gelegenheit, ihrem Ärger Luft zu machen.« Natürlich sei das in der Situation nicht toll gewesen. »Aber ich fand es wichtig, mich zur Wahl zu stellen.« Amthor sagt, er wollte wissen, wo er steht.

Er geht jetzt auch wieder ins Fernsehen, aber lieber zu was auf Phoenix als zu Markus Lanz. Warum? »In den großen Talkshows sind die Rollen meistens ziemlich klar verteilt: Es gibt den ›Helden‹, den ›Arsch‹ und den ›Experten‹. Der ›Held‹ ist man als Politiker sowieso eigentlich nie, das ist schon klar. Aber ich will auch nicht immer der ›Arsch‹ sein.« Wichtiger sind ihm ohnehin die sozialen Medien. Als der Grünen-Abgeordnete Pahlke ihn in einer Rede mit »Philipp, meine Frage an dich« ansprach, konterte Amthor: »Ich danke zunächst für das Duz-Angebot. Aber ich bin auch froh, dass wir hier nicht im Studentenparlament, sondern im

Deutschen Bundestag sind.« Allein auf Instagram gab es für den Videoschnipsel 987 000 Aufrufe. Dafür muss man schon ganz schön viele Interviews in Printmedien geben.

Um wieder dabei zu sein, muss Amthor aber auch sein Standing in Partei und Fraktion noch verbessern. Hilfreich ist für ihn, dass Merz jetzt an der Spitze steht und der Wirtschaftspolitiker Carsten Linnemann eine wichtige Rolle spielt. Sie ziehen ihn mit. Merz hat ihn in die Kommission für ein neues CDU-Grundsatzprogramm geholt. Aber da gibt es trotzdem ein Problem für Amthor, nämlich das Gegrummel, dass es kein konservatives Übergewicht geben dürfe. Mit anderen Worten: Wenn Merz in einer Debatte spricht, dann bitte nicht auch noch Amthor.

Um Skeptiker zu überzeugen, hat er sich was überlegt: Er trifft sich gezielt mit Fraktionskollegen zu Einzelgesprächen und besucht häufig Kollegen in ihren Wahlkreisen. Axel Müller zum Beispiel, CDU-Abgeordneter aus Ravensburg. Er ist Richter, einfache Antworten mag er nicht, für seine abgewogene Haltung in der Rechtspolitik loben ihn selbst die Grünen. Und dann steht Amthor bei ihm auf dem Marienplatz, umringt von 300 jungen Leuten, Amthor spricht über Migrationspolitik, warnt davor, »Tellerwäscher des Zeitgeists« zu werden, es gibt Freibier. Amthor taugt immer noch – oder schon wieder – als Publikumsmagnet. Das hilft den Abgeordneten, und das wiederum, so hofft Amthor, hilft ihm. Man darf sich nur nicht zu schade sein. Solche Aktionen haben sich schon ausgezahlt. Ende September 2022 wurde in der Fraktion noch mal gewählt. Amthor bekam jetzt 76 Prozent, dreizehn Prozent mehr als letztes Mal. »Die Richtung stimmt«, sagt er.

Wie es bei Amthor weitergeht, ist noch nicht ausgemacht. Klar ist nur: Egal, was in zwanzig Jahren aus Amthor geworden ist, den Wikipedia-Eintrag zu Augustus Intelligence wird es noch geben. Auch das Foto von ihm und Hans-Georg Maaßen wird noch bei vielen Gelegenheiten gezeigt werden, bis die Erinnerung an Maaßen irgendwann verblasst. Für jedes Porträt werden Journalisten die alten Geschichten wieder ausgraben, in den Online-Archiven ist alles mit ein paar Klicks zu finden. Der amerikanische Start-up-Unternehmer und Autor Joseph Daniel Lasica hat ein passendes Bild dafür gefunden: Im Online-Magazin *Salon* schrieb er schon 1998 unter der Überschrift »The Net Never Forgets«, dass »unsere Vorgeschichten geradezu in unsere digitalen Häute eintätowiert werden«.

Auf Wolfgang Schäubles digitaler Haut steht das Wort Spendenaffäre. Ihm ist das Comeback trotzdem gelungen. Kurz nachdem wir uns zum Gespräch getroffen haben, feierte er seinen achtzigsten Geburtstag und sein fünfzigjähriges Jubiläum im Bundestag. Seit 1972 sitzt er dort. Er war Kanzleramtschef, Fraktionsvorsitzender, Parteivorsitzender, Innenminister, Finanzminister, Bundestagspräsident. Nun ist er einfacher Abgeordneter, aber immer noch ein gefragter Mann, es ist gar nicht so einfach, eine Lücke in seinem Terminkalender zu finden.

Können Sie sich vorstellen, wie es Amthor jetzt geht, Herr Schäuble? »Amthor hat sich nichts zuschulden kommen lassen. Ob es geschickt war, schon im ersten Jahr im Bundestag seine Beziehungen so zu benutzen, darüber wird er nun selbst nachgedacht haben.«

Und seine eigenen Fehler? Wie denkt er darüber? Es sind zwei Tage, auf die Schäuble wieder zurückgeworfen wird. Auf den 22. September 1994, als am Tag nach einem Sponsorendinner der Waffenhändler Karlheinz Schreiber in seinem Büro stand mit 100 000 Mark für die CDU, die aber in keinem Rechenschaftsbericht auftauchten. Und auf den 2. Dezember 1999, als er im Bundestag auf Hans-Christian Ströbeles Zwischenruf hin sagte, dass er Schreiber bei dem Dinner gesehen habe, aber das Treffen in seinem Büro am nächsten Tag nicht erwähnte. Damit hat er sich den Vorwurf eingehandelt, den Bundestag belogen zu haben. Schäuble: »Barspenden waren im Jahr 1994 für die Parteienfinanzierung nicht verboten und ich habe das Geld sofort weitergegeben.« Nach dem Haftbefehl gegen den früheren CDU-Schatzmeister Walther Leisler Kiep habe er im Präsidium der CDU umgehend berichtet, dass er von Schreiber Geld erhalten habe. »Ich habe nie ein Geheimnis daraus gemacht. Das hätte ich allerdings auch auf den Zwischenruf von Ströbele in der Aktuellen Stunde im Bundestag erwidern sollen, was ich bekanntermaßen nicht tat. Der Rest ist Geschichte, ich habe dann schlussendlich die Konsequenzen daraus gezogen.« Schäuble trat als Partei- und Fraktionsvorsitzender zurück.

Schon zwei Jahre nach seinem Rücktritt wollte Edmund Stoiber, damals Kanzlerkandidat der Union, Schäuble in seiner engeren Führungsmannschaft haben. Noch zwei Jahre später war er als Bundespräsident im Gespräch. »Richard von Weizsäcker, den ich sehr schätze, hat mich dazu gedrängt«, erzählt Schäuble. »Es klappte dann zwar nicht, aber meine Reputation war wiederhergestellt.« Im Jahr drauf fragte Angela Merkel ihn, ob er im Fall eines Wahlsiegs Minister werden wollte. Er wollte es und wurde es.

Ein Comeback kann nur gelingen, wenn zwischenzeitlich wirklich die Stecker gezogen wurden. Wichtig ist, dass es nicht wie eine taktische Kunstpause wirkt, sondern eine klare Zäsur darstellt. Cem Özdemir ging nach seiner Flugmeilenaffäre Anfang des Jahrtausends in Sack und Asche, nahm sein Bundestagsmandat nicht an, machte zwei Jahre Pause, arbeitete sich dann über das Europäische Parlament wieder zurück. Andrea Nahles war nach dem schlechten Abschneiden der SPD bei der Europawahl 2019 als Partei- und Fraktionsvorsitzende zurückgetreten, legte auch ihr Bundestagsmandat nieder. Ein Jahr war nichts zu hören, dann wurde sie Präsidentin der Bundesanstalt für Post und Telekommunikation, mittlerweile ist sie Chefin der Bundesagentur für Arbeit. Norbert Röttgen ist der einzige Minister, den Angela Merkel in sechzehn Jahren entlassen hat. Er rehabilitierte sich als Parlamentarier, langjähriger Vorsitzender des Auswärtigen Ausschusses, schließlich bewarb er sich sogar für den CDU-Vorsitz, wenn auch nicht erfolgreich.

Negativbeispiel ist Karl-Theodor zu Guttenberg, ihm ist die Rückkehr in die Politik nicht gelungen. Er war über Monate der beliebteste Politiker des Landes, ein Hype sondergleichen, plötzlich schien der sonst so farblos-schlichte Politikbetrieb zu glitzern. Guttenberg war Projektionsfläche für Sehnsüchte nach einer Mischung aus Kanzler, Präsident und König. Im Oktober 2010 titelte der *Spiegel* »Die fabelhaften Guttenbergs. Paarlauf ins Kanzleramt«, ein halbes Jahr später musste er wegen seiner plagiierten Doktorarbeit gehen. Nun moderierte er mit Thomas Gottschalk den RTL-Jahresrückblick. Es gab immer mal wieder Spekulationen über ein Comeback, die er mit Reden und Auftritten selbst geschürt hatte. Horst Seehofer hat ihn sogar als Minister ins Spiel gebracht, aber wohl eher, um seinen Konkurrenten Markus Söder zu ärgern. Denn eigentlich hatte Seehofer für Guttenberg einen seiner liebsten Kosenamen reserviert: »Glühwürmchen«.

Guttenberg hat seinen Doktorvater, die Universität und die Öffentlichkeit getäuscht. Letztlich ist er zurückgetreten, aber seine Unrechtseinsicht war nicht glaubhaft. Der CSU-Mann sprach ständig von Bescheidenheit und Demut, aber tatsächlich war er weder bescheiden noch demütig. Nachdem die Affäre ans Licht gekommen war, stritt er zunächst jegliche bewusste Täuschung ab. Als klar war, dass diese Linie nicht zu halten sein würde, behauptete er einfach weiter, selbst die »höchsten Ansprüche« an seine Verantwortung anzulegen. Er inszenierte sich als Opfer, klagte über die »enorme Wucht der medialen Betrachtung« seiner Person – die er sich selbst lange zunutze gemacht hatte.

Sogar knappe zwölf Jahre später wirkt seine Demut noch aufgesetzt. Dem *Stern* sagt er: »Ich habe zutiefst bereut und mich unfassbar geschämt für das, was ich da gemacht habe. Und diese Scham wird mich bis an mein Lebensende begleiten.« Und einen Atemzug später empört er sich, dass ihm diese Geschichte immer noch vorgehalten werde. »Ich habe schon 2017 gesagt: Jetzt ist auch mal gut. Und inzwischen haben wir 2022.« Er werde sich nicht in den Staub werfen vor jenen, die nicht verzeihen wollten.

Bei Amthor begann der Wiederaufstieg mit der Feststellung, dass er nicht gegen das Gesetz verstoßen hatte. Auch gegen Schäuble wurde das Ermittlungsverfahren eingestellt. Guttenberg wurde nicht entlastet: Die Universität Bayreuth kam zu dem Ergebnis, dass er vorsätzlich getäuscht hatte, die Staatsanwaltschaft fand strafrechtlich relevante Urheberrechtsverletzungen (stellte das Verfahren dann aber gegen Zahlung von 20 000 Euro ein). Guttenberg ging für ein Sabbatical nach Greenwich in Connecticut, Amthor nach Ueckermünde. Guttenberg verdingte sich als Lobbyist für Wirecard, Amthor besuchte skeptische Parteifreunde in ihren Wahlkreisen. Guttenberg schrieb mit dem *Zeit*-Chefredakteur Giovanni di Lorenzo das Buch *Vorerst gescheitert*, Amthor befasste sich mit Staatsorganisationsrecht. Dem einen ist nichts peinlich, der andere will beweisen, dass er sich für nichts zu schade ist. Man könnte sagen: Nur einer von beiden will wirklich eine zweite Chance.

MEHR WEDDING WAGEN

Impulse für eine bessere Fehlerkultur

Zurück in den Weddinger Hinterhof zur Fuck-up-Night. Je später der Abend wird, desto mehr wird er zur Party. Fehler feiern, so geht das also. Johannes Vogel von der FDP trinkt noch ein Bier, bevor er zum Sommerfest in der nordrhein-westfälischen Landesvertretung muss. Sicher ist es dort auch nett, aber da sind wieder die Erfolgsgeschichten angesagt. Wobei die NRW-FDP ja gerade keine Erfolge feiert, das Ergebnis der Landtagswahl war schlecht. Dann halt Geschichten über gute Oppositionsarbeit und den Triumph, den man in fünf Jahren feiern kann. Langweilig, das kennt man alles. Das Gute an den Geschichten übers Scheitern ist, dass es dafür keine Sprechblasen gibt.

Vier Politiker sind an diesem Spätsommerabend in den Wedding gekommen. Aber hätte es acht Plätze auf der Bühne gegeben, säßen dort acht. Das Interesse sei groß gewesen, erzählen die Organisatoren von der Hertie-Stiftung. Funktioniert Fehlerkultur auch mal abseits der Bühne, im Politikeralltag, vor laufenden Kameras? »Es gibt nicht den einen Ort«, sagt Vogel, »das kann überall klappen. Es müssen aber mehr Politiker mitmachen. Und wir brauchen auch Sie«, sagt der FDP-Mann und schaut ins Publikum. »Ohne einen positiven Resonanzraum wird sich nichts ändern.«

Positiv heißt nicht unkritisch, eine Entschuldigung ist kein Blankoscheck. Es geht um Fairness: nicht zu (ver)urteilen, bevor überhaupt klar ist, was passiert ist. Die andere Seite hören. Realistisch genug sein, um zu wissen, dass auch in der Politik die miesesten Dinge laufen, und es gleichzeitig für möglich halten, dass der erste Anschein trügt. Das wären die Regeln in einem Resonanzraum.

Würden die Politiker ihn nutzen? Viele meiner Gesprächspartner haben gesagt, dass sie es gern versuchen würden. Dass sie die ganze Inszenierung leid sind, dass es Zeit sei für mehr Offenheit. Aber da sind auch die Starrköpfe, die sich von den Appellen nicht beeindrucken lassen und weiter stur an ihrer Rechthaberei festhalten. Und die Ängstlichen, die meinen, alles, was das perfekte Bild stört, leugnen und vertuschen zu müssen. Und die Schlawiner, die sich einen Spaß draus machen und ihre Entschuldigungen nur taktisch einsetzen. Solche Typen wird es immer geben. Für einen Kulturwandel braucht es eine kritische Größe von Politikern, die es anders machen.

Ich habe kein Rezept für einen Kulturwandel. Das gibt es wahrscheinlich auch gar nicht. Viele der Probleme, die wir uns angeschaut haben, sind struktureller Natur, bedingt durch den Antagonismus zwischen Regierung und Opposition, durch die Logiken der Mediendemokratie. Aber es ist nicht alles starr, einige Stellschrauben lassen sich drehen. Je öfter man dreht, umso leichter geht es. Bei der Recherche für das Buch sind mir ein paar aufgefallen, größere und kleinere. Sie sind als Anstoß gedacht für eine Debatte.

1. Aus Fehlern lernen

Fehlerkultur ist mehr als Lessons learned, aber die Frage, welche Lehren man aus Fehlern ziehen kann, gehört zwingend dazu. Das Problem: Diese Frage wird in der Politik viel zu selten gestellt. In anderen Bereichen ist sie eine Selbstverständlichkeit. Alle Polizeieinsätze werden ausgewertet, in Redaktionen gibt es jeden Morgen eine Blattkritik. Sogar beim Großen Zapfenstreich der Bundeswehr sitzt jemand auf der Tribüne und registriert, ob der Fackelträger zu schnell geht oder ein Gewehr nicht richtig funktioniert. So soll verhindert werden, dass beim nächsten Mal dasselbe Problem auftritt.

In brenzligen Lagen setzen Politiker Krisenstäbe ein. Es gibt die allgemeine Erleichterung, wenn sie ihre Arbeit einstellen können. Dabei müsste ein Teil der Arbeit dann erst beginnen. Die Nachlese kommt in aller Regel viel zu kurz. Das liegt auch daran, dass sich in den letzten Jahren unmittelbar an eine Krise gleich die nächste anschloss. Daran, dass Politiker im Hier und Jetzt der Legislaturperiode denken; sie schauen, welche Punkte des Koalitionsvertrags sie noch abarbeiten müssen, und schielen kurz nach einer Wahl schon auf die nächste. Wahrscheinlich hätte schon vor Jahren jeder Politiker zugestimmt, dass es absolut sinnvoll wäre, mal systematisch zu überlegen, was eigentlich zur Kritischen Infrastruktur gehört und wie man sie schützen könnte. Aber das ist nicht passiert, auch dann nicht, als der Ausbau des 5G-Mobilfunknetzes mehr und mehr in chinesische Hand geriet. Im aktuellen politischen Geschäft schien immer irgendetwas anderes wichtiger. Und dann fehlte Berlin der Kompass in der Frage, ob ein chinesisches Unternehmen sich in ein Terminal des Hamburger Hafens einkaufen darf oder nicht.

Auch die Pandemie hat Schwachstellen gezeigt, die wir vorher hätten kennen können. Zum Beispiel, dass im Katastrophenschutz viele Akteure unterwegs sind, aber keiner so richtig weiß, was der andere tut. Es gibt zwar das Bundesamt für Bevölkerungsschutz und Katastrophenhilfe, aber es ist ein ziemliches Fehlkonstrukt, weil es fast keine Kompetenzen hat. Horst Seehofer, damals Innenminister, war selbst einigermaßen überrascht, als er davon erfuhr. Sein Vorgänger Thomas de Maizière hatte 2016 Vorschläge für die private Vorsorge im Krisenfall gemacht: Man solle sich mit einem Vorrat an Wasser, Nahrungsmitteln, Verbandszeug, Batterien und Kerzen eindecken, um ein paar Tage ohne Einkaufen zu überstehen. De Maizière wurde damals der »Panikmache« bezichtigt, er ließ die Sache fallen. Als in der Frühphase der Pandemie das Hamstern losging, war klar, dass er recht gehabt hatte. Es gibt nun offenbar ein Umdenken. Im Dezember 2022 hat das Bundesinnenministerium den Prozess »Lernen aus den Krisenlagen« aufgesetzt. Ziel ist es, das Krisenmanagement auf neue Konfliktlagen einzustellen.

Ein bisschen was hat sich schon getan: Jens Spahn hat als Bundesgesundheitsminister nach dem ersten Jahr Pandemie einen Lessons-learned-Prozess begonnen. Mitte 2021 erschien ein politisch-wissenschaftlicher Kurzbericht über den Zustand des Gesundheitssystems, die gesellschaftlichen Auswirkungen, die Zusammenarbeit von Bund und Ländern und andere Fragen. Vieles ließ sich nicht abschließend einschätzen, aber es war gut, das vorhandene Wissen zusammenzutragen und auch die Öffentlichkeit daran teilhaben zu lassen. Nun aber fehlt noch eine rückblickende umfassende Aufarbeitung der Entscheidungen in der Pandemie – nicht um die Verantwortlichen vorzuführen, sondern um aus Fehlern zu lernen.

2. Untersuchungsausschüsse nicht zur Bühne machen

In der Theorie sind Untersuchungsausschüsse das klassische Instrument für die Aufarbeitung von Fehlern. Sie sind sogar im Grundgesetz verankert. Die Ausschüsse haben die Aufgabe, politische Missstände zu beleuchten und Empfehlungen abzugeben, wo Verbesserungsbedarf besteht. Die mediale Aufmerksamkeit ist groß, der Ertrag allerdings oft enttäuschend gering. Das liegt daran, dass Untersuchungsausschüsse häufig Schauveranstaltungen und Selbstdarstellungswettbewerbe sind: Eine Bühne für den Schlagabtausch zwischen Regierung und Opposition, eine Aufführung in bekannten Rollen.

Zum Beispiel der Untersuchungsausschuss zur Pkw-Maut: Grüne, FDP und Linke waren dauerempört, die CSU stellte sich schützend vor ihren Minister Andreas Scheuer. Es zeige sich »das Sittengemälde eines Ministeriums, dem alles egal war«, sagte Oliver Krischer, der für die Grünen im Untersuchungsausschuss saß. »Frau Merkel, Herr Söder: Entlassen Sie endlich diesen Minister!« Michael Frieser von der CSU dagegen warf der Opposition vor, die Arbeit im Untersuchungsausschuss zu behindern. Frieser hatte auch die Antwort, warum sie das angeblich tat: »Weil Sie den Zirkus wollen und nicht die Suche nach der Wahrheit.« Wenn alle ihre Positionen schon vorher festgezurrt haben, bringt die Arbeit im Ausschuss wenig Erkenntnisse. Unter solchen Vorzeichen ist das Inszenierung pur. Die Frage ist nicht: Was ist passiert und warum? Sondern: Wie kann man die Parteifreunde schützen? Was lässt sich skandalisieren, um dem Gegner zu schaden?

Dabei ist das Konzept gut, Untersuchungsausschüsse haben theoretisch großes Potenzial: Die Abgeordneten haben dieselben Rechte wie Staatsanwaltschaften, können Zeugen und Sachverständige vernehmen und vereidigen, sich Akten vorlegen lassen und Gerichte und Verwaltungsbehörden um Amtshilfe ersuchen. Ihr Spielraum ist größer als der staatlicher Ermittlungsbehörden, die sich auf die Frage beschränken müssen, ob es Anhaltspunkte für Straftaten gibt.

Untersuchungsausschüsse, die parteiübergreifend eingesetzt werden, sind in der Regel konstruktiver. Die beiden NSU-Untersuchungsausschüsse, auf die sich alle damals im Bundestag vertretenen Parteien geeinigt hatten (die AfD war noch nicht drin), haben gezeigt, was möglich ist. Die Empfehlungen zur Reform von Polizei, Justiz und Verfassungsschutz, die vor allem der erste Untersuchungsausschuss in seinem 1300-seitigen Abschlussbericht zusammengetragen hat, wurden zu großen Teilen umgesetzt. Es sind nicht alle offenen Fragen der Terrorserie geklärt, das kann vermutlich selbst der beste Ausschuss nicht leisten. So schmerzhaft es für die Angehörigen war, so ist es doch ein Zeichen von Redlichkeit, keine Narrative zu konstruieren, für die es nicht hinreichend Beweise gibt. Auch in etlichen Landtagen haben sich Ausschüsse an die Arbeit gemacht; man darf nicht geringschätzen, was dabei etwa über die Verhältnisse in den Landesverfassungsämtern ans Licht kam.

Der Afghanistan-Untersuchungsausschuss wurde von den drei Ampel-Parteien und der Unionsfraktion beschlossen. Die Abgeordneten haben sich viel vorgenommen: Warum war die Bundesregierung so überrascht, wie schnell die Taliban das Land erobert hatten? Warum lief das alles so chaotisch? Warum wurden so viele Ortskräfte zurückgelassen? Hat die Bundesregierung genug getan, um sie später noch rauszuholen? Das sind nur einige Fragen aus dem langen Katalog. Eine verbindliche Checkliste für künftige Auslandseinsätze wird der Ausschuss nicht erstellen können, aber hoffentlich die maßgeblichen Stellen identifizieren, an denen falsche Entscheidungen getroffen wurden. Bis zum Ende der Legislaturperiode haben die Abgeordneten dafür Zeit. Unwahrscheinlich, dass sie alles erhellen können, aber die Aufklärung wird zumindest nicht dadurch erschwert, dass die Verantwortlichen geschont werden müssten: Die damals amtierenden Regierungsmitglieder spielen politisch weitgehend keine Rolle mehr.

Ein gemeinsamer Aufklärungswille ist hilfreich, aber das sollte nicht zu dem Fehlschluss führen, künftig stets einen parteiübergreifenden Konsens für die Einsetzung eines Untersuchungsausschusses zu verlangen. Den Antrag muss ein Viertel der Mitglieder des Parlaments stellen, dabei sollte es bleiben, die Regierung darf mit ihrer Mehrheit nicht die Aufklärung verhindern können. Daher begnügen wir uns hier mit einem Appell an die Abgeordneten, den Aufklärungsauftrag ernst zu nehmen. Mit Skandalisierungen und Inszenierungen werden sie der Größe der Aufgabe nicht gerecht und enttäuschen das Vertrauen der Öffentlichkeit.

Parteien wirken bei der Willensbildung des Volkes mit. So steht es im Grundgesetz. Zur Willensbildung gehört auch der interne Meinungsaustausch, das Ringen der verschiedenen Parteiströmungen um die richtige Positionierung. Die Parteiführung muss der Basis immer wieder den Puls fühlen, um den Anschluss nicht zu verlieren. Doch das Versprechen von lebendigen Debatten ist oft ziemlich hohl. Die Angst davor, als zerstritten zu gelten, ist so groß, dass Parteien dazu neigen, Kontroversen frühzeitig auszutreten. Eine glatte Oberfläche mag bei Wählern gut ankommen, doch wenn interne Debatten nicht mehr nach außen dringen dürfen, sterben sie über kurz oder lang ab. Das ist für die programmatische Entwicklung einer Partei ein Problem, auch Fehlerkultur kann so nicht wachsen. Denn wer die Gewissheit ausstrahlt, den richtigen Weg zu kennen, übersieht leicht, dass es doch der falsche sein könnte – oder tut sich zumindest schwer, das zuzugeben.

Über die Grünen hieß es mal, der Streit gehöre zur DNA der Partei. Da war was dran, das konnte jeder sehen – nicht nur, weil die Fraktionssitzungen in den Anfängen öffentlich waren, die Grünen haben auch sonst ihre Auseinandersetzung offen ausgetragen. Das hat sich komplett geändert, die Partei ist heute besonders diszipliniert. Parteitage sind perfekt choreografiert. In den grünen Chatgruppen werden Sprachregelungen für die Bewertung von Wahlergebnissen oder politischen Entscheidungen vorgegeben, Grüne halten sich daran. Die Partei spricht zwar viel von Pressefreiheit, ist aber Medienvertretern gegenüber besonders misstrauisch, die Autorisierung von Interviews mit Grünen ist oft quälend langwierig und umständlich. Die Parteispitze hatte die Aufarbeitung des missglückten Wahlkampfs 2021 mehrfach angekündigt, letztlich ist davon nichts an die Öffentlichkeit gedrungen. Die Angst war zu groß, dass alte Wunden wieder aufgerissen werden, dass der Konkurrenzkampf zwischen Annalena Baerbock und Robert Habeck wieder auflebt. Souverän wirkt das nicht. Und bestätigt zudem eine Binse: Probleme sind nicht weg, nur weil man nicht drüber spricht. Es gibt längst spürbare Missgünsteleien zwischen Baerbock und Habeck, die das Potenzial zur Eskalation haben. Wenn dieser Konflikt nicht aufgearbeitet wird und die Partei keinen Umgang damit findet, bricht er immer wieder auf.

Die CDU hat nach dem Wahlabend im September 2021 zwar ein paar Tage gebraucht, um die Niederlage anzuerkennen, aber dann hat die Parteiführung schnell einen Prozess in Gang gesetzt, in dem mit externer Hilfe der Wahlkampf ziemlich schonungslos aufgearbeitet wurde. Das endete nicht in gegenseitiger Zerfleischung, wie manche befürchtet hatten, sondern in einer souveränen 64-seitigen Analyse.

In der SPD gilt die Aufarbeitung der Bundestagswahl 2017 als Grundlage für ihren Erfolg vier Jahre später. So monokausal wird man die 25,7 Prozent für die SPD 2021, die historisch gesehen übrigens nicht gerade gut waren, nicht erklären können. Aber viele Fehler der Vergangenheit habe man nicht wiederholt, wird im Willy-Brandt-Haus erzählt, zum Beispiel das Wahlkampfteam kurz vor dem Schlussspurt auszuwechseln. »Aus Fehlern lernen« heißt die externe Evaluation, die komplett veröffentlicht wurde. In der SPD-Führungsmannschaft wurde sie im Wahlkampf 2021 die »Bibel« genannt, Generalsekretär Lars Klingbeil soll in Besprechungen immer wieder darauf Bezug genommen haben. Er hatte selbst im Herbst 2017 den Prozess angestoßen, seine Hoffnung formulierte er damals so: »Wir werden wieder erfolgreich sein und wir können neues Vertrauen erarbeiten, wenn wir offen und klar mit Fehlern umgehen und daraus lernen, statt sie zu überdecken.«

Solche punktuellen Tiefenbohrungen ändern aber nichts daran, dass Parteiführungen meistens bestrebt sind, in allen parteiinternen Konflikten durchzugreifen, bevor sie nach draußen dringen. Abgesehen von AfD und der Linkspartei haben es die meisten

Parteien hier zu zweifelhafter Perfektion gebracht. In diesem Punkt macht sich der wachsende Einfluss von Politikberatern bemerkbar. Wir haben an verschiedenen Beispielen gesehen, wie wichtig professionelle Kommunikation ist, dass viele Eskalationen dadurch vermeidbar gewesen wären. Aber das sollte nicht zu dem Schluss verleiten, dass alle Schwierigkeiten entweder an Defiziten in der Kommunikation oder in der Strategie und Planung liegen. Damit würde man es sich zu einfach machen. Die Ursache von Fehlern ist oft der Inhalt, nicht die Form.

Politiker sollten öfter mal der Versuchung widerstehen, vom Sprechzettel abzulesen, dass alles zu ihrer Zufriedenheit gelaufen – und lieber sagen, was wirklich ist. Die Menschen haben ein feines Gespür dafür, wenn ihnen was vorgemacht wird. Und sie wissen, dass in diesen volatilen Zeiten ständiger Erschütterungen, großer Verunsicherung und dramatischer Veränderungen niemand ganz sicher sagen kann, wie die ideale Lösung aussieht. Es würde die Glaubwürdigkeit und Attraktivität von Politik erhöhen, Probleme zu thematisieren und sich einer kontroversen Debatte zu stellen.

4. Es muss nicht alles transparent sein

Die Presse hat eine Kontrollfunktion. Journalisten haben zahllose Skandale ans Licht der Öffentlichkeit geholt, weil sie sich von Vertuschungsaktionen nicht haben blenden lassen. Und trotzdem muss es in der Politik auch geschützte Räume geben, aus denen nichts nach draußen dringt. Für eine Pressevertreterin ist das eine ungewöhnliche Forderung, das ist mir bewusst. Neugier ist schließlich erste Journalistenpflicht. Aber grenzenlose Transparenz schafft ein feindliches Umfeld für Fehlerkultur.

Als sich CSU und CDU im Frühjahr 2021 im Streit um die Kanzlerkandidatur ineinander verkeilt hatten, warben Armin Laschet und Markus Söder in der Unionsfraktion um Unterstützung. Die Öffentlichkeit konnte den Ablauf der Sitzung in Online-Artikeln wie im Liveticker verfolgen: Verschiedene Redaktionen veröffentlichten die Wortmeldungen der Redner, kaum dass ihr jeweiliger Beitrag beendet war; die Länge des Applauses wurde jeweils mitgeliefert. In diesem Rahmen bestand nicht der Hauch einer Chance, dass der Konflikt ernsthaft beigelegt werden könnte.

Das politische Berlin ist auch geschwätzig, wenn es um deutlich weniger geht als die Frage der Kanzlerkandidatur. Durchstechereien sind Normalität. Immer wieder regen sich Politiker darüber auf – aber in der Regel nur dann, wenn ihnen die Nachricht schadet. Abgesehen davon: Welche Handhabe gäbe es? Erwachsenen Menschen das Handy wegnehmen? Es ist schon vorgekommen, dass Zitate von Politikern online veröffentlicht wurden, obwohl sie erst ein paar Minuten später tatsächlich gefallen sind. Da hatte sich der betreffende Politiker verschätzt, war davon ausgegangen, dass ihre Vorrednerin sich kürzer fassen würde. Es ist übrigens längst nicht immer so, dass die Zitate, die man im Netz lesen kann, von dem jeweiligen Redner stammen. Jeder gibt das weiter, was den eigenen Interessen dient. Diese eigenen Interessen sind allzu oft das Maß aller Dinge.

Journalisten sind willige Vollstrecker. Berichte aus internen Sitzungen, also ein Blick in das Innenleben von Politik, sind bei Lesern sehr beliebt. Und natürlich ist es auch für Journalisten spannend, denn zuweilen wird eine Diskrepanz sichtbar zwischen der Wirklichkeit und dem als Wirklichkeit verkauften Bild. Bei den Grünen ging es zum Beispiel nach der Wahl 2021 hoch her, als die Ausschüsse unter den Fraktionen verteilt wurden. Anton Hofreiter, der bei der Vergabe der Ministerämter leer ausgegangen war, suchte sich den Europaausschuss aus, was zur Folge hatte, dass die AfD den Zugriff auf den Innenausschuss hatte – was nur durch vereinte Nichtwahl des AfD-Kandidaten verhindert werden konnte. Intern gab es scharfe Kritik an Hofreiters Entscheidung.

Ihm wurde mangelndes Verantwortungsbewusstsein vorgeworfen, er sei ein schlechter Verlierer, der der Partei die Möglichkeit genommen habe, sich auch in der Innenpolitik zu profilieren. Doch die offizielle Sprachregelung der Fraktionsspitze war, dass der Europaausschuss für die Umsetzung des geplanten EU-Klimapakets und für die Fragen von Flucht und Asyl von größter Bedeutung sei. Es entstand die absurde Situation, dass kein Journalist diese Erzählung glaubte. Längst hatte die Runde gemacht, wie es wirklich war. Je weniger aus offiziellen Kanälen kommt, desto mehr suchen Journalisten nach anderen Quellen.

Politik kommt ohne irgendeine Art von Hinterzimmer nicht aus. Das ist nicht immer demokratiegefährdende Mauschelei. In laufenden Verhandlungen sind vertrauensvolle Gespräche Bedingung für den Erfolg – den Beleg liefert ein Vergleich zwischen den verschwiegenen Ampel-Sondierungen 2021 und den quasi-öffentlichen und schließlich gescheiterten Jamaika-Sondierungen 2017.

Geschlossene Räume sind auch der Ort für die Fehleraufarbeitung. Was ist schiefgelaufen und wie kann man das künftig verhindern? Wenn die Angst vor Durchstecherei umgeht, halten sich alle bedeckt, dann entsteht eine Wagenburgmentalität. Und andererseits: Öffentlichkeit schafft den notwendigen Druck, dass Fehler überhaupt benannt werden. Hier bleibt ein Spannungsverhältnis, das nicht pauschal, sondern nur im Einzelfall aufgelöst werden kann.

5. Nicht übertreiben!

Fehlerkultur ist eine Frage der Mentalität, und zwar auf Seiten der Politiker sowie auf Seiten der Beobachter. Eine gute Nachricht mal zwischendurch: Die Europaparlamentarier, die ich für dieses Buch gesprochen habe, bescheinigten mir, dass sowohl die deutschen Politiker als auch die deutschen Medien im europäischen Vergleich in Sachen Fehlerkultur ganz gut dastünden. In vielen Ländern, vor allem in Süd- und Osteuropa, sei das Thema noch gar nicht angekommen. Sebastian Kurz kann man als Beleg für diese These nehmen. Er erweckt nicht den Eindruck, als würden ihn Gewissensnöte plagen. Gegen den ehemaligen österreichischen Kanzler ermittelt die Staatsanwaltschaft wegen verschiedener Korruptionsdelikte. Seine Unterstützer sollen mit Steuergeldern gekaufte Umfragen medial platziert haben, gegen Kurz besteht der Verdacht, dass auch er da seine Finger drin hatte. In seinem Buch *Reden wir über Politik* setzt er sich mit den Vorwürfen nicht auseinander, es ist eine Rechtfertigungsschrift, durchzogen von Kritik an den Medien.

Aber viele Hürden für Fehlerkultur sind universell. Dazu gehört die Gier nach Sensation. Im öffentlichen Raum kann kaum etwas unbemerkt geschehen, in jedem Moment kann jeder sein Handy rausholen; ein Bild kann reichen, um das politische Thema der Woche zu setzen. Selbst unter Freunden müssen Politiker damit rechnen, dass Fotos oder Videos auf Plattformen hochgeladen werden. Die finnische Ministerpräsidentin Sanna Marin ist wegen einer ausgelassenen Privatparty politisch so unter Druck geraten, dass sie sich sogar einem Drogentest unterzog.

Informationen verbreiten sich in Sekundenschnelle über die ganze Welt. Parallel verstärkt sich der Reflex, sie sofort zu bewerten. Daumen hoch oder runter? Meistens runter. Vielleicht war es nur eine Unaufmerksamkeit, ein Versprecher, egal. Im allgemeinen Empörungsgetöse verschwimmt das, als sei alles gleich schlimm. Politikern macht diese Dynamik Angst. Anfang Dezember sagte mir ein SPD-Abgeordneter in wichtiger Position: »Ein falscher Satz zur Identitätspolitik und ich habe kein Weihnachten.«

Allgemein sinkt die Bereitschaft, Unklarheit auszuhalten. Die Ungeduld ist groß. Aber oft gibt es eine klare Antwort nicht sofort. Nach einem Anschlag zum Beispiel kann eine Innenministerin nicht immer sofort sagen, wer der mutmaßliche Täter ist und was sein Motiv war. Das müssen die Behörden ermitteln. Es wäre unverantwortlich, über solche Fragen öffentlich zu spekulieren. Und trotzdem gilt die mangelnde Verfügbarkeit von Informationen schnell als Vertuschung. Und da ist es nicht mehr weit bis zu dem Punkt, an dem über vermeintliches Staatsversagen schwadroniert wird.

Nicht jeder Fehler ist Versagen, nicht jeder Missstand ein Skandal. Wir sollten uns nicht ständig in Superlativen verlieren, das nutzt sich nicht nur ab, verschiebt die Maßstäbe. Immer die ganz große rhetorische Keule zu schwingen tut der Demokratie nicht gut. Politiker klagen zwar über die Härte des medialen Urteils, aber hauen selbst hemmungslos auf den politischen Gegner, wo sich die Gelegenheit bietet – zum Teil wider besseres Wissen. Es wäre wohltuend, wenn Politiker und Journalisten öfter mal sagen würden: Ich weiß es nicht und will nicht spekulieren. Oder: Ich habe mir noch keine Meinung gebildet. Oder auch: So schlimm ist das doch gar nicht. Das ist nicht blamabel, sondern wäre eine souveräne Einstellung. Wir wären wohl um manche Debatte ärmer – aber um die wäre es nicht schade.

Fehlerkultur kann nicht ohne die Gesellschaft gedacht werden. Die Erwartung an Politik ist widersprüchlich: Die Menschen wollen reflektierte und selbstkritische Politiker und gleichzeitig erwarten sie Stärke und Durchsetzungskraft. Den einen ist Politik zu viel Klamauk, den anderen zu langweilig. Fehlerkultur kann auch verfemt werden als: Da beschäftigt sich die Politik wieder nur mit sich selbst. Politik ist ein Spiegel der Gesellschaft. Eine Gesellschaft, die in sich ruht, wird Fehler eher verzeihen als eine, in der es gärt. Da werden Fehler oder das, was zu Fehlern erklärt wird, zur politischen Waffe in der Hand all jener, die auf Krawall aus sind. Eine neue Fehlerkultur hat es nicht leicht. Aber das hat ja auch niemand versprochen.

Dank

Es ist schwer, über eigene Fehler zu sprechen. Und noch mal schwerer, wenn man Politiker oder Politikerin ist und einer Journalistin gegenübersitzt. Ich danke allen, die dazu bereit waren, auch denen, die sich nicht zitieren lassen wollten. In den Gesprächen habe ich viel über Politik gelernt und darüber, wie hart dieses Geschäft ist. Mittlerweile frage ich mich nun, wie man darin überhaupt Mensch bleiben kann. Ich habe versucht, fair zu sein, und in einigen Fällen sehr mit mir gerungen. Ich bitte, das zu berücksichtigen, wenn der eine oder die andere meint, dass mir das nicht immer gelungen ist.

Ich danke Katharina Festner von dtv für ihre vielen guten Ideen, ihre Geduld und die großartige Redigatur. Ohne meine Agentin Barbara Wenner hätte ich nicht den Mut gefasst, mit dem Schreiben zu beginnen. Klaus-Dieter Frankenberger hat das ganze Manuskript gelesen, da fiel es eine Weile nicht so auf, wie sehr er als Kollege fehlt. Dem *F. A. Z.*-Herausgeber Berthold Kohler danke ich für sein Vertrauen und die Unterstützung bei diesem Projekt. Über die ganze Zeit waren Kollegen und Freunde für mich da bei allen Fragen, Sorgen und Selbstzweifeln. Namentlich genannt seien hier Lukasz Batruch, Reinhard Bingener, Ralph Bollmann, Anna Engelke, Livia Gerster, Friederike Haupt, Isabelle Ley, Eckart Lohse, Christoph Möllers, Elisabeth Niejahr, Julia Schaaf, Uli Schulte, Sophia Schwemmer, Anika Sendes, Simon Strauß, Richard Wagner und Markus Wehner.

Ich weiß, dass ich meiner Familie mit diesem Buch viel zugemutet habe. Ich danke meinen Eltern für ihren Zuspruch und die fortwährende Hilfe (nicht nur bei der Kinderbetreuung), die ich für so selbstverständlich nehme, obwohl sie das nicht ist. Und vor allem danke ich Roman, Armin und Magnus. Ich freue mich auch drauf, wenn das Buch nicht mehr immer mit uns am Tisch sitzt.

Für alle Fehler bin ich allein verantwortlich. Das ist ja klar.

Register